80년
한결같이

순수와 용기,
예의염치를 실천하다

나남
nanam

이진강 자서전

80년 한결같이

순수와 용기, 예의염치를 실천하다

2022년 11월 25일 발행
2022년 11월 25일 1쇄

지은이   李鎭江
발행자   趙相浩
발행처   (주) 나남
주소   10881 경기도 파주시 회동길 193
전화   (031) 955-4601(代)
FAX   (031) 955-4555
등록   제 1-71호 (1979.5.12)
홈페이지   http://www.nanam.net
전자우편   post@nanam.net

ISBN 978-89-300-4115-7
ISBN 978-89-300-8655-4 (세트)

이진강
자서전

80년
한결같이

순수와 용기,
예의염치를 실천하다

나남
nanam

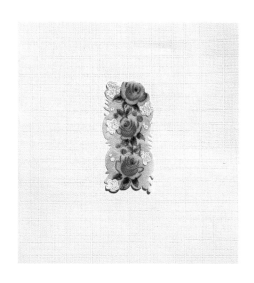

친구이자 아내, 세 자녀의 어머니에게

이진강(李鎭江) 국민훈장 무궁화장 수여

아내와 함께

아내 나길자(羅吉子)

2001년 봄 아내와 함께

2012년 8월 저자의 칠순을 맞아 가족과 함께

중부컨트리클럽 동코스 3번홀에서 아내와 함께

2022년 8월 저자의 팔순 생일에 가족이 한자리에 모이다. 윗줄 오른쪽부터 작은아들 명한, 작은며느리 임지영, 딸 세인, 손녀 승현과 수현, 큰며느리 이민영, 큰아들 문한

2012년 8월 저자의 칠순을 맞아 아내, 세 자녀와 함께

장남 이문한 가족

2021년 법무연수원 부원장 시절 연수원 정원에서

2020년 법학박사학위 취득

부산대 로스쿨에서 영어 법률강의 중인 장녀 이세인

조지타운 로스쿨 LLM 학위 사진

문대양 미국 하와이주 대법원장님과 함께

차남 이명한 가족

덴마크 여행 중에

스웨덴 노벨박물관에서 손녀 승현

추천사

존경이라는 말로 다 표현할 수 없는 분

이찬희_삼성 준법감시위원회 위원장 · 제 50대 대한변호사협회장

지금까지 살아오면서 변호사로서, 신문사 논설위원으로서 수많은 글을 써왔습니다. 모든 글들이 결코 쉽게 쓰이진 않았지만, 가장 어렵게 쓴 글을 고르라면 단연코 지금 읽고 계신 이 추천사라고 말씀드릴 수 있습니다. 자서전 초안을 몇 번이나 읽고, 추천사를 썼다 지우기를 반복하면서 다시 한번 존경이라는 말로 다 표현할 수 없는 분과의 소중한 인연에 감사할 따름이었습니다.

법조계와 인생의 멘토이신 이진강(李鎭江) 협회장님과 인연을 맺은 지 벌써 강산이 몇 번이나 변할 정도로 오래되었습니다. 협회장님을 생각하면 공정, 신념, 배려 등 후배들이 살아가는 데 귀감이 되는 선한 영향력을 의미하는 단어들만이 떠오릅니다. 그래서 처음에는 협회장님의 평소 생각과 행동 속에 녹아 있는 이러한 단어들로

글을 써볼까 생각했지만, 자서전의 제목인 《80년 한결같이: 순수와 용기, 예의염치를 실천하다》에 맞추어 협회장님께 대한 저의 무한한 존경을 표현하기로 하였습니다. 바로 당신 스스로 하신 평가와 타인에 의한 평가가 가장 일치하는 삶을 살아오신 분이시기 때문입니다.

첫째, 협회장님께서는 생각과 행동이 모두 '순수'하신 분입니다.

법대 동기이신 사모님과의 첫 만남에서 결혼에 이르는 러브스토리를 읽으며 얼굴에 저절로 미소가 지어졌습니다. 60년 전 20살 청년의 순수한 모습이 연세가 산수(傘壽)에 이르신 지금까지도 남아있어 당시의 상황을 쉽게 떠올릴 수 있었기 때문입니다.

"남자가 40이 되면 자기 얼굴에 책임을 져야 한다"라는 링컨 대통령의 말씀처럼 협회장님의 얼굴에는 존경받으며 살아오신 80년의 연륜이 그대로 담겨 있습니다. 자서전에 실려 있는 협회장님의 웃는 모습이 담긴 오랜 시간 동안의 사진들을 보면 변하지 않는 순수함이 쉽게 느껴지실 것입니다. 확인하지 못하셨다고 하지만 사모님께서도 아마 60년 전 농과대학 부근 공터에서 고백받았을 때 20살 협회장님의 순수함에 이미 마음의 문을 여셨을 것이 분명합니다.

순수는 개인적인 이해관계에 얽매이지 않는 마음입니다. 모든 사람을 순수하게 대하시는 협회장님의 마음은 항상 공정이라는 행동으로 표현되었습니다. 제가 모셨던 제44대 대한변호사협회의 상임이사회를 할 때 민감한 현안이 있으면 협회장님께서는 모든 참석자들에게 발언 기회를 주시고 경청하셨습니다. 대한변호사협회에는 법조계는 물론이고 주요 국가기관의 구성원에 대한 추천 요청이 많이 들어옵니다. 그때마다 협회장님께서는 항상 더 많은 사람에게 기회가 주어지도록 공정하게 처리하셨습니다.

둘째, 협회장님께서는 정의를 위해 모든 것을 바치는 '용기'를 보여 주셨습니다.

검사 시절 서슬 퍼런 권력을 두려워하지 않고 진실을 세상에 밝힌 고 박종철 군 고문치사 사건, 5공 비리 사건은 물론이고, 광업소 승강기가 지하 수직갱에 추락한 사건이 발생하자 언제 다시 떨어질지 모를 바로 옆 승강기를 타고 지하 340미터까지 내려가 사고 현장을 파악하는 용기를 보여 주셨습니다. 제가 만난 수많은 검찰 출신 변호사님들께서는 한결같이 협회장님의 검사로서의 신념과 용기에 대하여 칭찬을 아끼지 않으셨습니다.

대한변협 회장으로 재임하시는 동안에도 대통령과 정부의 실정에 대하여 수차례 공개서한과 성명서를 발표하시는 용기를 보여 주셨습니다. 특히 2008년 미국산 쇠고기 수입문제로 갈등이 고조되던 시기에 단순한 성명서 발표를 넘어 청와대에 공개서한을 발송하는 용기 있는 행동은 인권 옹호와 사회정의 실현을 사명으로 하는 대한변호사협회의 존재가치를 확실하게 알리는 계기가 되었습니다.

셋째, 협회장님께서는 평생을 '예의염치'를 중시하며 순리에 따라 살아오셨습니다.

협회장님의 존함 마지막 글자인 '물 강'(江) 자와 법조인으로서 평생 원칙과 신념을 지키시며 살아오신 '법 법'(法) 자에는 모두 '물 수'(水)를 의미하는 삼수변(氵)이 포함되어 있습니다. 물은 항상 높은 곳에서 낮은 곳으로 흐르는 겸손과 어떠한 색깔도 다 담아내는 포용력, 그리고 어떠한 상황에도 맞추어 넓은 바다로 나가는 융통성을 가지고 있습니다.

항상 자신을 낮추어 어려운 사람을 배려하시고, 다양한 의견을 포용하시면서 조화롭게 해결책을 마련하시며, 어떠한 난관이 있더라도 올바른 판단과 용기로 헤쳐 나가며 80년을 한결같이 살아오신 협회장님의 인생은 그야말로 순수와 용기, 예의염치를 실천하신 모범적인 삶 그 자체입니다.

협회장님께서는 항상 현재의 이익보다는 예의염치를 중시하시고 멀리 내다보시며 다음 행보를 결정하셨습니다. 대한변호사협회장 임기를 마치신 후 영리를 추구하지 않으시고 방송통신심의위원회 위원장, 〈동아일보〉 독자위원회 위원장, 삼성생명공익재단 이사, 대법원 양형위원회 위원장, 학교법인 고려중앙학원 이사 등으로 봉직하시면서 공익활동에 헌신하셨습니다. 아무도 가지 않은 길을 먼저 걸으시면서 후배 법조인들이 나아가야 할 새로운 길을 만들어 주셨습니다.

바라건대, 이 자서전이 협회장님께서 살아오신 인생을 정리하는 의미가 아니라, '100세 청년 이진강'의 새로운 도전을 위한 중간보고서가 되었으면 합니다. 그동안 받은 하해와 같은 은혜에 보답하기 위하여 지금부터 협회장님을 존경하는 수많은 분들과 함께 협회장님의 백수(白壽)를 기념하는 헌정 문집을 준비하도록 하겠습니다. 그때까지 항상 건강하시고 우리 사회의 큰 어른으로서 선한 영향력을 계속 발휘해 주시기를 감히 부탁드리며 부족한 이 글의 마지막을 정리하고자 합니다.

축 사

원로 법조인의 역사적 기록을 읽고

황호택_전 〈동아일보〉 논설주간 · 카이스트 문술미래전략대학원 겸직교수

이 책의 머리말(들어가며)에는 저자가 자녀와 후배들로부터 여러 분야에서의 경험을 살려 가르침을 주는 자서전을 쓰라는 권유를 받고 망설이는 대목이 나온다. 저자는 자서전이 통상 자랑거리를 쓰게 마련인데, 자칫 객관적 사실과 거리가 있는 진실성의 문제가 발생할 수 있다는 우려를 한다. 그러나 자서전이 자신과의 대화이며 삶의 보고서라는 생각으로 이 책을 쓰게 됐다고 술회한다. 솔직담백한 서술은 이 자서전의 일관된 흐름이다. 나는 이 글을 쓰기 위해 자서전 원고를 읽다가 저자에게 몇 가지 사례를 거론하며 "지금과 당시의 시대적 분위기가 다른데 이런 것까지 쓸 필요가 있습니까"라는 질문을 던지기도 했다.

자서전 첫 절인 "이 세상에 오다"에서 저자는 용인 이씨 시조인 고려 개국공신 안의공 휘(諱) 이길권으로부터 자신을 낳아 준 부모에 이르기까지 집안 내력을 깔끔한 문장으로 정리했다. 인간은 하늘에서 뚝 떨어진 존재가 아니다. 유장(悠長)하게 흘러가던 한 집안의 역사는 진강(鎭江) 소년의 어린 시절로 자연스럽게 넘어간다.

내가 이 세상에 온 뜻은 무엇인가. 그는 《어린 왕자》와 《돌아온 어린 왕자》에서 이 질문에 대한 해답을 찾고 싶어 한다. 그는 생텍쥐페리의 소설 《어린 왕자》를 한글과 영어번역본으로 여러 차례 읽으며 볼 때마다 느끼는 맛이 달랐다고 했다. 대학 1학년 때는 친구들과 독서클럽을 만들어 〈사상계〉, 〈현대문학〉 그리고 《세계문학전집》을 읽었다. 이런 문학적 감수성과 지적 탐구욕이 검사 생활을 하고 자서전을 집필한 바탕이 되었을 것이다.

그는 대필작가를 쓰지 않고 직접 펜을 잡고 파지(破紙)를 내면서 자서전을 완성했다. 자기 이름으로 나가는 글은 반드시 자기가 써야 한다는 결벽증이 그를 망신살에서 구한 적도 있다. 문재인 정부의 검찰이 '사법농단' 적폐수사를 할 때였다. 그가 사법정책자문위원회 위원을 하면서 〈조선일보〉에 쓴 글 "상고법원이 필요한 이유"가 법원행정처 판사들이 대필해 준 것이라는 기사가 〈한겨레〉 1면에 보도됐다. 사실은 법원행정처 간부들이 초안을 준비하기는 하였으나, 이 글이 마음에 들지 않은 저자는 직접 자료를 뒤져 가며 새 글을 완성하였고, 이것이 〈조선일보〉에 실렸다. 다행히 법원행정처가 자기들이 쓴 초안과 이 변호사가 쓴 글을 함께 보관하고 있어서 이 변호사가 직접 작성한 글이었음이 증명됐다.

나는 《박종철 탐사보도와 6월항쟁》이라는 책을 쓰면서 사회적으로 지명도가 높은 사건 처리에 관여한 법조인들이 회고록이나 자서전을 남기지 않은 것에 아쉬움을 느꼈다. 한두 사람의 이야기를 듣고 완벽한 진실의 모습을 파악하기는 어렵다. 그러나 자기가 아는 사실의 일부라도 정직하게 기술한 책은 기자가 다른 사람들의 자료나 증언을 함께 분석해 사건의 퍼즐을 맞춰 나가는 데 크게 도움이 되었다.

사건을 정의롭게 처리하기 위해 애썼지만 5공화국에서 의사결정 구조의 비민주성 때문에 좌절한 모 검사장은 죽기 전에 마지막 기(氣)를 모아 책을 썼다. 이 자서전이 아니었더라면 흑역사(黑歷史)의 상당 부분이 암흑 속에 묻히고 말았을 것이다. 초판만 찍고 절판돼 책방에서 살 수 없는 책이었다. 나는 고인이 된 저자의 사인이 담긴 증정본을 인터넷 중고책방 사이트에서 구입할 수 있었다. 이런 책은 몇 권이나 팔렸냐가 중요한 게 아니라 진실을 알리겠다는 진정성을 기록으로 남겼다는 의미가 크다.

높은 공직을 지내고 당시 권력구조에서 중요한 결정을 한 사람들이 의외로 자서전을 남기지 않은 경우가 많다. 저자가 사실에 관한 진실성의 문제를 고민하면서도 자서전을 낸 것은 당대의 현실에서 부끄럽지 않은 삶을 살았다는 자부심의 소산이라고 본다. 자서전이나 회고록을 남기겠다는 뜻을 품고 일생을 사는 사람들이 많으면 많을수록 이 세상이 더 정의롭고 맑아질 것이라는 생각이 들었다.

어지러운 세상을 살다 보면 어떤 인생이든 실패한 이야기, 부끄러운 대목도 있게 마련이다. 자서전에서 이러한 부끄러운 고백, 솔직한 이야기는 독자들로 하여금 저자의 진솔함을 느끼고 이야기에 깊이 공감하게 만든다. 저자는 이 책에서 무리하게 일을 하다 병마에 사로잡혀 죽음의 직전까지 내몰린 일, 잘나가던 검찰 조직에서 좌절한 경험을 솔직하게 고백하였는데, 이를 읽다 보면 쉽게 책을 놓을 수 없다.

자서전에 나오는 일화 중 가장 흥미로운 것은 월남에서 검찰관을 할 때 크레모아를 적에게 팔아넘긴 혐의로 구속된 사병의 억울함을 풀어 준 스토리다. 이 사병은 술자리에서 허언(虛言)을 했다가 보안부대에 체포돼 가혹한 고문수사를 받고 허위자백을 했다. 이진강 검찰관은 보안부대의 압력 속에서도 작전일지와 크레모아 수불대장 등 증거를 수집하고 알리바이(현장부재증명)를 입증하는 동료 사병의 일기까지 찾아내 그를 석방했다. 그로부터 4년이 지나 목포지청에 근무할 때 피의자였던 사병이 그를 찾아온 이야기는 가슴 찡한 감동을 준다. 이 스토리가 좋은 감독을 만나면 명화로 만들어질 수도 있을 것 같다.

그는 대검중앙수사부 1과장(수사기획관)을 하면서 과로한 끝에 쓰러져 오랫동안 고생을 많이 했다. 그가 5년간 투병 생활을 하느라

검찰에서 활짝 꽃을 피우지 못한 것을 그를 아는 사람들은 안타까워한다.

헌신적인 부인이 아니었더라면 그는 병마를 이겨내고 재기해 대한변협회장 등 제2의 인생을 펼쳐 나가지 못했을 것이다. 부인은 고려대 법학과 62학번 동기생. 캠퍼스 커플은 처음 만난 지 8년 만에 결혼에 골인해 2남 1녀를 두었다. 부인은 아픈 남편을 데리고 5년 동안 순천 송광사, 남원 실상사, 합천 해인사, 무주 백련사, 예산 수덕사, 공주 동학사 갑사, 충주 자광사, 설악산 백담사, 오대산 상원사 월정사, 철원 심원사 등 수많은 산사를 찾아다녔다. 서울 근교의 절에는 수없이 다녔다고 한다.

절 주변의 맑은 공기와 피톤치드, 절까지 찾아가는 트래킹, 여행길에서 싹트는 부부애와 심리적 안정이 건강에 도움을 주었겠지만, 무엇보다 불교에 대한 신심은 그가 생의 낭떠러지로 추락하지 않도록 받쳐 준 정신력이 되었다. 그의 자서전에는 불경의 가르침이 곳곳에 등장한다.

그는 스스로 '보수'라고 분류하지만 편향된 보수가 아니라 좌우의 균형을 갖추려고 노력하는 보수였다는 것이 나의 판단이다. 그는 이명박 정부 시절 방송통신심의위원회 위원장(장관급)을 하면서 소위원회 위원장 자리를 야당 추천 위원들에게 적절하게 배분하고, 위원회 위원들에게 충분한 의견 진술과 토론 기회를 주었다. 회의는 가급적 만장일치로 결론을 내리고 표결은 야당 추천 위원들이 동의하는 경우에 한해 실시했다. 이진강 위원장의 이런 운영방식이 치우친 보수 쪽의 마음에 들지 않았던지 청와대 민정수석비서관이 나서 "이 위원장이 좌파라는 악의적인 정보가 청와대로 들어오니 각별히 조심하십시오"라는 간접 경고를 날리기도 했다.

나로서는 경쟁지 기자에게 특종을 빼앗긴 아픈 경험도 이야기해야겠다. 이 변호사는 중앙수사부 1과장 시절 박종철 고문치사 사건의 1보 특종을 한 〈중앙일보〉 신성호 기자에게 박 군의 사망 사실을 확인해 준 장본인이다. 박종철 고문치사 사건은 독재정권을 쓰러뜨리고 민주화를 불러오는 데 결정적 동력을 제공했다. 그는 내가 2017년 졸저 《박종철 탐사보도와 6월항쟁》을 펴냈을 때도 서울변호사회에서 이 책과 관련해 강의할 기회를 주선했다.

저자의 자녀들은 모두 우리 사회에서 인정받는 직업을 가졌다. 검사를 지내고 김·장 법률사무소에서 변호사로 일하는 장남 문한, 부산대 법학전문대학원 교수로 있는 딸 세인은 전공상 아버지에 대해 이해의 폭이 넓을 것이다. 차남 명한은 삼성디스플레이 자동차 전장사업팀 영업담당그룹장으로 일하고 있다. 이런 자녀들이 아버지에게 자서전 집필을 권유했다는 점에서도 그는 성공적인 삶을 살았다.

내 삶의 스승, 이진강 회장님

노환균_전 법무연수원장

시절이 어수선하여 앞길이 잘 내다보이지 않을 때, 무척 어렵고 힘들어 무엇을 어떻게 해야 할지 가늠이 안 될 때 우리는 스승을 찾고 그 가르침에 따르려 애쓴다.

나는 1988년 초임검사 시절 마음의 스승을 만나 뵙는 행운을 맞이하였고 그 인연은 35년 세월이 흐른 오늘까지 이어져 오고 있다. 그분은 당시 서울지검 동부지청 차장검사셨던 이진강 회장님이시다.

인연이 깊어 회장님께서 손수 쓰신 자서전을 읽고 글을 몇 자 적게 되니 더없는 영광이다. 회장님 삶의 편린에 지나지 않겠지만 내가 보고 듣고 느끼고 아는 바를 그대로 얘기함으로써 독자들이 회장님과 소중한 인연을 맺는 데 조금이나마 보탬이 되었으면 하는 바람이다.

회장님께서는 반세기가 넘는 기간을 공인으로 활동하시면서 한결같이 참된 자세를 지켜 오셨다. 후학들이 걸어야 할 바른 길을 제대로 보여 주신 것이다.

법조 3륜의 주요 직책과 방송·통신, 학교법인, 공익문화재단과 관련된 일을 하시면서 늘 '국가가 정상적으로 발전해 나가고 사회가 보다 맑고, 밝고, 건강해지도록' 올바른 방향과 합리적인 방안을 제시하셨고 몸소 실천하셨다. 이는 자서전 곳곳에 나와 있는 일화들과 부록의 기고문, 연설문, 인터뷰 등에 잘 나타나 있다.

회장님께서는 공적으로 일을 함께한 선후배 동료들에게는 물론, 사적으로 만난 모든 분들을 대함에 있어 한결같이 겸허하고 진솔하셨고, 한 사람 한 사람 모두를 똑같이 귀하게 여기셨다.

"사람은 누구나 불성(佛性)을 가지고 있어요. 인연이란 참으로 소중한 것이에요. 천생아재필유용(天生我材必有用)이지요"는 회장님께서 평소 자주 하시는 말씀이다.

가족들은 말할 것도 없고, 회장님과 공·사 간으로 인연이 닿은 많은 사람들이 회장님을 존경하고 따르는 이유가 여기에 있다고 생각한다.

이러한 회장님의 공인으로서의 품격과 인간적인 매력은 어디에서 연유하는 것일까?

자서전에서 생생하게 밝히신 바와 같이 5년간의 힘든 투병생활을 겪으면서 '생명의 실상'을 깨달으시고, 여든이 되신 지금도 불경과

니체 철학을 꾸준히 공부하면서 성찰과 절제를 바탕으로 진여자성 (眞如自性)을 찾아가는 담담한 일상을 이어가고 계시는 데 있지 않을까. 정말 본받고 싶은 점이다.

혼돈(混沌)과 무치(無恥)의 시절에도 삶의 길은 다양하게 나 있고 희망의 빛은 꺼지지 않는 법이다.

나는 참 스승을 만나 오랜 세월 인연을 이어오고 있는 행운을 좋은 분들과 공유하고 싶다. 이 자서전을 통하여 많은 분들이 회장님과 교감하면서 삶을 고양시켜 나가기를 기대한다.

특히 검사들이 꼭 한 번 읽어 보기를 권한다. 2011년 11월 22일 초임검사 특강 시에 회장님께서 진심을 다해 말씀하신 '고독·용기·책임'을 깊이 새기고, 바르고 참된 공인의 길을 묵묵히 꿋꿋하게 걸어가 주기를 바란다.

존경하는 회장님께서 언제 어디에서든 후학들에게 단호한 가르침과 따뜻한 웃음을 보여 주시고, 늘 건승하시길 기원하면서 이만 졸필(拙筆)을 놓는다.

"아버지, 자서전 하나 쓰시지요! 아버지는 법원, 검찰, 변호사, 법조 3륜을 두루 거치시고 방송·통신을 비롯하여 대학교, 공익단체 등 여러 분야에서 경험하신 바가 많으시니 후배들과 자손들을 위해서 가르침을 준다는 생각으로 책 한 권 남겨 주세요."

큰아들이 5년 전에 나에게 한 말이다.

그러나 그때는 내 나이 칠십 중반이라 아직 사회생활을 활발하게 해나갈 수 있는 체력과 정신력이 뒷받침되고 있었으므로 지나온 삶을 되돌아보고 정리하는 일은 당분간 미루자는 생각이 앞섰다.

더구나 자서전이라는 것이 통상 저자의 자랑거리를 쓰게 마련인데, 그렇게 되면 자칫 사실에 관한 진실성의 문제가 발생하거나 사람들로부터 알게 모르게 오해를 사는 일이 생길 수 있다는 생각도 들었다. 그래서 자서전 쓰는 일을 그만둘까 망설였다.

그런데 세월이 감에 따라 책 내는 일에 소극적이던 아내가 적극적으로 권하고 나섰다.

"아이들의 바람이니 시간에 구애받지 말고 차근차근 자료를 정리했다가 때가 되면 좋은 책 한 권 만들어 내세요."

주변의 몇몇 후배들도 같은 의견이었다.

그래서 마음을 고쳐먹었다. 자서전은 참회록이 아니니 자랑거리가 당연히 들어갈 수 있고, 사실의 진실성 문제는 사심 없이 쓰면 크게 괘념할 일이 아니다. 또 자서전의 이야기는 타인에게 하는 말이 아니라 내면의 자기 자신에게 하는 고백이라고 생각하면 문제가 될 게 아무것도 없다는 결론을 내렸다.

그래서 내가 직접 쓰기 시작했다. 그저 내 능력이 닿는 데까지 말하고자 하는 바를 말하고 법조인답게 명백하고 간결한 문장을 써서 혼동이나 애매한 것이 없도록 하여 읽는 사람들이 내 생각을 쉽게 알 수 있도록 유념하면서 써 내려갔다.

내 자서전에 실려 있는 이야기들은 남들에게 말하는 것이 아니다. 80 평생 살아오면서 나 자신과 진솔한 대화를 하지 못했던 내가 내면의 자신에게 하는 이야기이자 독백이다.

그런 점에서 이 자서전은 내 삶의 보고서이며, 내가 이 세상에서 모든 임무를 마치고 본래의 곳으로 돌아갈 때 가지고 가야 할 나의 성적표다.

책에는 또한 내가 법조인 생활을 하면서 틈나는 대로 쓴 논단의 글이나 수필, 강연, 연설, 축사, 취임사, 제언 중에서 일부를 골라 포함시켰다.

이제 막상 책이 발간되어 세상에 나온다니 걱정이 앞선다. 이 책이 재미있고 유익하고 또 널리 전해져야 하는데 그럴 자신이 없다. 앞의 두 개의 바람은 전적으로 독자들의 몫이지만 인연이 있어 이 책을 읽는 분들이 "아! 그 사람에게 그런 일도 있었군. 글이 솔직담백하면서 처음과 중간과 끝에 일관되게 흐르는 무엇인가가 있군!" 하면서 머리를 끄덕여 주시면 고마울 따름이다.

서툴고 투박한 원고를 흔쾌하게 받아들여 예쁜 정장의 품격 있는 책으로 만들어 준 나남출판 조상호 회장과 신윤섭 이사, 민광호 부장을 비롯한 편집진에게 감사의 인사를 전하고 싶다.

무엇보다 이 책을 쓰게끔 동기를 부여해 준 큰아들에게 고마운 마음 전한다. 평생 친구와 반려자로 함께해 주면서 나를 변화시켜 준 아내에게 깊고 무한한 감사를 보낸다. 항상 사랑과 격려로 나를 대해 준 딸, 작은아들, 그리고 두 며느리와 손녀들에게도 고마움을 전한다.

2022년 10월

이 진 강

차 례

제 1 장

나의 성장기 이야기

이 세상에 오다

나는 해방 2년 전, 대한민국 건국 5년 전인 1943년 8월 25일 당시 주소인 경성부 동대문구 신설동 365번지의 5호에서 태어났다.

나의 본적(등록기준지)은 경기도 포천군 일동면 화대리 644번지이지만, 아버지[이병규(李炳圭), 1913~1996년]는 경기도 가평군 상면 봉수리에서 태어나셨다. 봉수리는 운악산 서쪽 기슭에 자리 잡은 작은 마을로, 20여 가구가 모여 사는 용인 이씨 집성촌이다.

아버지는 그곳에서 19살이 될 때까지 농사일을 하시다가 큰 뜻을 품으시고 27세 되신 큰아버지와 함께 북쪽으로 40여 리 떨어진 넓은 벌판으로 나가 산판을 경영하시고, 양조장을 창업하여 자수성가로 큰돈을 모으셨다. 거기가 내 본적지이다.

아버지가 새로운 삶의 터전으로 자리 잡으신 곳은 멀리 삼팔(38) 교가 보일 듯 말 듯 광활한 낭유리 평야가 펼쳐지고, 어머니의 고향인 철원으로 통하는 길이 연결된다. 젊은 나이에 사업에 성공하여 서울 동대문에서 멀지 않은 곳에 일본 집을 사서 도시생활의 터전을 마련하고, 고향에도 번듯한 한옥을 짓고 논밭도 많이 마련하셨다.

그 즈음 어머니〔윤을순(尹乙順), 1915~2013년〕와 결혼하시고, 두 분은 7남 2녀 9남매를 낳으셨다.

나는 넷째이자, 아들로는 셋째다.

족보상으로 따져 보면 나는 용인 이씨 제37대 손이다.

용인 이씨는 고려 개국공신 안의공 휘(諱) 이길권을 시조로, 14세 구성부원군 휘 이중인을 중시조로 하며, 15세 개성유후공 휘 이사위, 16세 청백리공 휘 이백지, 17세 부사공 휘 이수강으로 이어져 현재 제41세까지 내려왔는데, 우리 가족은 부사공파 중 나주 감사공파 포천 봉수리지파 손이다.

용인 이씨는 종중원 3만 5천여 명의 인구수가 적은 종중이지만 조선시대에 영의정을 비롯하여 정승, 판서 등 내·외직에 많은 인물을 배출한 걸출한 경화사족(京華士族)이다. 용인 이씨 종중은 2005년 5월 성년 여성도 종중원이 될 수 있는 대법원 판례를 만들어 낸 바와 같이 여성 지위 향상에 크게 기여했다. 그때까지 우리나라 종중은 관습법상으로 성년 남성에게만 종중원 자격을 인정했다.

일반인들에게 잘 알려진 인물로는 신사임당의 어머니이자 율곡 이이(李珥)의 외할머니가 용인 이씨이다. 또한 임진왜란 때 패전하여 도주하였다고 잘못 알려졌지만 사실은 녹둔도에서 이순신 장군의 목숨을 살려 주어 후일에 장군이 나라를 구하게 하고 선조와 세자 광해군 등 왕가를 끝까지 보호한 이일(李鎰) 장군, 숙종 치세에 부산 동래부사를 두 번 역임하면서 일본 막부로부터 울릉도, 독도가

아버지 이병규(李炳圭) 초상화   어머니 윤을순(尹乙順) 초상화

조선 영토임을 확인받은 안용복을 적극 옹호하고 도와준 감사공 이
세재(李世載), 일제강점기에 3·1운동에 앞장섰다가 옥고를 치른
이아주(李娥珠) 여사가 나의 자랑스러운 선조이시다. 특히 이아주
여사는 인촌 김성수 선생의 부인이 되어 〈동아일보〉와 고려대의 전
신인 보성전문 설립·발전에 크게 기여한 분이니 나와의 인연은 더
욱더 깊다.

　다음 페이지의 글씨는 나의 뿌리인 용인 이씨의 종훈(宗訓)이다.
한문으로 된 휘호는 조선조 영조 때 영의정을 지내신 도곡공 이의현
(李宜顯, 28세)의 작(作)으로, 한글학자 한갑수(韓甲洙) 선생이 쓰
셨다. 그 아래의 글은 위의 휘호를 종원들이 알기 쉽게 풀어서 쓴 것
이다.

위 龍仁李氏宗訓은 원래 壬子譜序(1732年)에 나오는 것으로 領議政을 지내신
陶谷 宜顯(28世孫) 어른의 作이다. 이를 한글학자 韓甲洙 선생이 우리 宗人을 위한 揮毫임.

宗訓

孝道와 友愛를 行實의 根本으로 삼고

忠直과 厚德으로 德行을 높이고

淸廉과 正直으로 志操를 갖추자

이 종훈은 내가 80 평생 살아오는 동안 바르게 생각하고 행동할
수 있도록 이끄는 길잡이가 되어 주었으니 조상님들께 크게 감사한
마음이다.

이름의 유래와 뜻

내 이름은 진정 진(鎭), 물 강(江), 진강(鎭江)이다.

'진'은 용인 이씨 37세손 항렬자이고, '강'은 아버지께서 선택해 주
신 글자이다. 아버지께서는 7형제 모두에게 삼수변의 글자를 택해
서 주시면서, 내게는 '강'을 주셨다. 아버지께서 내게 '강'을 주신 뜻

은 아버지 생전에 직접 여쭈어보지 않아서 잘 알지 못하고 그냥 내 이름을 지어 주신 대로 그렇게 써 왔다. 하지만 80여 년이 지난 지금에 와서 내가 써 오고 남들이 불러 온 내 이름의 의미를 곰곰이 생각해 보면 아주 깊은 뜻이 있는 것 같다.

강(江)이다. 강에는 물이 있으니 강물인데 물(水)은 상선약수(上善若水)와 같이 깊은 뜻이 있는 많은 한자 숙어를 만들어 내는 원천어이다. 강물에는 또 오묘한 비밀이 있다고 말하는 사람들도 있다. 어느 작가는 강에는 시간이 존재하지 않는 비밀이 있다고 말했다.

헤르만 헤세는 《싯다르타》에서 "강이란 어디에나 동시에 존재한다. 근원에서나 강어귀에서나, 폭포에서나 나루터에서나, 급류에서나 바다에서나, 산에서나 평지 어디에서나 동시에 존재하며 강에는 오직 현재만 있을 뿐 과거의 그림자나 미래란 없다"고 했다.

또 흐르는 강물을 바라보면서 명상을 해보면 큰 미덕을 발견할 수 있다는 책 구절도 있다. 그 미덕은 바로 물은 서로 다투지 않는다는 점을 배울 수 있다는 것이다. 강물은 앞서간다고 뽐내지 않고 뒤처졌다고 의기소침하거나 실망하지 않고 의연하게 그냥 흘러가며, 항상 낮은 데로 흐르고 종국에는 바다에 다다른다. 그러니 이런 강물의 비밀을 볼 줄 알면 인생의 참뜻을 알게 된다고 한다. 아버지께서는 할아버지로부터 《논어》를 비롯해서 한학을 많이 배우셨으니 이렇게 큰 뜻을 담아 내 이름을 지어 주시지 않았을까 생각한다.

아버지께서는 평소 예의염치(禮義廉恥)를 강조하셨고, 지치(知恥)와 불치하문(不恥下問) 그리고 항상 남들보다 먼저 가려고 하지 말고 욕심을 내지 말라는 생활의 지혜를 가르쳐 주셨다. 이것도 모두 내 이름에 함축된 그 뜻을 실천하라는 가르침이었다고 믿고 싶다.

내게는 세간에서 쓰는 이름 외에 또 하나의 이름이 있다.

격동의 1980년대 말 막중했던 검찰 수사업무의 하중을 이기지 못하고 1990년대 초 몸의 균형을 잃어 어려움을 겪을 때 순천 송광사의 회광 방장스님을 몇 번 뵌 적이 있는데, 어느 날 큰스님께서 나와 아내에게 법명을 하나씩 주셨다.

내게 주신 법명이 달 월(月) 물 강(江), 월강(月江)이다. 이 법명은 평소에 자주 쓰지는 않지만 내가 나 자신을 부르거나 자아(自我) 아닌 자기(自己)를 찾고자 할 때 마음속으로 불러보는 이름이다. 때로는 부처님과 거래할 때에도 가끔 쓴다.

그런데 왜 회광 스님은 몸과 마음이 아픈 내게 그 이름을 주셨을까? 〈월인천강지곡〉(月印千江之曲), 〈월인석보〉(月印釋譜) 등을 보면 월강이라는 용어는 가볍게 쓰는 말이 아니다. 부처님이 중생을 구제하신다는 큰 뜻이 있는가 하면, 깨끗한 강물이 달을 비춘다는 해인삼매(海印三昧)의 오묘한 뜻도 있다. 그런 차원 높은 뜻을 가진 이름을 나와 같은 평범한 사람에게 주신 것은 아니었을 것이다.

그보다는 몸과 마음이 아픈 나의 내면을 보시고 마음을 맑게 하라는 뜻으로 주셨거나, 마음은 본래 맑은 것이니 그런 줄 알면 마음의 고뇌는 본래 없는 것이고 없애 버릴 고뇌도 없다는 가르침을 주신 것 같다. 그래서 그런지 몰라도 얼마 후 몸과 마음의 균형을 되찾아

지금까지 비교적 건강하게 생활하고 있으니 고마울 따름이다.

　이름 이야기를 하다 보니 사법시험에 합격한 1965년 가을 어느 대학생들의 모임에 참석했다가 종로에 있는 중국집에서 점심을 먹을 때 그 자리에 함께하셨던 김철 선생께서 하신 말씀이 기억난다.

　그분께 인사를 드리자 내 이름을 듣고는 대뜸 중국식 이름이라면서 중국에 진강(鎭江)이라는 도시가 있는데 중국과 인연이 있느냐고 물으셨다. 중국과 아무 관련이 없고 아버지가 지어 주신 이름일 뿐이라고 대답하고 그냥 넘어갔다.

　이런 일이 계기가 되어 얼마 후에 회현동 언덕배기에 있는 '진강반점'을 일부러 찾아가 짜장면 한 그릇을 시켜 먹고 그 집 주인에게 상호의 내력을 물어보았다.

　주인의 대답인즉, 중국 강소성 진강시 출신의 5형제가 한국에 건너와서 중국집을 차렸는데 모두 '진강반점'으로 이름을 붙였다고 했다. 회현동, 종로5가, 혜화동 로터리, 청량리역 근처 등 다섯 곳을 알려주었는데 한 곳은 기억이 나지 않는다.

　나중에 알고 보니 그들 화교 5형제의 고향인 강소성 진강시는 대한민국 임시정부 청사가 있던 곳이고 현재는 임시정부 사료(史料) 진열관이 남아 있다고 한다. 김철 선생은 독립운동을 하셨으니 진강시에 여러 번 가보셨던 것 같다.

내가 이 세상에 온 뜻은 무엇인가

혹자는 말한다. '사람으로 태어난다'는 것은 이 세상에 와서 이곳에서 일어나는 일이나 소리를 보고, 듣고, 느끼고, 배우고, 깨달으면서 때로는 즐기고, 맛보고, 고뇌하며 자기가 해야 할 일을 완수하고 나면 왔던 자리로 돌아가야 하는 인생살이의 시작이라고.

인간을 비롯해서 이 세상 만물은 모두 왔다가는 간다. 인류의 역사가 정확히 얼마나 되는지 인류학자가 아니라서 잘 모르겠다. 인류가 이 지구상에 온 이후에 얼마나 많은 사람들이 오고 갔는지도 헤아리기 어렵다. 그러나 그들 모두 오고 갔고, 그들 나름대로의 역할이 있었던 것은 분명하다.

나도 부모님으로부터 몸을 받아 우주의 작은 먼지에 불과한 지구상의 대한민국 땅에 왔지만 나름대로 뜻이 있고 역할과 소임이 있으리라고 생각한다. 그러나 더 깊이 따져 보면 복잡하고 어렵다.

이제 갈 날이 하루하루 다가오니 어렵다고 하더라도 그 의미를 알아 두어야겠다. 그래야 돌아가는 곳에서도 크게 문책을 당하지 않을 테니 말이다. 왜 왔고 그동안 무엇을 보고, 듣고, 느끼고, 배우고, 깨달았을까? 또 내 소임은 무엇이었고 잘 살아왔는가?

'어린 왕자'와 '돌아온 어린 왕자'가 소행성으로부터 이 지구에 와서 인류를 위해 좋은 일 하고 다시 본래의 곳으로 돌아간 것처럼 나도 소임을 다하고 편안하게 온 곳으로 되돌아갈 수 있을까?

프랑스 작가 생텍쥐페리의 소설 《어린 왕자》의 주인공 어린 왕자는 20세기 중엽 인간이 살고 있는 지구 행성에 온다.

아주 조그만 소행성에서 장미꽃 한 송이를 키우고 활화산과 휴화산을 청소하면서 살던 어린 왕자는 여행길을 떠나 여섯 소행성을 거쳐 여러 가지 경험을 하고 크고 복잡한 지구 행성에 이른다.

아프리카 사하라사막 한가운데로 온 어린 왕자는 그곳에서 뱀을 만나고 여우와 친구가 되어 '관계 맺음'과 '인연'의 도리를 배운다.

또 사막에 불시착하여 생사기로에 있는 조종사를 만나 그에게 '보이지 않는 것을 볼 줄 아는 마음과 눈'의 비밀을 가르쳐 준다. 생명수 우물을 발견하고 고장 난 비행기를 고치는 방법을 알려주어 실종자가 무사히 귀환할 수 있도록 도와주고 나서 소행성으로 돌아간다.

《돌아온 어린 왕자》는 그로부터 70~80년 후, 21세기 초에 아르헨티나 파타고니아 고속도로 갓길에서 유명한 종교 철학자 겸 강연자를 만남으로써 지구 행성에 다시 온다.

지구와 소행성의 시간 차이로 인해 지구 시간으로는 70~80년이 지났음에도 청년의 나이로 지구에 다시 온 '돌아온 어린 왕자'는 강연자의 입을 빌려서 인류가 마음을 통하여 하나가 되는 방법, 특히 어려운 사람들을 위해서 해야 할 일들을 몸소 보여 준다.

자기소임을 다한 어린 왕자는 강연자와 포옹하고 왔던 곳으로 되돌아간다.

이 두 어린 왕자가 지구에 와서 '인연의 도리'를 비롯한 만유의 법칙을 배우고, 또 인간에게는 '보이지 않는 것을 볼 줄 아는 지혜'를 가르쳐 주고 홀연히 떠나는 모습은 이 세상에 와서 제 삶을 살다가 때가 되어 훌쩍 떠나가는 우리들의 모습과 닮은꼴이 아닐까!

나는 《어린 왕자》를 여러 번 보았다. 영문 번역본도 수차 읽었다. 볼 때마다 느끼는 맛이 다르다. 앞으로도 생각날 때마다 보아야 겠다.

사람이 이 세상에 태어날 때 아무것도 가지고 오지 않고 돌아갈 때도 홀로 간다고 해서 공수래공수거(空手來空手去)라는 말이 생겨났다. 하지만 홀로 왔다가 그냥 홀로 가는 것은 아니라고 말하는 사람들도 있다. 인간이 이 세상에 올 때 좌우 양어깨에 구생신(俱生神)이 붙어 온다는 것이다. 구생신은 선한 행동과 악한 행동을 낱낱이 기록하는 신인데, 사후에 염라대왕에게 보고하여 죄를 묻는 자료로 쓴단다.

또 사람은 태어날 때 양손에 남의 눈에 띄지 않는 두 개의 손가방을 들고 오는데, 거기에는 선과 악이 각기 들어 있다고도 한다. 인간에게는 내면 깊은 곳에 선한 씨앗과 악한 씨앗이 심어져 있어 살아가는 동안 한없이 선과 악의 싹이 자라고 없어지곤 한다는 이야기도 있다.

그러니 궁금한 점이 한두 가지가 아니다. 나의 구생신은 나에 대해서 무엇을 얼마나 기록해 놓았을까? 내가 들고 온 손가방에는 선과 악이 얼마나 들어 있는지 궁금하고, 내 내면에 심어져 있는 두 가지 씨앗도 잘 자라고 또 없어졌는지 몹시 궁금하다.

유년기의 추억

흐릿한 첫 기억

사람에게 첫 기억은 매우 중요하다. 첫 기억이 사람의 의식 중 전 6식(六識: 눈, 귀, 코, 혀, 몸, 의식)이나 제 7식, 제 8식에 남아서 일생 또는 사후에 큰 영향을 미칠 수 있기 때문이다.

그런데 나의 첫 기억은 확실치 않고 흐릿하고 가물가물하다. 기억이 순간순간 떠올랐다가 없어지거나 오래 연결되지 않고 시간이 뒤바뀌어 영상이 간헐적으로 떠오르곤 한다.

흐릿하나마 떠오르는 하나의 기억은 내가 태어난 집이 큰 도로변에서 조금 들어간 골목길에 있었는데 나보다 두 살 위인 둘째 형을 잃어버렸다고 어머니와 큰누나가 울고불고 하던 일이다.

또 하나의 기억은 시골집의 일인데, 낮은 초가집의 뒤쪽 돌담이 제법 높았다고 생각된다. 그 돌담에 큰 구멍이 나 있었는데 그 안에 집을 지켜 주는 구렁이가 살면서 가끔 닭이나 토끼를 잡아먹는다는 어른들의 이야기를 듣고 무서움을 느낀 일이다.

이 두 가지 기억 중 어느 것이 빠른 것인지 그 순서를 판단하기는 어렵다. 하지만 두 가지 기억 모두가 두세 살 때의 일인 것은 분명한 것 같다.

아주 어렸을 때의 것임에도 아직까지 내 의식 속에 흐릿하게나마 남아 있는 걸 보면 그 기억이 75년 이상 머물러 있으면서 오랫동안 나의 삶에 커다란 영향을 미쳤으리라고 생각된다.

실상으로 보면 존재하지 아니하는 불안과 두려움 그리고 뱀을 보거나 생각하면 혐오감을 가지거나 오싹함을 느끼는 이 모든 의식작용은 아주 어렸을 때 나의 의식 깊은 곳에 사진 찍힌 영상이 되살아난 것일 수도 있다.

좀 더 또렷한 기억

아버지와 큰아버지께서 하시는 양조장 사업이 번창하여 돈을 많이 버신 것 같았다. 내가 태어난 곳에서 약 1킬로미터 떨어진 탑골승방이 내려다보이는 전망 좋은 보문동 집으로 이사를 하셨다.

그곳에서 산등성이 하나를 넘어 한성여고 근처에는 큰아버지 집이 있었고 우리 집 주변에는 큰고모, 작은당숙 집이 모여 있었기 때문에 어린 나로서는 지내기가 무척 좋았다.

지금은 보문사(普門寺)로 이름이 바뀐 탑골승방에는 비구니 스님들이 많이 있었고, 절 안에 시원한 샘물이 있어서 자주 드나들었다.

그때에는 그곳이 무엇을 하는 곳인지 전혀 몰랐지만 스님들이 자주 떡이나 과일을 주어서 맛있는 것 얻어먹는 재미로 자주 절에 갔다.

하지만 백천만겁을 두고도 만나기 어렵다는 부처님을 만나는 행운이 나도 모르게 일찍 나에게 찾아왔다. 참으로 다행이고 고마운 일이었다.

그곳에서 여섯 살이 될 때까지 포천 시골집을 오가면서 별 탈 없이 자랐다. 시골에 내려가면 양조장 바로 옆을 흐르는 냇가에 나가서 불거지, 모래무지 등 민물고기 잡는 재미에 시간 가는 줄 몰랐다. 아침이면 일찍 일어나 새로 지은 집 앞 언덕에 있는 밤나무에서 떨어진 아람을 줍던 재미 또한 잊지 못할 추억이다.

1949년, 만으로 여섯 살 되던 해 여름 어느 날이었다.

많은 사람들이 그날 동대문운동장에 큰 구경거리가 생겼다고 하면서 집 앞 거리를 지나갔다. 그래서 또래 친구 몇 명과 작은형을 따라서 창신동 산등성이를 넘어서 동대문이 바라다보이는 성곽 끝에 다다르니 그 주변은 이미 인산인해(人山人海)였다. 검은색, 흰색 옷을 입은 사람들이 도로를 꽉 메우고 움직이는데, 한참 있으니 상여가 우리 앞을 지나갔다. 김구(金九) 선생의 장례행렬이었다. 구경을 마치고 집에 돌아와 어른들이 하시는 말씀을 듣고 그게 아주 유명한 분의 장례행렬이라는 것을 알게 되었다.

그런데 그로부터 25년 후 목포지청 검사로 재직할 때, 김구 선생께서 돌아가신 그해 3월에 쓰신 친필 글씨 한 점이 내 손에 들어왔다. 지금까지 집에 소장하고 있는데, 겸양과 배려를 강조하는 《채근담》의 일부 내용을 쓰신 것이다. 이는 아버지께서 평소 가르쳐 주신 가훈과도 일맥상통하는 내용이어서 마음속에 늘 간직하고 있다.

處富貴之地　要知貧賤之痛癢

當少壯之時　要知老衰之辛酸

居安樂之場　要體患難人的景況

處旁觀之地　要知局內人的苦心

부유하고 귀한 지위에 있을 때엔
반드시 가난하고 천한 이의 고통을 알아야 한다.

젊고 왕성한 시절에 있을 때엔
모름지기 쇠하고 늙음의 고달픔을 생각해야 한다.

편안하고 즐거운 입장에 있을 때엔
마땅히 괴롭고 어려운 사람의 상황을 체험하여 깨달아야 한다.

방관자, 즉 제3자의 입장에 있을 때엔
반드시 그 처지에 있는 당사자의 고뇌를 헤아려야 한다.

국민학교 입학과 6 · 25 사변

1950년 봄에 집에서 약 500미터 떨어진 장충국민학교에 입학했다. 서울특별시 성북구 보문동에서 서울특별시 성동구 신당동 377의 9 호 넓은 집으로 이사한 후였다. 대지가 넓고 마당 삼면에 향나무가 둘러서 있으며 전면에는 큰 은행나무가 심어져 있는, 방이 4개나 되는 일본식 집이었다. 이 넓은 마당은 6 · 25 직후 몇 년간 생계수단으로 어머니께서 '나무짱'(땔감 나무를 묶어서 파는 가게)으로 사용하셨다.

국민학교에 입학한 기억은 입학식 날, 반 배치를 받고 교실에 들어갔는데 날 따라오셨던 어머니가 보이지 않아 겁이 나서 울음을 터뜨린 창피한 영상만 남아 있다.

학교에 입학한 지 몇 달 되지 않아 6 · 25 사변이 터져 상당 기간 학교생활에 대한 기억에 공백이 생겼다.

1950년 6월 25일, 북한이 새벽에 기습 남침을 감행해 전쟁을 일으킨 것이다. 북한의 남침으로 피란 온 고향 사람들을 작은형과 함께 왕십리 근처 무학여고까지 안내하고 돌아오는 길에 북한 야크기가 왕십리역을 폭격하는 광경을 직접 목격했다. 전쟁의 무서운 장면을 처음으로 목격하는 순간이었다.

그 이후 우리는 아군 적군 할 것 없이 비행기 폭격장면을 수없이 보았다. 우리들은 어린 마음에 재미를 맛보기도 하고 공포심을 느끼기도 했지만 어른들은 비참한 나날을 보냈다.

전쟁은 우리들의 일상을 모두 뒤집어 놓았다. 아버지를 비롯한 남자 어른들은 모두 제2국민병으로 징집되어 나가거나 피신하고, 남아 있는 가족은 여자들과 어린이들뿐이었다. 먹을 것이 없어서 고향 포천으로 내려갔다가 동네의 불순분자들에게 죽임을 당한 가족들도 있다. 일동국민학교에서 교편을 잡고 있던 큰집 큰형과 고종사촌형을 비롯한 30여 명의 젊은이들이 하룻밤 사이에 잡혀가서 참혹한 죽임을 당했다. 아버지가 새로 지으신 번듯하고 깨끗한 집도 불타 버려서 할 수 없이 가족 모두 걸어서 다시 서울 집으로 돌아오는 고난도 겪었다.

서울 집에 돌아온 지 얼마 안 되어 1·4 후퇴로 또 피란 생활을 하게 되었다. 작은할아버지의 권유와 지시로 오후 늦게 떠난 피란 행렬은 보광동 한강 북쪽에서 멈추어 하룻밤을 지새우게 되었다.

다음 날 아침 꽁꽁 언 한강을 건너 하루 종일 걸어서 작은할아버지가 미리 주선해 놓은 집에 도착했는데, 그곳이 말죽거리 염통골 조씨네 집이었다. 그 집에서 하룻밤을 자고 일어나 보니 벌써 중공군이 집 주변에 진을 치고 있었다. 그러니 더 이상 앞으로 나갈 수가 없었다.

우리는 그 집에서 다시 서울이 수복될 때까지 3개월을 살았다. 그 동안 어머니와 큰누나는 서울 집에 가서 남겨 두고 온 김장김치며 곡식 등을 챙겨 오는 일을 여러 번 감행하였는데, 참으로 놀라운 일이었다. 나와 작은형은 집 뒤에 있는 구룡산과 헌인릉 근처를 쏘다니면서 놀았다.

유엔군과 국군의 반격으로 서울이 수복되어 세 달 만에 집으로 돌아왔다. 하지만 살아가기가 막막했다. 어머니와 작은고모 그리고 누나는 방산시장에 나가 꿀꿀이죽을 얻어 와서 가족들을 먹여 살리고, 우리 어린아이들은 엿판을 어깨에 메고 거리로 나가는 참담한 상황에까지 이르렀다. 큰길을 질주하는 미군 트럭을 쫓아가면서 미군들에게 '기부 미 초코렛'을 외치던 기억도 생생하다.

큰누나는 그때부터 가족들을 먹여 살리고 집안일을 돌보느라 상급학교에 진학하지 못했다. 참으로 안타깝고 누나에게 미안한 일이다. 누나는 또한 덕소로 시집 간 후 내가 대학 2, 3학년 시절 사법시험 공부를 할 때 인근에 있는 묘적사와 수종사에 공부방을 얻어 주고 먹을 것도 날라다 주었다. 그 은혜를 어떻게 갚을까?

큰누나는 부지런하고 남편 복도 있어 서울 근교에서 원예 사업을 하시면서 남부럽지 않게 사신다. 자형 박종현은 우리나라 분재의 대가이시다. 서울구치소 건너편에 있는 분재원에 가보면 값비싸고 훌륭한 예술작품이 많이 있다.

외손자 이상현이 우리나라 1등 로펌에 인턴으로 취업하여 일하면서 미국 로스쿨에 뜻을 두고 법조인의 꿈을 키워 가는 것을 보니 외할머니인 큰누나의 공덕인 것 같아 기쁘다. 최근 미국 컬럼비아대〈Columbia University〉로스쿨로부터 입학 허가를 받고 출국 준비 중이라니 내가 많이 도와주어서 누님의 은혜를 갚아야겠다.

6·25 직후 우리 집 앞에는 반쯤은 폐허가 된 3층 건물이 하나 있었는데, 그곳에 고씨 가족이 운영하는 교회가 있었다. 아버지 목사님과 큰아들 목사님 모두 윗입술에 유전적 장애가 있었는데, 그 아래 동생들도 그랬다. 그 교회에는 미군 원조물자가 많이 들어왔다.

목사님 작은아들들이 우리 또래여서 과자며 초콜릿이며 운이 좋을 때는 고기 통조림도 얻어먹을 수 있었다. 그래서 자연스럽게 교회에 나가서 찬송가도 부르고 성탄절에는 밤샘을 하기도 했다.

아버지가 살아 돌아오셨다. 제2국민병으로 끌려간 사람들이 많이 굶어 죽거나 병들어 죽었는데, 아버지는 모진 고생을 이겨내고 목숨을 보전하신 것이다. 제2국민병 해산명령을 받은 경주에서부터 걸어서 살아 돌아오셨다.

아버지를 맞이한 우리 어린아이들의 느낌은 그렇게 크지 않았지만, 어머니와 큰누나가 느낀 감정은 충격 그 자체였던 것 같다. 어머니와 큰누나는 무척이나 많이 우셨다. 이제 가장이 살아서 돌아오셨으니 우리에게는 살길이 생긴 셈이었다.

아버지는 얼마 동안 몸을 추스르고 난 후 곧바로 포천 일동으로 내려가셨다. 작은아버지 집 사랑채에 거처를 정하시고 발동기 한 대를 마련해서 탈곡과 정미소 일을 시작하는 한편 농사도 손수 지으셨다. 나는 그때 아버지를 따라 시골에 내려가 있었던 것으로 기억한다.

젊었을 때 하시던 산판 사업을 다시 시작한 아버지가 산의 나무를 베어서 차편으로 서울 집으로 보내면 어머니가 이를 받아 땔감으로 묶어 가정집에 파는 일로 생활의 활력을 다시 찾아 나가셨다.

그때 아버지께서 산판을 경영하시며 벌목한 국유림에 내가 1965년 사법시험에 합격한 후 수년에 걸쳐 낙엽송 수십만 그루를 식목하여 그 빚을 나라에 갚으셨다. 그런 공적으로 아버지는 경기도 조림왕으로 선정되셨다.

아버지는 양조장 재건도 도모하셨다. 동업자 몇 분을 끌어들여 양조장을 면 소재지로 이전하고 버스 운수사업도 시작하셨다. 그때 어머니는 서울에 계시면서 '나무짱' 사업을 하는 한편, 계를 모집하여 아버지의 양조장 재건사업 등에 도움을 주신 것 같다.

그런데 호사다마(好事多魔)라고나 할까, 뜻하지 않은 불행이 닥쳐왔다. 양조장 동업자 한 사람이 아버지를 모함하여 아버지가 얼마간 영어(圇圄)의 몸이 된 것이다. 다행스럽게도 유능하고 바른 검사가 무혐의로 풀어 주어 자유의 몸이 되셨지만 그 여파가 작지 않았다. 설상가상으로 지입으로 운영하던 버스에서 불이 나는 바람에 큰 손해를 보고 운수사업은 접게 되었다.

이러한 몇 가지 예상치 못한 사건으로 우리 가족은 몇 년 후 신당동 큰 집을 채권자들에게 내주고 거리로 쫓겨나는 신세가 된다.

수복 후 학교생활과 졸업

이제 다시 학교생활로 돌아가 보자.

국민학교 1학년부터 3학년까지 학교생활을 어떻게 했는지 뚜렷한 기억이 별로 없다. 동네 아이들과 딱지치기, 다마치기(구슬치기), 자치기, 제기차기를 하면서 노느라고 정신없이 지낸 기억만 날뿐이다. 때로는 점심은 물론이고 저녁 먹는 것도 잊고 노는 데 정신이 팔렸으며, 한 달에 한 번씩인가 책방에 나오는 만화책 《밀림의왕자》를 보는 재미로 학교생활은 내 안중에 별로 없었다.

어떤 때는 경신중학교에 다니는 동네 형과 또래 형들을 따라 야밤에 보광동 복숭아밭에 서리를 하러 가기도 했다. 지금 생각해 보면 엄청난 범죄를 저지른 것이다. 나이가 어려 촉법소년으로 처벌을 받지는 않았겠지만 특수절도 또는 야간 주거침입 절도에 해당한다. 왜 그런 짓을 저질렀을까? 나의 내면에 심어져 있던 악의 씨앗이 자라났던 것일까? 나의 구생신(俱生神)은 그 행동을 적어 놓았을까?

또 어떤 때는 우리 집 '나무짱'에 땔감을 사러 온 사람에게 장작을 팔고 그 돈을 슬그머니 챙겨서 만화책이며 구슬 등 놀잇감을 산 일도 있었다.

어느 날에는 작은형이 나의 못된 행동을 눈치채고 따라붙었다. 나는 냅다 도망쳤다. 그러나 형은 내 뒤를 빠르게 쫓아왔다. 나는 잡히기 직전에 다리 밑 개천으로 뛰어내리고 그 순간을 이용하여 주머니에 넣었던 돈을 그곳에 버리고 나서 형에게 붙잡혔다. 그리고는 아무 일도 없었던 것처럼 형에게 왜 쫓아오느냐고 대들었다. 그래서 그 일은 그렇게 끝났다. 형은 내가 나쁜 짓을 한 것을 알고도 넘어가 주었던 것 같다.

그러니 내가 학교에서 공부 잘하고 말 잘 듣고 품행이 방정한 학생들 축에 들지 못한 것은 뻔한 일이었다.

4학년 때의 일이 생생히 기억난다.

나의 담임선생님은 여자 선생님이셨는데, 이름이 박혜분이었다. 내가 말썽꾸러기로 낙인이 찍혔는지 방과 후에 청소 당번이 자주 내게 돌아왔다. 선생님은 감시하려고 그러셨는지 청소가 끝날 때까지 지켜보고 있었는데, 내게 청소는 잘한다고 하셨다. "청소를 잘한다"는 말이 그래도 칭찬으로 들려서 신나게 청소를 했다. 그게 무슨 칭찬이라고!

반에서 모의 유엔총회를 한 기억이 있는데, 나에게도 회원국 대표 역할이 주어졌다. 나는 아프리카 서쪽 끝에 있는 라이베리아의 대표였다. 공부를 잘하거나 잘사는 집 애들은 미국, 영국, 프랑스 등의 대표가 되었고 중간 애들에게는 그래도 한국전 참전국들의 대표 역할 정도는 주어졌다.

그러나 나는 서운하거나 내가 차별받는다는 생각은 하지 않았다. 그때의 담임선생님 처신이 옳고 그르냐를 판단하려고 하지도 않았고, 그런 분별심을 낼 만한 능력도 없었기 때문이다.

그런 상황에서도 그림을 아주 잘 그리는 애가 내 짝꿍이었기에 4

학년 학교생활을 재미있게 지낼 수 있었다. 내게 많은 그림을 그려 주고 만화책 이야기도 해준 그 친구는 장성해서 유명한 만화가가 되었다. 이름은 권오웅이다.

함께 앉았던 한 친구는 한 손이 불구인데도 권오웅으로부터 그림 그리는 법을 배워 지금도 그림을 잘 그린다. 나는 재주가 없어서인지 뜻을 두지 않아서인지, 친구가 그려 주는 그림을 받을 줄만 알았지 그림 그리는 법은 배우지 못했다. 무척 아쉬운 일이다.

저학년 때의 여파가 5, 6학년까지 계속되었다. 하지만 5학년 때에는 학교에서 호랑이 선생님으로 이름난 박광철 선생님이 담임이라서 그 덕분에 공부에 진전이 좀 있었다.

어머니 머리를 닮아서 외우고 기억하는 데는 남들에 뒤지지 않았다. 그래서 6학년 올라가서는 석차가 반에서 반 정도 되었다. 그래도 담임선생님으로부터는 귀여움을 받지는 못했던 것 같다.

졸업이 가까운 어느 날 무슨 잘못을 저질렀는지는 모르겠는데, 교실 뒤편에서 내가 벌을 서고 있을 때 어머니가 교실 문을 열고 얼굴을 들이미셨다. 선생님이 어머니를 부르신 것 같았다. 창피하기도 하고 속으로 엄청나게 화가 났다. 나를 벌세워 놓고 어머니를 부르시다니! 그날은 그런대로 지나갔지만 어머니는 꽤나 창피하고 서운하셨으리라 생각한다.

그 이후 나는 몇 달 동안 열심히 공부했다. 졸업 후에 다시 그 선생님을 만난 적이 없지만 이름만은 잊지 않고 있다.

국민학교 마지막 해 추운 겨울에 일어난 일 하나가 생생하게 기억에 남아 있다.

1956년 1월 말 집에 배달된 신문에 큰 기사가 났다. 육군 특무대장 김창룡 소장이 출근길에 괴한들의 총에 맞아 사망했다는 내용이었고, 며칠간 후속기사가 계속 이어졌다. 어디를 가나 암살사건 이야기였고 많은 사람들은 하루 빨리 범인들을 붙잡아 엄벌해야 한다는 데 의견을 같이하는 듯했다. 우리 집안도 그런 분위기였다.

그런 분위기 속에서 약 20여 일 후 범인들이 체포되었고, 주범이 허태영 대령임이 밝혀졌다. 그런데 허 대령은 우리 집에서 약 50여 미터 떨어진, 대문이 높아 안이 잘 들여다보이지 않는 좋은 집 주인이었다. 그 집 딸이 나와 같은 나이로 장충국민학교에 다니고 있어서 좋은 감정을 가지고 있었다. 어머니와 고모 등 우리 집 식구들도 교분이 있어서 자주 그 집을 드나드는 사이였다.

주범이 허태영으로 밝혀지고 범행 동기가 하나둘 벗겨지기 시작하자 주변 여론은 삽시간에 동정으로 돌아서기 시작했다. 김창룡이 악인이고, 허태영을 비롯하여 범행에 가담한 사람들은 의인(義人)으로 바뀌었다. 또 얼마 후에 그 인근에 살던 강문봉 중장이 모든 일을 꾸민 장본인이라고 알려지자 허태영에 대한 동정여론은 더욱 강해졌다.

입장이 달라지고 상황이 바뀌자 사람들의 생각이 이렇게 크게 달라지는 것을 보니 참으로 사람 사는 세상이 미묘하고 복잡하다는 것을 느꼈다. 그러나 이런 동정 여론은 아무런 효과도 얻지 못했고,

가족들의 애절한 탄원에도 불구하고 그들은 사형선고를 받고 처형되었다. 참으로 가슴 아픈 일이었다.

얼마 후 허태영 가족은 집을 떠났고 우리도 어머니가 계주(契主)로 운영하시던 계가 깨지는 바람에 집을 채권자들에게 내주고 그곳을 떠나게 되었다. 허 대령 가족이나 우리 모두 그쯤 해서 헤어져야 할 운명이었나 보다.

그리고 그해 봄, 나는 장충국민학교를 졸업했다.

한참 세월이 지나 알게 된 일이지만 박근혜 대통령, 정몽준 현대중공업 회장, 김승연 한화그룹 회장 등이 나의 국민학교 후배다.

중·고등학교 생활

중학교에 입학하다

국민학교를 졸업하고 휘문중학교에 원서를 넣고 시험을 보았다. 휘문학교는 큰형이 고3, 작은형이 중2에 재학 중이어서 별 다른 선택없이 지원했던 모양이다.

그런데 시험에서 떨어졌다. 시험 본 장본인인 나로서는 시험을 망쳐서 떨어진 게 당연하다고 생각하고 있었는데, 아버지와 형들은 내가 성적은 좋았는데 신체검사에서 떨어졌다고 했다.

나를 위로하느라고 그런 말을 하셨다는 생각이 들기도 했으나 며칠 후 아버지께서 종로에 있는 병원에 나를 데리고 가서 엑스레이를 찍고 진찰을 받은 결과 폐결핵 진단이 나오자 이를 받아들이지 않을 수 없었다.

2차로 광희중학교 시험을 보았는데 성적이 좋아서 2등으로 합격했다.

그런데 부모님들은 중학교 진학을 포기하고 시골에 내려가 요양을 시키는 쪽으로 결론을 내리셨다. 내 건강상태도 좋지 않았고, 당시 집안 사정이 집을 채권자들에게 내주고 쫓겨날 정도로 좋지 않아서 가족들 중 일부를 분산시켜야 할 형편이었던 것 같다.

그래서 나는 아버지를 따라 고향 일동으로 내려갔다. 6 · 25 사변 중에 세상을 떠나신 큰아버지, 큰어머니 대신 사촌 형과 누이들을 떠안아 살림을 맡아 주신 작은고모와 함께 지내게 되었다.

아버지께서는 그 당시 폐결핵 특효약으로 알려진 '파스짓'을 몇 병 사서 매일 먹도록 했다. 그리고 내 아침 밥상에는 계란 프라이 한 개를 늘 올려 주도록 해서 영양보충을 하게끔 해주셨다.

또한 내가 산이며 개울이며 마음대로 나가 놀게 하고, 엽총을 들고 사냥을 나가실 때면 나를 데리고 가셨다. 가평 봉수리 선산에 식목을 할 때에도 나를 데리고 가서 잣나무를 심고 묘소를 가꾸게 했는데 그때 심은 잣나무가 자라서 아름드리가 되어 있다.

아버지께서는 틈틈이 천자문 등 한자를 시작으로 한학도 가르쳐 주셨다.

그렇게 서너 달이 지나자 내 건강은 몰라보게 좋아졌다. 폐결핵이 거의 나아 일상생활에 지장이 없어졌고, 마침 그해 6월 새로 개교한 일동중학교가 학생을 모집하여, 늦게 중학교 1학년에 입학하게 되었다.

일동중학교는 일동면 기산리 면 소재지 입구 오른편 산언덕에 있는 교회 공터에 천막 하나를 세워 놓고 학생을 모집한 학교였다. 학생들은 거의 나보다 두세 살 많은 남자 여자 아이들이었는데, 나처럼 무슨 사정이 있어서 서울에서 내려온 아이들 몇 명은 나와 같은 나이였다.

일동중학교 입학은 나를 여러 면에서 바꾸어 놓았다. 우선 모범생으로 바뀌었고, 공부에 취미를 붙이게 되었다. 아버지께서 일동중학교 개교에 많은 도움을 주신 동네 유지셨으므로 아버지의 체면을 봐서라도 공부 잘하는 모범생이 되어야 했다.

또 한 가지, 내가 서울에서 태어나 자랐고 좋은 학교를 다녔다는 우월감으로 시골 아이들에게 무엇인가 보여 주고 싶은 심리에서 더욱더 공부를 열심히 했다. 이에 더하여 사촌형과 고종사촌형이 일동국민학교 선생님으로 계셔서 다른 아이들에 비해 과외로 공부할 기회가 많았기 때문에 반에서 1, 2등을 다투었다.

자연히 선생님들로부터 귀여움을 받게 되었고 교장선생님도 각별한 관심을 가져 주셨다. 2학년이 되었을 때는 학교를 새로 지어 이사하게 되었고, 이를 기념하여 학예회를 열고 〈사육신〉 연극을 공연하였는데, 내가 주연인 성삼문 역을 맡기까지 했다.

이와는 별개로 친구들과 어울려 다니면서 냇가에서 미역 감고 물고기 잡는 재미로 저녁 늦게 집으로 돌아오기 일쑤였다. 언젠가 청계산 너머 가평에 사는 친구 집에 놀러 가서 자고 온 일도 잊을 수 없는 추억이다.

이렇듯 재미있고 유익한 생활을 하던 그해 초겨울, 아버지께서 휘문중학교 3학년 편입시험이 곧 있을 터이니 준비하고 있으라면서 작은형이 마련한 박술음 편저 영어 교과서 등 몇 권의 책을 건네주셨다. 그렇게 해서 그다음 해 초에 휘문중학교 3학년 편입시험을 보고 좋은 성적으로 합격했다. 2년 만에 떨어졌던 휘문중학교에 다시 입학하는 순간이었다.

바뀌어 돌아온 모범생

이제 내가 바뀌어서 서울로 돌아왔다.

서울로 돌아와 보니 집은 서울 동대문구 회기동 84번지 후생주택이었다. 어머니께서 신당동 집 빚을 청산한 후 어렵사리 마련하신 곳이었다. 신흥대학교(현재 경희대학교) 정문이 멀지 않고 연산군 어머니 묘소와 연화사(蓮花寺)가 가까이 있었다.

공기가 매우 좋았고 서민들 주택지라서 사는 데 큰 불편이 없는 곳이었다. 우리는 그곳에서 오래 살았다. 사법시험에 합격하고 대학 졸업 후 결혼할 때까지 그 부근에서 살았다.

휘문중학교에 편입하여 들어가니 장충국민학교 동창들이 깜짝 놀랐다. 말썽꾸러기 낙방생이 2년 만에 공부 잘하는 모범생으로 변해서 돌아왔으니 놀란 것은 당연한 일이었다.

그때부터 나는 점점 더 발전했고 고등학교에도 좋은 성적으로 진학하게 되었다. 선생님들도 많이 칭찬해 주셨고 따르는 친구들 역시 많이 생겼다.

개중에 나를 시기해서 괴롭히는 이들이 몇몇 있었지만, 그들은 학생 규율부장을 하던 작은형과 친구들이 적절히 혼을 내주는 통에 별 어려움 없이 중·고교 생활을 할 수 있었다.

집에서 학교까지 거리는 무척 멀었다. 버스로 통학했는데, 집을 나와 버스정류장까지 거리가 500여 미터, 어렵사리 버스를 타고 30분 이상 가서 종로3가에서 내리면 다시 1킬로미터 남짓한 거리를 걸어야 학교 정문에 도달한다.

겨울철 여름철 할 것 없이 군화를 신고 학생복에 휘문의 상징인 흰줄 테두리의 모자를 쓰고 결석하는 일 없이 비교적 건강하게 학교를 잘 다녔다. 2년간 시골에서 마음껏 뛰어놀면서 몸을 잘 단련한 덕분이었다.

당시 나는 사춘기 나이였지만 인근에 있는 풍문여고는 자매학교라서, 창덕여고는 교복과 모자가 마음에 들어서 호감을 가졌던 것 외에 특별히 여학생들과 사귀거나 따라다닌 적은 없다.

다만 등하굣길에 버스정류장에서 자주 눈이 마주쳤던 정신여고생에게는 여러 번 말을 걸어 보고 싶은 충동을 느꼈으나 끝내 실행에 옮기지는 못했다.

규율부 부원과 지도 선생님(왼쪽) / 고등학교 졸업앨범 사진(오른쪽)

휘문고등학교는 내가 입학한 해에 영어 교육자이신 안호삼 선생
님을 교장으로 모셔 왔다. 그분은 매우 서구적이고 개방적이어서 학
생들이 머리를 기르도록 허용하고 차츰 교복도 자율화하려는 방침
을 세우셨다.

성공회의 리처드 러트 신부님을 영어회화 교사로 초빙하고 젊은
영어교사 몇 분도 새로 모셔왔다. 러트 신부님은 방랑시인 김삿갓의
시를 영어로 번역할 정도로 한국어에 능통했고 마음도 좋으셔서 학
생들의 영어 실력이 하루가 다르게 향상되었다.

안호삼 교장선생님이 우리들에게 가르침을 주신 것은 이것뿐만이 아니었다. 1960년 4월 19일 아침 조회시간의 일이었다. 전날 고려대생의 데모로 촉발된 4·19 의거의 기운이 솟아오르는 분위기에서 운동장에 모여 있는 학생들이 웅성거리고 있을 때 교장선생님이 연단에 올라 훈화를 하셨다. 끓어오르는 젊은 피를 가진 학생들이 불의를 보고 가만히 있으면 안 된다는 취지의 말씀이셨다.

교장선생님의 말씀이 끝나자 학생들은 즉각 움직였다. 스크럼을 짜고 교문을 향해 나아갔다. 교장선생님은 선생님들에게 교문을 열어 주라고 명하셨다. 우리들은 모두 교문을 나서 인근에 있는 종로경찰서 앞에서 연좌데모를 한 후 시청을 돌아 서울신문사를 거쳐 광화문 앞까지 진출했다. 그곳에서 대학생들은 다쳐서 피를 흘리고, 태극기를 매단 자동차가 질주하는 등 혼란스러운 상황을 목격하고 학교로 돌아왔다.

선생님들은 학생들이 무사한지를 확인하고 이제부터는 집에 돌아가 별도의 연락이 있을 때까지 기다리라고 했다. 그래서 학생들은 흥분을 가라앉히고 집으로 돌아갔다. 우리 학교 학생들에게는 아무런 불상사도 없었다. 참으로 다행한 일이었다.

그날 안호삼 선생님은 우리 젊은이들에게 민주주의의 근본을 가르쳐 주셨다.

운명을 바꾼 대학입학자격 국가고사

1961년 5월 16일, 5·16 군사혁명이 일어났다. 이 군사혁명은 헌법적, 정치적으로 많은 논란을 불러일으키고 있으며 역사적으로 심판의 대상이 되고 있다.

하지만 나를 비롯해 이듬해에 고교를 졸업하는 수많은 학생들에게 이는 그야말로 운명을 뒤흔든 하나의 큰 사건이었다. 군사정부가 들어서고 난 후 사립대학 입시비리를 없앤다는 취지로 기존의 대학 입시 제도를 전면 폐지하고 대학입학자격 국가고사 제도를 1962학년도부터 전격 시행한 것이다.

이 시험제도는 수험생들이 미리 지원 학과를 선택하고 학과별 총원만큼만 합격시키도록 하는 잘못을 저지르는 바람에 전국적으로 대량 미달 사태를 초래하는 등 큰 혼란을 일으켰다.

나는 선택과목을 잘못 정하는 바람에 예상에 많이 모자라는 점수를 받은 데다가 체능 점수 50점이라는 부담 때문에 선생님들이 기대했던 서울대 법대 지원을 망설일 수밖에 없는 지경이었다.

담임선생님을 비롯해서 서울대와 인연이 있는 선생님들이 백방으로 알아보신 결과, 내 점수라면 당초 원하던 서울대 법대에 원서를 내도 충분히 합격할 수 있다고들 하셨다.

그때 망설이던 나에게 아버지께서 조언을 하셨는데 그게 결정적인 영향을 미쳤다. 아버지께서는 민족대학 고려대를 가라고 하시면서 "용의 꼬리가 되는 것보다 뱀 대가리가 되는 편이 나을 것"이라고 하셨다.

무호동중(無虎洞中)의 이작호(狸作虎), 즉 '호랑이가 없는 굴에서는 이리가 호랑이 노릇을 한다'는 말씀도 해주셨는데, 그 참뜻과 다소 다른 의미가 있지만 그럴듯했다.

나는 결국 아버지 말씀을 따랐다. 담임선생님과 많은 선생님들이 실망하였고 어떤 분은 내게 뱃심이 없다고 혹평하시기까지 했다. 나보다 국가고사 점수가 모자란 친구 두 명이 서울대 법대를 지원했으니 그런 말씀을 하실 만도 했다. 그들은 모두 서울대 법대에 합격했고 나도 민족사립대 고려대 법대에 우수한 성적으로 합격했다.

그러나 3년 반 후에 그들과 내 운명은 서로 뒤바뀌었다.

나의 청년기

대학교 입학과 호연지기 함양

1962년 봄에 무난하게 나의 마음의 고향이 된 고려대 법과대학에 입학했다. 자신 없어 했던 체력장도 40점 이상 받았고 면접시험도 잘 통과했다.

면접시험 당일 면접관 교수님이 내 얼굴을 빤히 쳐다보시면서 "자네는 왜 고대를 지원했나?"라고 물으심에 나는 대뜸 "공부 잘하는 학생은 고대에 오면 안 되나요?"라고 대답 아닌 대답을 했던 기억이 있다. 다분히 반항적인 대답이었다. 고민에 고민을 거듭한 끝에 민족 고대를 선택해서 왔는데 왜 왔느냐고 물으시니 마음에 화가 났던 모양이다.

그런데 나중에 알고 보니 면접관께서 그렇게 물으신 데는 나름대로 이유가 있었다. 나보다 점수가 좋은 학생이 한 명 있었는데, 그 친구는 사전에 학교 측과 이야기가 되어 '안암장학생'으로 입학금과 등록금 면제 혜택을 받고, 나는 그냥 아무 조건 없이 굴러 들어왔으니 그런 질문을 하신 것이다. 여하간 나와 우리 가족은 그만큼 순진하고 사회물정을 모르고 살아왔다.

회고록을 쓰는 지금도 나는 고려대에 입학한 것을 행운이라고 생각하고, 그렇게 선택하도록 조언해 주신 아버지께 감사드린다. 이 대학에 입학함으로써 나의 평생 반려자를 만나게 되었으며, 이후 대학의 은혜를 입어 일찍 사법시험에 합격한 후 법조인으로 57년 이상의 삶을 살아왔기 때문이다.

대학 1학년 때는 그야말로 호연지기(浩然之氣)를 키우는 자유분방한 생활을 했다. 뜻이 맞는 몇몇 친구들과 독서클럽을 만들어 〈사상계〉나 〈현대문학〉 그리고 세계문학전집 읽기 등 정신 함양에 힘쓰는가 하면, 그 당시 유행이었던 당구를 배우는 일에도 정신이 팔렸다. 친구들을 데리고 고향 집에 내려가 아버지 꿩 사냥을 따라다니면서 산천의 아름다움을 즐긴 적도 있다. 또 공부 좀 한다는 대학생이면 모두 하고자 나섰던 아르바이트 가정교사 노릇도 몇 달 해 보았다.

1학년 교과는 거의 전부 교양 과목이었고 법률 과목은 법학통론 한 과목만 김진웅 교수께서 가르쳐 주셨다. 김 교수님은 입학시험 면접관으로 나에게 이상한 질문을 하셨다가 무안을 당하신 분이다. 교수님은 또한 대학 출판부장을 하시면서 결혼 전 나의 아내를 출판부에서 데리고 계시면서 귀여워해 주신 분으로, 돌아가시기 직전까지 우리 가족을 아껴 주셨다.

본격적인 법률 공부와 예비시험 합격

2학년이 되어 본격적으로 법률 공부가 시작되었다.

1학년 때 법학통론을 배우고 고교과정에서 사회 과목을 통하여 어렴풋이 법의 개념을 알고 있었던 터라 다소 흥분되기도 하고 크게 재미를 느끼면서 내 앞에 밝은 빛이 비쳐 오는 것만 같았다. 이런 희망으로 그 당시 군사정권의 민정이양 문제로 대학을 비롯해 사회 전반이 뒤숭숭한 분위기였지만 나는 열심히 공부했다.

마침 그해 5월 9일에 사법 및 행정요원 예비시험령이 공포되고 뒤이어 시험일자가 공고되었다.

그때까지는 법과대학 3학년을 수료하거나 4년제 대학을 졸업해야 사법시험 응시 자격을 얻을 수 있었다. 그러나 군사정부에서는 고등학교를 졸업한 사람들에게도 사법시험과 행정시험을 볼 수 있는 자격을 주기 위해서 새로운 법령을 공포하고 시험을 시행한 것이다.

나는 곧 이 시험에 응시했다. 시험과목은 영어, 국사, 법학통론, 철학개론 등 자신 있는 과목들이어서 별도 공부 없이 응시할 수 있었다. 그래서 쉽게 합격했고 이제는 공부에 진척이 있고 마음만 먹으면 언제든지 사법시험을 볼 수 있게 되었다. 노무현 전 대통령을 비롯해서 많은 인사들이 이 예비시험에 합격하고 사법시험을 거쳐 법조인이 되었다. 참 좋은 제도였다고 생각된다.

1963년 대학 2학년 때 9남매가 부모님과 함께

　사법시험에 응시할 수 있는 자격을 따 놓았으니 고시 공부를 열심히 해야 할 동력이 생겼다. 1학기를 마치고 방학이 되자 헌법, 민법, 형법 기본 3법의 책 한 보따리를 싸들고 묘적사(妙寂寺)로 들어갔다. 묘적사는 남양주 와부면 월문리에 있는 대처승 절이었는데, 덕소로 시집을 가신 누님이 수소문해서 마련해 준 곳이다.

　그곳에서 두 달을 꼼짝 안 하고 공부했다. 공부에 큰 진전이 있었다. 새 학기가 되어 여러 법률 과목의 학교 강의가 시작되었지만 쉽게 교수님들의 강의를 따라갈 수 있었고 사법시험에 합격한 선배들이 치른 모의시험에서 수석을 차지하는 등 촉망받는 후배로 인정받기 시작했다. 학교 시험 성적도 잘 나와서 한 학기 등록금 면제의 특대생으로 선발되어 더욱더 시험공부에 박차를 가하게 되었다.

어수선한 격동의 3년차

1964년 봄 3학년이 되었으나 학교는 무척 소란스러웠다. 한·일 국교정상화 반대시위로 강의는 순조롭게 진행될 수 없었고, 교수님 몇 분이 잡혀가는가 하면 학생회장 등 선배들도 도망 다니거나 체포되어 구속되는 일이 자주 일어났다.

사시 준비에 여념이 없던 나는 이런 분위기에 휩싸일 수 없었지만, 딱 한 번 데모에 참가한 바 있다. 학교 운동장에서 학생들이 스크럼을 짜고 정문을 나서 안암동 로터리까지 진출하였는데 강력한 최루탄이 발사되어 더 이상 나아가지 못하고 되돌아왔다.

6월 3일 계엄령이 선포되어 학교에 출입할 수 없게 되었다. 나는 또 책 한 보따리를 싸 들고 절로 들어갔다.

이번에는 양주군 와부읍 송촌리에 있는 수종사(水鍾寺)였다. 그 절은 북한강과 남한강이 합류하는 양수리 두물머리가 내려다보이는 운길산 중턱에 자리 잡은 매우 유명한 절이다. 이번에도 누님이 주선해 주셨으며, 비용은 고등학교 동창생 부모님이 대 주셨다. 고등학생인 친구 동생을 절에 데리고 가서 공부를 가르쳐 달라고 했다.

수종사에서 계엄령이 해제되고 학교가 정상화된 8월 하순까지 꼬박 3개월을 공부했다. 공기 좋고 물 좋고 경치까지 좋은 데다가 공양주 보살이 해주는 맛있는 절밥 덕분에 건강도 좋아졌다. 그곳에서 세 달 동안 아침, 점심, 저녁 세끼를 발우공양했고, 주지 스님께서는 매일 아침 나를 위해서 기도해 주셨다.

제 4회 사법시험 낙방 후 제 5회에 합격하다

수종사에서 나와 2학기 등록을 마치고 강의가 시작되었는데, 곧바로 제 4회 사법시험일이 공고되었다. 그동안의 공부도 점검해 볼 겸 1차 시험에 응시했는데 객관식 시험이라 쉽게 합격했다. 1차 시험에 합격하면 2차 시험을 계속해서 두 번 볼 수 있는 자격을 주었으므로 1년을 목표로 삼고 2차 시험 공부에 매달렸다.

학교 서관 시계탑(時計塔) 아래층에 마련된 고시반에 어렵사리 자리 하나를 얻어 밤늦게까지 그곳에서 공부했다. 공부가 참 잘되었다. 고시반 선배들에게 도움을 받아 가면서 토론하고 서로 정보도 교환했다. 그때 저녁밥은 회기동 집에서 학교까지 동생들이 번갈아 가면서 날라다 주었다. 특히 어린 막내 동생이 열심이었다. 그 고마움은 지금도 잊지 못한다.

드디어 그해 추운 겨울에 2차 시험이 실시되었다. 학교와 집에서 멀리 떨어진 중앙대가 시험장이었다. 크게 기대를 하지 않고 내 실력을 점검하려는 목적으로 보는 시험이라서 집에서 편안하게 다니면서 나흘간의 시험을 마쳤다.

내 생각에는 7과목 14문제를 큰 실수 없이 그런대로 잘 써낸 것 같았다. 이 정도 시험이면 한번 해볼 만하다고 생각이 들었고 자신감도 생겼다. 은근히 기대하는 마음까지 가지게 되었다.

그런데 결과는 낙방이었다. 당연한 결과로 받아들였지만 내 점수를 알고 싶었다. 그래서 총무처 고시과에 가서 점수를 알아보니 53

점을 조금 넘는 점수였으며 전 과목에 고르게 점수가 나왔다. 아주 좋은 결과였다. 이제 조금만 더 하면 성공할 수 있을 것 같았다.

4학년이 시작되자 박재섭 학장께서 당신의 연구실을 내주시면서 그곳에서 공부하라고 하셨다. 정말로 파격적인 대우였다. 그래서 낮에는 연구실에서, 밤에는 고시반에서 공부했다. 집에서 학교를 오가는 시간이 아까워서 학교 정문 앞에 있는 하숙집에서 몇 달간 하숙까지 했다.

그렇게 맹렬히 공부하는 사이에 제5회 사법시험일이 공고되었다. 1차 시험은 이미 제4회 시험에서 합격하였으므로 더 볼 필요가 없어 2차 시험에만 주력하였다.

6월 하순이 시험일이었는데, 시험장은 효자동 청와대 인근 서울상업고등학교였다. 그때는 결판을 낸다는 생각으로 시험장소 인근 여관에 자리를 잡았다. 큰형님이 마련해 주신 여관인데 비교적 조용하고 식사와 잠자리도 편안하여 나흘간 시험 보는 데 불편한 점이 하나도 없었다.

첫째 날, 둘째 날, 셋째 날 모두 잘 보았다. 형법 한 과목만 찜찜한 상태였고 나머지 5과목은 참 잘 써냈다. 모두 학교에서 예상문제로 선정하여 많이 써보고 외운 문제들이어서 쉽게 답안을 작성할 수 있었다.

마지막 날 민사소송법이 남았는데 무척 긴장되었다. 시험 시작 전에 봉인된 문제지가 칠판에 걸리고 그것이 펼쳐질 때까지의 시간은 얼마 걸리지 않았지만 내가 느끼는 시간감은 이루 말할 수 없이 길었다.

요즈음의 변호사시험 응시생들은 실감이 나지 않겠지만 〈요한계시록〉에 나오는 봉인된 두루마리처럼 둥근 시험지가 칠판 한가운데 걸린다. 가로 70센티미터, 세로 120센티미터 정도 되는 시험지에는 큼직한 붓글씨로 문제가 적혀 있다. 칠판 한가운데 문제지가 걸리므로 뒤편에 앉거나 좌우 가장자리에 자리를 잡은 응시생들은 문제가 잘 보이지 않을 수도 있었다. 특히 시력이 좋지 않거나 긴장한 응시생들은 문제가 안 보여 시험감독관에게 읽어 달라고 요청하기도 했다.

드디어 봉인이 뜯기고 문제지가 열렸다. 감았던 눈을 떴다. 문제지에 큰 글자로 쓰여 있는 두 문제가 내 눈에 확 들어왔다. 한 문제는 "청구 취지와 청구 원인을 논하라", 또 한 문제는 "판결의 의의와 종류를 설명하라"였다. 나는 그 순간 무척 기쁘고 마음이 안정되었다. 선배들의 지도와 친구들의 도움으로 여러 번 써보고 외운 문제가 칠판에 걸린 것이다.

7과목 중 제일 어렵다는 민사소송법 두 문제를 힘들이지 않고 일사천리로 작성하고 한 번 검토를 마치고 난 후 시험장을 나왔다. 일찍 시험장을 나가는 나를 보고 주변의 수험생들은 내가 중도에 포기하고 나가는 것으로 생각했을 수도 있다. 하지만 나의 마음속에는 '합격이다!'라는 외침이 있었다.

합격자 발표일이 다가왔다. 시험을 잘 보았고 과목당 예상 점수를 나름대로 헤아려 보면 절대평가 점수인 평균 60점은 넘을 듯했다. 하지만 날이 가고 또 헤아려 보면 헤아려 볼수록 점수가 왔다 갔다 해서 정신을 바로잡을 수가 없었다.

더 이상 혼자서 머릿속으로만 번민할 게 아니라고 생각해 용기를 내어 9월 13일 오후에 나를 아끼고 지도해 주신 김인섭 판사를 찾아 뵈었다. 김 판사께 그간의 사정 말씀을 드렸더니 총무처 고시과에 근무하고 계시는 대학 친구를 소개해 주시면서 "오늘 합격자 사정(査定)을 한다는데 직접 찾아가 보라"고 하셨다.

그래서 중앙청에 있는 총무처 고시과 유기열 선배를 찾아갔다. 유 선배는 나를 반갑게 맞아 주시면서 "지금 시험위원들이 모여 사정작업을 하고 있는데 퇴근시간 무렵이면 끝날 것 같으니 그때 전화를 걸어 보라"고 하셨다.

나와 동행한 고교 친구 3명과 어울려 근처 당구장에서 당구를 치면서 퇴근시간이 되기만을 기다렸다. 초조하게 기다리면서 당구를 치니 그 당구가 맞을 리가 없었다. 그렇지만 시간은 흘러가서 전화 걸 시간이 다 되었다.

그 당구장에서 전화를 빌려 유 선배께 전화를 걸어 "낮에 찾아뵌 후배"라고 말씀드리는 순간 지금도 잊지 못할 반가운 말씀이 들려왔다. "수험번호가 10XX번 맞지요!" 합격자 명단에 들어간다는 말씀이었다. 그러면서 최종 합격자 발표일은 내일모레, 9월 15일이니 보안을 지키라고 하셨다.

1965년 9월 15일, 제5회 사법시험 합격자가 발표되었다. 최종 합격자 16명, 수석 합격자 배기원, 최연소 합격자 변진우, 나는 대학교 재학 중 합격된 3명 중 1명이었다. 변진우는 서울대 재학 중으로, 나보다 4개월 생일이 늦어 최연소 합격자가 되었다.

그날 아침 일찍, 우리 집 앞에 사시는 안이준 교수께서 신문을 보시고 집으로 찾아와 축하해 주셨다. 안 교수께서는 그 이후에도 나를 여러 면에서 많이 도와주셨다.

합격자 발표 후에 궁금해서 내 석차와 점수를 알아보았더니 16명 중 16등 말석 합격에 점수는 60.07이었다. 007 위기 탈출인 것 같았다. 서운한 마음이 들었다. 사람의 마음은 참으로 알 수 없는가 보다. 합격자 발표 전까지는 합격하기만 간절히 바랐는데 합격하고 나니 더 나은 석차, 더 나은 점수를 받지 못한 것에 서운한 마음을 내다니, 사람의 욕심은 한이 없고 마음 또한 간사한 것 같았다.

그 때문인지 나는 그 이후에 시험을 다시 보는 꿈을 여러 번 꾸었다. 물론 다시 합격하고 점수도 좋은 꿈이었다. 꿈이란 그런 것인가 보다.

대학 졸업과 사법대학원 생활

재학 중에 사법시험에 합격했으니 2학기 나머지 수업은 소홀해질 수밖에 없었다. 여기저기 축하받으러 다니고 고향 어른들에게 인사 다니느라고 많이 결석하게 되었는데 교수님들께서도 암묵적으로 인정해 주셨다.

그렇게 들뜬 기분으로 마지막 학기를 마치고 학년말 시험을 보게 되었는데, 교수님들께서 사시 합격생이라 점수를 후하게 주셨는지 좋은 성적이 나왔다. 그리고 4년간 성적을 합산한 결과 2등으로 졸업하게 되어, 졸업식장에서 재단이사장상을 수상하였다. 1등상은 4년 후 내 아내가 된 여학생이 받았다.

당시에는 사법시험에 합격하면 서울대에 설치된 사법대학원에 입교하여 2년간 소정의 교육을 받아야 법조인의 자격을 취득할 수있었다. 또 대학 재학 중에 합격한 자는 대학을 졸업해야 사법대학원 입학 자격이 있으므로 나는 1966년 봄에 고려대를 졸업하고 제6회 사법시험 합격자들과 함께 사법대학원에 입학하게 되었다.

제6회 합격자 19명에 제5회 재학 중 합격자 3명을 더하여 22명,

그리고 행정소송에 승소하여 합격한 제2회 10명을 포함하여 총 32명이 사법대학원 제9기생으로 2년간 함께 생활하게 되었다.

사법대학원은 종로5가 서울대 법과대학 안에 있고 서울대병원 간호사 기숙사 바로 옆에 원생 기숙사가 설치되어 있어서 미혼자들은 모두 기숙사 생활을 하였다.

사법대학원 교과과정은 2년으로, 1년은 이론 강의, 후반기 1년은 실무 과정이었다. 실무 과정은 검찰 실무, 법원 실무, 변호사 실무 과정으로 나누어 수습했는데, 원생들의 개인 사정을 고려하여 전국에 배치되었다. 나는 검찰 실무는 부산, 법원 실무와 변호사 실무는 서울에서 마쳤다. 2년간 소정의 과정을 모두 마치고 1968년 2월 26일 수료증을 받았다.

2년간 사법대학원을 다니는 동안 무척 아쉽고 지금까지도 크게 후회되는 일이 하나 있다. 사법대학원을 수료하고 논문 한 편만 내면 석사학위를 받을 수 있는데 그것을 해내지 못한 게 사뭇 아쉽다. 학구열이 남보다 뒤진 것도 아니고 영어와 독일어 실력도 논문 한 편은 쓸 정도로 괜찮았는데 무엇에 정신이 팔려서 그랬는지 모르겠다. 이끌어 주는 멘토가 없었고 너무 일찍 합격하다 보니 우월감과 자만심이 생겨 장래를 내다보지 못한 것이 아닐까 생각된다.

그러나 훗날 내 세 아들딸들이 박사, 석사학위를 취득해서 큰 역할을 하고 있으니 그것으로 큰 위안이 된다.

군대 생활

신체검사와 허풍쟁이

대학교 3학년 2학기가 한창인 늦은 가을에 신체검사를 받으라는 통지서가 집으로 배달되었다.

제 4회 사법시험 1차 시험에 합격하고 한창 2차 시험 준비를 하고 있는 때에 신체검사 통지서가 나왔으니 난감한 일이었다. 기피할 수도 없었고 뾰족하게 연기할 방법도 없어서 본적지 소재 포천군청에 마련된 신체검사장에 출석했다.

키, 체중, 시력, 청력 등 여러 단계의 신체검사를 거친 결과 합격 판정이 나왔다. 판정관이 최종적으로 병과(兵科)를 부여하겠다고 하면서 내 의견을 물었다. "법과대학을 다니고 있으니 헌병 병과를 주면 어떻겠느냐?"고 하면서 병과 란에 그대로 기재하려고 했다.

그때 나는 단호하게 대답했다. "아닙니다. 그냥 행정병과로 해주세요. 지금 제가 사법시험 공부를 하고 있는데 거기에 합격하면 법무관(法務官)으로 임용된다니 헌병 병과는 필요 없습니다!"

대단한 허풍이었다. 나도 그 말을 하는 나 자신을 보고 놀랐다. 판정관은 얼굴을 쳐들고 나를 빤히 쳐다보고는 빙긋이 웃었다. 그리고 아무 말 없이 행정병과를 부여해 주었다. 그 판정관은 나를 철없는 허풍쟁이로 치부했을까, 아니면 나의 합격을 바라는 좋은 마음으로 빙긋이 웃으면서 아무 말 없이 병과를 부여해 준 것일까? 여하간 그 허풍 덕분이랄까, 사법시험에 합격하여 2년 반 만에 법무관으로 임용되었다.

허풍은 떨어 볼 만도 하다. 《어린 왕자》를 쓴 작가 생텍쥐페리는 "허풍은 용기의 한 요소"라고 했다.

보병학교 입교와 중위 임관 및 배속

사법대학원을 졸업한 후 한 달 반이 지난 4월 중순 전남 광주시 전투병과사령부 보병학교에 입교하라는 통지가 전달되었다. 동기생들이 함께 기차를 타고 가기로 하고 서울역에 모였다.

나는 그때 좋아하던 사람이 서울역에 나와 주기를 바라면서 기다리다가 출발하는 기차를 놓치고 말았다. 그녀는 나오지 않았는데도 말이다. 낭패스러운 일을 당했지만 이왕 기차를 놓쳤으니 그녀를 만나 보고 밤차를 타기로 결심했다.

그녀의 직장인 고려대 출판부로 전화를 하니 그녀는 거기에 있었다. 기차를 놓쳐서 서울역에 있으니 나오라고 해서 몇 시간 동안 함께 지냈다.

그리고 야간열차를 타고 내려가 새벽에 송정리역에 도착했다. 근처 목욕탕에서 목욕을 하고 아침식사를 마치고 상무대에 도착하니 친구들은 이미 와 있었다.

친구들은 나를 보고는 깜짝 놀라면서 무슨 사고가 났나 아니면 군대를 기피하려고 한 게 아닌가 걱정을 많이 했다고들 했다. 나는 갑자기 일이 생겨서 기차를 못 탄 것이라고 둘러대고는 더 이상 아무 말도 하지 않았다. 그것으로 끝이었다.

입교 수속을 마치고 보니 사법대학원 동기생이 12명, 목사님이 8~9명, 그리고 신부님이 한 분 계셨다. 우원근 목사님, 이상강 목사님, 이군형 신부님은 기억이 나는데 나머지 목사님들 이름은 기억이 나지 않는다.

목사님들과 신부님들은 나름대로 사정이 있어 군목장교 후보생으로 지원한 것 같았다. 목사님들과는 서로 격의 없이 농담도 하고 하대도 하면서 병영생활을 했는데 신부님은 말수도 없고 근엄해서 말붙이기가 어려웠다.

일일 훈련을 마치고 목욕탕에서 목욕할 때가 되면 신부님은 자기 알몸을 남에게 보이지 않으려고 남들이 다 마치고 나오면 얼른 혼자 들어가 씻고 나오곤 했다. 그래도 단체생활에서 타인에게 지장을 주지 않으려고 무척 신경을 쓰는 것 같아 보였다.

보병학교 시절의 사진. 뒷줄 오른쪽에서 두 번째에 저자.

보병학교 시절의 사진. 뒷줄 왼쪽에서 두 번째에 저자.

10주 교육을 받는 동안 어려움과 재미난 이야기들도 많지만, 특히 생생하게 기억나는 일이 하나 있다.

　임관일 일주일쯤 전이었다. 내가 식사당번이라 우원근 목사님과 함께 손수레를 몰고 배식하는 식당으로 가서 순서를 기다리고 있는데 마침 선배기수인 간부 후보생들이 밥을 타러 왔다.

　보병학교에서는 훈련을 받는 동안에는 선배기수에게 경례를 붙여야 하는 것으로 되어 있었는데 나와 목사님이 그들에게 황망 중에 경례하는 것을 놓쳤다. 선배기수 간부 후보생 한 사람이 나를 식당 막사 뒤편으로 데리고 가서 오른 손바닥으로 여러 번 가슴을 밀치면서 가격했다. 그러면서 그 이유도 큰 소리로 외쳐 댔다.

　"귀관들은 일주일 후면 중위로 임관되는 걸 잘 안다. 그때에는 우리들이 귀관들에게 경례를 붙여 줄 것이다. 하지만 임관일 전까지는 우리들이 선배기수이니 우리에게 예를 갖추어야 한다. 알았나!"

　나는 아무 저항 없이 그대로 맞고 있었다. 그때 우원근 목사님이 나섰다.

　"고의로 그런 것도 아닌데 그렇다고 이렇게 계속 때리면 됩니까?"

　우 목사님은 몸집이 크고 목소리도 우렁찬 데가 있어서 그 간부 후보생은 짐짓 물러나고 나는 더 이상 맞지 않았다. 나는 그로 인해서 일주일 이상을 가슴이 아파서 고생을 많이 했다.

　그러나 그 간부 후보생에게 악감정은 가지지 않았다. 그 간부 후보생의 말이 맞았고, 내가 경례를 잘했더라면 그런 일이 일어나지 않았을 것이라고 생각했기 때문이다.

땀나고 배고프고 졸음이 오고 지쳐서 기진맥진하는 등 이런 고생 저런 고생 다 겪고 나서 1968년 6월 22일 당당히 대한민국 육군 중위로 임관하였다.

잘 견뎌 내서 감개가 무량했다. 10주 만에 중위 계급장을 달고 나니 신체검사장에서 허풍 아닌 허풍을 떨던 일이 생각났다. 마음을 잘 먹으면 안 되는 일이 없나 보다.

임관식을 마치고 광주 시내에 나가 구경을 하고 다음 날 무료 군용열차를 타고 서울로 돌아왔다. 1군사령부에 배속 발령되었는데, 신고일자는 1968년 7월 1일이었다.

보병 제5사단에 발령되다

1군사령부로 6명의 법무관이 발령되었다. 나는 고향 인근의 보병 제5사단 열쇠부대 보통군법회의 검찰관으로 배치되었다. 보병 제5사단은 박정희 대통령이 사단장, 김재규가 참모장으로 복무한 부대로, 내가 부임해 보니 사단장은 강창성 소장, 참모장은 이광로 대령이었다.

사단장 강창성 소장은 포천군 출신으로 나와 고향이 같아 아버지와도 친분이 있는 사이였고, 참모장 이광로 대령은 처음 인연이었지만 10년 후 내가 강릉지청 검사로 재직할 때 동해안경비사령관으로 그 지역 계엄분소장직을 맡아 다시 만나게 된 분이다.

그 후 그분은 국가보위상임위원회 부위원장 겸 내무분과위원회 위원장으로 영전해 가시고 나는 법무무로 발령받게 되었는데, 경찰 수사권 독립 문제 등 복잡한 현안들이 논의될 때 나를 많이 도와주셨다.

또 한 사람의 인연이 있다. 내 고향 친구 이병곤이다. 그와 나는 학교는 함께 다닌 적이 없으나 부모님들 사이가 매우 좋으셨고 집도 이웃해 있어서 어려서부터 가깝게 지냈다.

5사단에 부임해 보니 그 친구가 중위 계급장을 달고 헌병대 조사계장 겸 사단장 경호 책임자로 있었다. 그 친구가 나를 많이 도와주었다. 체격 좋고 반듯하게 잘생겼으며 성격이 원만하고 대인관계도 좋은 그 친구가 주변 사람들에게 나를 좋게 이야기해 주어서 5사단에 근무하는 동안 별 어려움 없이 지낼 수 있었다.

특히 사단장을 지근거리에서 모시면서 나의 신상에 대해 자세하게 말씀드리고 사단사령부에서 돌아다니는 정보를 알려 주어서 사단장과 참모들의 신뢰를 받게 되었다.

그는 1970년대 전반에 헌병 소령으로 예편한 후 경찰로 전직하여 성실과 노력으로 치안감까지 승진하여 강원경찰청장, 부산경찰청장을 역임한 입지전적인 노력파 경찰공무원이다. 또한 학구열도 높아 대한민국 제1호 경찰학 박사학위를 소지한 존경할 만한 친구다.

친구의 도움과 사단장을 비롯한 상사들의 배려로 7개월간 검찰관 업무를 큰 실수 없이 잘 수행했다.

월남 파병

보병 5사단에서 좋은 여건에서 재미있게 일하고 있는데 1969년 초 월남 파병 명령이 내려왔다. 일반 장교나 사병들은 자원을 하거나 청탁을 넣어 월남에 가려고 한다는 풍문이 있었으나 법무장교들은 파병을 기피하는 분위기였다. 그런 와중에 느닷없이 나도 모르게 월남 파병 명령이 떨어진 것이다.

오랫동안 공들여 왔던 아내가 될 여인과의 연애가 결실을 맺으려는 결정적인 단계에서 전쟁터로 가라는 명령을 받았으니 난감했다. 그러나 어찌하랴? 국가, 특히 군의 명령인 것을! 그 명령을 따를 수밖에 별도리가 없었다.

그렇게 해서 생전 처음 1만 5천 톤급이나 되는 큰 배와 보잉 747 비행기를 타고 이국땅을 밟는 잊지 못할 경험을 하게 되었다.

1969년 2월 중순, 겨울 추위가 맹위를 떨치던 날 강원도 화천군 간동면 오음리 산골짜기에 설치된 파월장병 훈련소에 입소했다. 상하(常夏)의 나라 월남에 가는데 왜 겨울에 춥기로 이름난 강원도 화천군 산골짜기에서 훈련을 받게 할까 의아한 생각이 들었지만 혼자서 따지고 말고 할 일도 아니었다.

그곳에서는 월남에 대한 기본 정보와 파병의 목적 등 일반적인 사항 외에 체력단련과 아울러 전우애, 협동정신에 대해서 가르쳤다. 교육기간은 4주였다.

교육을 마친 후 차량 편으로 이동해서 춘천역에서 기차로 갈아타고 서울 청량리역에 도착했다. 일시 가족들의 환송을 받고 다시 중앙선 철로를 이용하여 부산항에 도착했다.

부산항에서 장병들이 승선한 배는 민간 여객선을 개조하여 군 수송선으로 이용하는 1만 5천 톤급이나 되는 거대한 배였다. 난생 처음 보는 배였다.

사병들은 선복(船腹) 아래층에 배정되고 장교들에게는 상층에 있는 1인실 또는 다인실이 배정되었다. 검찰관인 나에게는 상층부의 1인실이 배정되었다. 휴게실이 있는 로비층에는 언제든지 영화 관람을 할 수 있는 시설이 설치되어 있었고, 편히 쉴 수 있는 공간도 마련되었다.

식당은 초호화판이었다. 우리들이 먹어 보지 못했던 고기, 빵, 우유, 과일 등 없는 것이 없었다. 그러나 그 맛있는 음식들은 배가 파도에 요동을 칠 때면 거의 다 무용지물이었다. 큰 배의 롤링과 피칭으로 엄청난 멀미가 일어나면 심한 구토로 정신을 차릴 수가 없어 음식을 도저히 먹지 못했다.

배가 대만해협을 지날 때에는 도저히 몸을 가눌 수 없을 정도로 롤링과 피칭이 심했다. 나도 선실에 있는 변기에 얼굴을 처박은 채로 바를 잡고 여러 번 구토했다. 그래서 해군에서는 변기를 영어로 헤드(head)라고 부른다.

6박 7일간의 긴 항해 끝에 1969년 3월 25일 아침 마침내 월남 중

월남 맹호사단 연병장에서

부 퀴논항에 도착했다. 마중 나온 선임하사와 사병들의 안내로 지프
차를 타고 사단사령부에 도착하여 참모를 비롯한 법무참모부 식구
들과 상면하였다.

이어 사단장과 참모장들께 보직신고를 마침으로써 정식으로 월남
맹호사단 검찰관의 업무를 시작하게 되었다. 당시 맹호사단장은 윤
필용 소장, 참모장은 소준열 대령, 작전참모 손영길 중령, 법무참
모 한인활 중령, 법무사는 정용인 중위였다.

이날부터 13개월간 맹호부대에서 검찰관으로 일하면서 많은 일을
겪었다. 기쁜 일이 있었는가 하면 때로는 어렵고 화나고 안타까우면

서도 큰 보람을 느끼는 일들도 많았다. 그런 와중에도 고등학교 동창생인 김창환 소위가 공병부대 영선 소대장으로 있어서 가끔 퀴논 항 근처 바다에 나가 해수욕을 즐기기도 했다.

그 많은 일들이 어느 것은 아련하게 또 어느 것은 생생하게 기억 속에 남아 있는데, 그중 직무와 관련된 세 가지만 이야기 형식으로 쓴다.

공포심은 본래 없는 것

정확한 날짜는 기억나지 않지만 월남에 도착한 지 몇 달 되지 않은 어느 날이었다. 검찰관의 중요한 업무 중 하나가 예하부대 장병들에 대한 군법교육인데, 26연대(혜산진부대) 장병들에 대한 교육 일정이 오래전에 잡혀 있었다.

사단사령부에서 26연대까지는 거리가 멀어서 헬기가 배정되어 있었다. 그런데 출발 당일 아침에 갑자기 전투작전에 헬기가 모두 동원되는 바람에 헬기 배정이 취소되었다. 할 수 없이 지프차로 26연대까지 육로로 가기로 결정했다. 운전병 이외에 사병 2명에게 무장을 시키고 나도 권총을 차고 떠났다.

출발해서 중간 지점까지는 몇 번 다녀 본 길이라서 고향 가는 기분으로 편안하게 갔고 그 이후는 새로운 경치를 구경하면서 중간에 정차하여 야자수도 사먹는 등 즐거운 마음으로 운행하여 연대본부에 도착했다.

우리 일행을 맞이한 연대본부 관계자들은 깜짝 놀라면서 어떻게

월남 맹호사단 항공대에서

지프차로 단독운행을 하여 이곳까지 왔느냐고 물었다. 여기까지 오
는 길의 일정 구간은 베트콩 출몰지점이라 단독운행 금지구간으로
설정되어 있는데 아무 일 없이 왔으니 천만다행이라는 말도 덧붙였
다. 마침 나동원 연대장이 계셔서 인사를 드렸더니 장병들 교육을
잘 부탁한다면서 부관에게 우리들이 돌아갈 때에는 지프차 앞뒤로
APC 장갑차 한 대씩을 호위로 붙여 주라고 지시하셨다.

그 지시에 따라 군법교육을 마치고 돌아갈 때 정말로 우리 지프차
앞뒤로 장갑차 한 대씩을 배치하여 호위해 주었다. 나 연대장은 장
병들 사이에서 인기품목인 샌드리 팩 2개를 우리들에게 선물로 주기
도 했다. 하나는 내 몫이고, 나머지는 따라온 사병들의 몫이었다.
샌드리 팩 안에는 전투식량은 물론 군인들이 일상에서 쓸 수 있는

용품들이 들어 있었다.

그런데 출발하고 나서부터가 문제였다. 올 때에는 아무 생각 없이 경치를 구경하면서 즐겁고 편안하게 왔는데 돌아갈 때에는 베트콩들의 습격이 있을지 모른다면서 장갑차로 호위해 주니 겁이 덜컥 났다. 가슴이 뛰고 손에 땀이 나는 등 사람이 불안하면 나타나는 증상이 나타났다.

나뿐만 아니라 동승한 사병도 불안한 모습을 보였고 특히 운전병은 손으로 운전대를 꽉 잡고 긴장하여 운전이 매끄럽지 못했다. 서로 아무 말도 못하고 긴장한 상태로 약 한 시간을 달렸다. 가까스로 단독운행 금지구역을 벗어나 우리를 호위해 주던 장병들이 인사를 하고 되돌아가자 그제야 조금 정신이 돌아왔다.

갈 때에는 없었던 공포심은 어디에서 온 것일까? 어디에 숨어 있다가 나온 것일까? 공포심이라는 것은 그 실체가 있는 것일까, 아니면 마음의 작용일 뿐인가! '연대본부 관계자나 연대장이 아무 말도 하지 않고, 또 장갑차로 호위도 받지 않고 우리끼리 그 길을 되돌아왔다면 어땠을까?'

나는 베트콩이라는 무서운 존재가 내 의식에 인식되는 순간 공포심이 생겨난 것이라고 어렴풋이 결론을 내렸다. 그리고 먼 훗날 《반야심경》을 접했을 때 "無有恐怖 遠離顚倒夢想 究竟涅槃"(무유공포 원리전도몽상 구경열반: 마음에 두려움이 없어 잘못된 망상을 떠나 마침내 열반에 이르노라) 이라는 구절의 의미를 월남 파병 중 26연대 군법교육 길에서 직접 체험했음을 알게 되었다.

말로써 말이 많으니 말을 말까 하노라!

1969년 한여름이 지나 8월 말 혹은 9월 초라고 기억된다. 보안부대에서 대인용 지향성 산탄지뢰, 일명 '크레모아'를 베트콩과 내통한 민간인에게 돈을 받고 팔아넘겼다는 혐의로 공수부대 사병 한 명을 구속하여 검찰부로 송치하였다. 죄명은 군형법상 이적죄였다.

신병 인수 전에 보낸 기록을 보니 피의자가 자백하였는데 크레모아를 산 사람이 특정되어 있지 않았고 조사도 되지 않았다. 수사기록에 허술한 점이 많았다.

신병을 인수하여 구류신문을 해보니 피의자는 완강히 범행을 부인했다. 자신은 크레모아를 월남 민간인에게 팔아넘긴 적이 전혀 없다고 부인하면서, 크레모아는 팔아넘길 수 있는 물건도 아니며 관리를 철저히 하기 때문에 부대 밖으로 유출할 수도 없다고 강변했다.

그러면 왜 수사기록에 자백이 되어 있느냐고 추궁하니 보안부대 지하실에서 엄청난 고문을 받아서 그렇게 되었다고 했다. 또 조사를 받게 된 동기와 경위를 이야기하면서 자기의 잘못이 있다면 "말 하나 잘못한 죄"가 있다고 했다.

그게 무슨 말이냐고 물으니, 어느 날 회식시간에 부대원들과 맥주를 마시면서 놀던 중 "크레모아 팔아넘겨 보니 큰돈이 되더라"는 허풍을 떤 적이 있는데 그것이 단서가 되어 조사를 받게 되었고, 심한 고문 끝에 허위자백을 한 것이라고 울면서 하소연했다.

자기가 크레모아를 팔아넘겼다는 날의 해당 시간에 작전을 나간 것 같으니 확인해 달라면서, 같은 분대원 몇 명이 증인이 될 수도 있다며 그들에 대한 조사를 요구했다.

나는 우선 보안부대 조사 담당자와 간부에게 수사단서와 조사 및 자백 경위를 물었다. 수사단서는 피의자가 말한 것과 비슷했으나 조사와 자백 경위에는 아무 문제가 없다는 답이 돌아왔다. 그리고 피의자의 자백은 이미 사단장도 확인한 바 있으니 검찰관이 이를 뒤집을 수는 없다고 했다.

그들의 말은 군법회의법에 규정된 관할관의 확인권을 의미하는 것 같았다. 하지만 관할관의 확인권은 사실 확인권이 아니고 판결 선고 후 감형 및 집행 여부에 관한 권한인데, 그들은 크게 오해를 하고 있었다. 그 의미를 잘 알고 있으면서도 검찰관에게 압력 또는 위협을 가하려는 저의가 있는 것은 아닌지 의구심도 들었다. 그래서 법무참모와 상의하여 신중하고 은밀하게 사건의 실체를 규명해 나가기로 했다.

우선 사단장의 자백 확인부터 알아보았다. 피의자의 말인즉 고문에 못 이겨 자백하고 난 다음 날 영창에서 끌려 나가니 어느 사복 입은 분이 의자에 앉아 있고 조사를 담당하던 자와 간부들이 빙 둘러서 있는 상태에서 그 사복 입은 분이 "정말로 크레모아를 팔아넘겼느냐?"고 묻기에 부인하면 또 다시 고문을 당할 것 같아서 "그렇다"고 대답했는데 그분이 사단장인 줄은 몰랐다고 했다.

나는 피의자의 범죄사실을 입증할 증거를 찾는 한편, 피의자의 누명을 벗겨 줄 수 있는 증거를 찾는 데도 온 힘을 쏟았다. 검찰관은 검사와 마찬가지로 공익의 대표자로서 피의자에게 유리한 증거도 수집할 의무가 있다는 것을 잘 알고 있었기 때문이다.

공수부대에 나가 작전일지를 확인하고 크레모아 수불대장 등 여러 가지 증거를 수집했다. 그 당시 공수부대장은 얼마 전까지 사단 사령부 인사처 보좌관으로 있던 이현우 대위였다.

나를 잘 알던 이 대위는 "우리 공수부대에서 적에게 넘어갈 위험이 있는 크레모아를 팔아넘긴 일은 결코 없었으니 꼭 진실을 밝혀 달라"고 간청했다. 공수부대장 입장에서는 공수부대의 명예가 걸린 문제이고 자기 자신의 신상에 중대한 영향을 미칠 사안이었다.

여러 날에 걸쳐 힘들게 조사하던 중 아주 중요한 참고인 한 사람이 나타나고 결정적인 증거물이 하나 발견되었다. 바로 피의자와 같은 분대원의 일기장이 내 앞에 제출된 것이다. 일기장 주인인 공수부대원은 거의 하루도 빠지지 않고 일기를 썼다.

그 일기장에는 크레모아를 팔아넘겼다는 일자에 작전을 나간 피의자 작전 수행 내용이 기록되어 있었다. 피의자가 적의 총탄이 쏟아지는 위험한 상황에서 포복을 해서 부상당해 쓰러져 있는 전우를 구해 온 장면과 함께, 피의자의 용감한 행동을 본받아야 한다는 작성자의 소감이 생생하게 쓰여 있었던 것이다. 피의자의 알리바이가 증명되는 순간이었다.

그만하면 피의자를 석방해 줄 만한 증거와 명분이 있는 것 같았다. 맹호부대에서 적에게 넘어갈 무기를 팔아넘겼다는 사실은 수치스러운 일이다. 아마도 부대를 지휘하는 사단장 입장에서도 피의자의 무고함이 밝혀진다면 매우 좋은 일이 될 것이라고 판단되었다.

즉시 사건요지와 수사경과 및 증거요지 등을 정리하여 법무참모께 보고했다. 사단장께 즉시 석방을 건의해도 좋겠다는 의견도 붙였다. 법무참모는 내 보고서를 가지고 사단장실로 올라갔다.

얼마 지나지 않아 연락이 왔다. 헌병대 영창에 수감되어 있는 피의자를 즉시 석방하여 공수부대로 데리고 오라는 지시였다. 헌병중대장에게 명령이 떨어지고 그 지시는 그대로 이행되었다.

법무참모로부터 나중에 들은 바에 의하면 사단장이 직접 공수부대로 나가 부대 장병 전원을 연병장에 집합시켜 놓고 피의자를 데리고 연단에 올라가 훈시했다.

"검찰관의 과학적인 수사와 현명한 판단으로 이 병사가 크레모아를 팔아넘겼다는 혐의는 사실이 아닌 것으로 밝혀졌다. 공수부대에 큰 불명예가 될 뻔했던 사건이 잘 해결되어서 기쁘다. 전 부대원은 자부심과 긍지를 가지고 각자의 임무에 충실하기 바란다."

사단장은 그 자리에서 혐의를 벗은 병사에게 금일봉을 위로금으로 주고 한마디 말할 기회도 주었다. 그러자 그 친구는 짧고 간단한 말 한마디를 했다.

"말로써 말이 많으니 말을 말까 하노라!"

그 순간 전 장병은 박수와 고함으로 그를 위로하고 환호했다.

《화엄경》(華嚴經)에 이런 글귀가 있다. "말하지 않을 것을 말한다면 이는 스스로 속이는 것, 자기 일을 성취하지 못하니 다른 이를 기쁘게 할 수 없으리!" 그 사병은 이미 《화엄경》의 깊은 뜻을 알고 있었던 것일까?

사단장은 그 후속조치로 보안부대장과 운영과장 등 관계자들에게 책임을 물어 조기귀국 조치시켰다. 이와 달리 법무참모부에는 많은 격려금이 내려왔고 나는 공로로 포상휴가를 받아 일시 귀국하는 영광을 얻었다.

그러나 모두 좋은 일만 있었던 것은 아니다. 그동안 잘 지내 왔던 보안부대 요원들이 나에 대한 좋지 못한 정보를 만들어 상부에 보고하기도 하고 때로는 면전에서 대놓고 악의적인 언동을 하는 일도 여러 번 있었다. 그러나 지휘부에서 나를 믿어 주고 사단장의 복심인 박정기 소령이 나에게 큰 힘이 되어 주어서 별 탈 없이 지냈다. 박정기 소령은 내 약혼자의 큰형부였다.

지휘책임을 지고 조기귀국 또는 예편을 당할 위기에 처했던 공수부대장 이현우 대위는 그 이후 승승장구하여 중장까지 진급하였고, 대통령 경호실장, 국가안전기획부장을 지냈다.

내가 1986년 6월부터 2년 반 동안 대검찰청 중앙수사부 수사1과장으로 근무하고 있을 때 이현우 소장이 군복 차림으로 내 방을 방문해 준 일도 기억하고 있다. 그 이후 그분이 너무 높은 자리로 올라가고 나는 몸이 아파 한직으로 물러나 있는 통에 더 이상 연락을 하지 못하고 지냈다. 하지만 월남 맹호사단에서 맺어졌던 인연은 어디로 사라지지 않고 두 사람 기억 속에 남아 있으리라!

또 하나 기록할 만한 일이 있다. 그때 피의자였던 사병이 내가 1973년부터 2년 반 동안 목포에서 검사로 근무할 때 내 방으로 찾아왔다. 고향이 목포라면서 "검찰관님! 월남에서 제 목숨을 살려 주셔서 지금까지 잘 살고 있는 ○○○입니다!"라며 자신을 소개했다. 정말로 반가웠다. 지금은 비록 이름과 얼굴은 흐릿하지만 내 방에서 그 친구를 만난 장면은 생생하게 기억 속에 남아 있다.

점심을 함께 먹으면서 그동안 살아온 이야기를 들었는데, 월남 보안부대 지하실에서 고문을 당한 후유증으로 비가 오거나 흐린 날에는 온몸이 쑤시고 아프다고 했다. 고문은 있어서는 안 되는데 오랫동안 수사기관에서 악용되고 있으니 반드시 근절되어야겠다.

결정적 단서는 수술용 메스

공수부대 '크레모아' 사건 공로로 포상휴가를 받아 서울에서 한 달여 동안 잘 지냈다. 그때 결혼을 약속한 채 나를 전쟁터로 떠나보냈던 약혼자와 정식으로 약혼식을 거행했다. 그리고 귀국하면 빠른 시일 안에 좋은 날을 잡아 혼인식을 올리기로 하고 원대로 복귀하였다.

원대에 복귀해 보니 전보다 모든 것이 안정되어 있었다. 다른 게 있다면 월남 노무자들의 표정이 그리 밝지 않아 보였다. 주변에 이유를 물어본즉 월맹의 주석 호찌민(胡志明)이 사망해서 그렇다는 것이었다.

그 당시 월남 민간인들은 물론이고 맹호부대에 취업한 월남 노무자들도 호찌민을 국부(國父)로 추앙하고 있었다. 심지어 그의 생일에는 노무자들이 출근을 하지 않아 업무에 지장을 준 적도 있었다.

이러한 평온함 가운데에서 사단사령부 장교들은 비교적 여유롭게 지냈다. 휴게실에서 당구를 즐기기도 하고 해가 지면 장교숙소 앞에 있는 잔디밭에 삼삼오오 모여 담소를 나누면서 지냈다. 장교숙소 안에서는 좋은 음악 소리와 크게 웃는 목소리가 흘러나왔다.

1969년 해가 저물어 가는 어느 날 늦은 밤에 그 평온이 일순간 깨졌다. 장교숙소에서 폭발물이 터지는 소리에 잠자던 장교들이 뛰어나와 방공호에 숨기도 하고 방어태세에 들어가기도 하는 등 긴박한 비상사태가 발생한 것이다. 나와 법무사 정용인 중위도 폭발소리에 잠이 깨어 밖으로 달려 나와 보니 우리 방에서 두 칸 떨어진 경리참모부 염모 대위 방에서 폭발물이 터져 화약 연기와 냄새를 내뿜고 있었다.

사령부에서 작전참모 손영길 중령을 비롯해 작전장교들이 달려와서 현장을 장악했다. 누군가 방 안에 들어갔다가 나오더니 수류탄이 투척되어 폭발했으며 안에서 잠자고 있던 염모 대위는 사망한 것 같다고 작전참모에게 보고했다.

보고를 받은 작전참모는 그 자리에서 검찰관인 나를 찾았다. '검찰관이 현장에 들어가 시체를 확인하고 검시를 하라'고 했다. 작전참모가 검찰관에게 그런 지시를 할 권한이 있는지 여부를 생각하거나 따져 보지도 않고 나는 군화를 신고 군복으로 갈아입고 군의관과 함께 그 방 안으로 들어갔다. 침대 밑에서 수류탄이 터져서 그 위에서 잠자던 염 대위를 즉사하게 한 것이었다.

얼굴 형체는 알아볼 수 있어서 사망자가 염 대위라는 사실은 확인되었다. 그래서 사망자 인적사항이 확인되었고 사망원인은 일단 수류탄 폭발로 인한 폭사였음이 잠정적으로 밝혀졌다. 현장 확인과 검시를 마치고 나와 보니 내 몸은 온통 땀으로 젖어 있었다.

내 맡은 바 직분을 수행하다 보니 두려움을 느낄 겨를도 없었던 것 같다. 주변에 있던 장교들이 나를 보고 놀랐다. 평소에 얌전하게 보이던 사람이 수류탄이 터진 현장에 직접 들어가 사망자를 확인하고 나오다니 대단한 사람이라고!

나와 같은 방을 쓰던 법무사는 사고 다음 날부터 겁이 난다면서 법정에 야전침대를 펴놓고 거기에서 잤다. 그러나 나는 그대로 내 방을 썼다.

곧이어 범죄수사대장(CID대장), 헌병대장이 현장에 출동하고 수사가 시작되었다. 사망한 염 대위의 시신은 옮겼으나 현장은 그대로 보존하고 주변을 면밀하게 살펴보았다.

사고현장 방의 출입문을 살펴보던 중에 모기장 소재로 덮여 있는 창문 중간 부위가 예리한 칼날로 찢어진 흔적을 발견하였다. 출입문 복도를 연하여 방어용으로 쌓아 놓은 모래주머니 밑에서 수술용 메스 한 개를 발견하여 증거물로 임의 압수하였다.

범인을 잡는 일이 급선무였다. 사령부 장교들 사이에서는 베트콩의 소행일지도 모른다는 소문이 돌았고, 더욱 놀라운 일은 검찰관과 법무사에게 앙심을 품은 자가 우리들 방에 수류탄을 투척한다는 것이 방을 오인하고 염 대위 방에 잘못 던진 것이라는 그럴듯한 말까지 만들어진 것이었다. 하루 빨리 범인을 밝혀내어 유언비어(流言蜚語)를 없애고 장병들의 공포심을 없애 주어야 했다.

이후 수사는 CID에 맡겼는데 그로부터 이틀 후 범인을 검거하였다는 보고가 들어왔다. 의무중대 사병이 범인임이 확인되었고 자백도 받았다는 요지였다. 현장에서 발견하여 압수한 수술용 메스가 결정적 단서가 되었다고 한다.

이로써 숙소 주변에 퍼져 있던 허무맹랑한 낭설이나 소문을 일거에 잠재우고 장병들의 두려움도 없애 주었으니 다행이었다. 범인에 대하여 구속영장이 발부되었고 CID에서 수사를 마친 범인이 사건기록과 함께 검찰부로 송치되었다.

검찰부에서 범인은 범죄사실에 대하여 모두 순순히 자백하고 범행 동기와 경위에 대해서도 CID에서 진술한 대로 모두 인정했다. 현장검증 내용도 모두 인정했다. 범인이 자백하고 인정한 범행 내용과 그 동기는 다음과 같았다.

의무중대 사병으로 근무하던 피의자는 범행 당일 밤 야간보초를 마치고 숙소로 돌아와 자는 척하다가 미리 준비해 두었던 수류탄을 가슴에 숨기고 동료들 몰래 빠져나와 700~800미터 떨어진 염모 대위 숙소에 이르러 소지하고 있던 수술용 메스로 방문 모기장 창을 찢은 후, 그 메스는 방문 앞 방어용 모래주머니 밑에 숨겼다. 그리고 난 후 수류탄을 찢어진 창문을 통해 던지고 도주하여 숙소로 돌아와 자는 척했다.

범행 동기는 비교적 간단했다. 범인과 피해자는 같은 고향 사람으로 월남에 와서 처음 만났다. 피해자는 경리참모부에서 근무해서 그런지 돈 씀씀이가 좋았고 국내로 물품 박스를 여러 차례 보냈는데 그때마다 범인에게 알부민을 비롯한 고가의 의약품을 구해 달라고 해서 그의 요구대로 응해 주었다.

그런데 범인이 귀국 날짜가 다가와 피해자에게 텔레비전 한 대를 구하고 싶어서 그러니 돈을 좀 꾸어 주면 귀국해서 갚겠다고 한즉 '네 집은 묘지기집인데 내가 어떻게 네 말을 믿을 수 있겠느냐'면서 이를 거절했다는 것이었다. 이 말을 듣는 순간 범인의 가슴에는 배신감과 집안이 모욕을 당한 분노가 치밀어 올라 더 이상 참을 수가 없었다. 더구나 범행 당일 보초를 서다가 정신이 혼미하여 순찰자가 오는 것을 놓치는 통에 심한 기합을 받게 되자 범행을 결심했다는 것이었다.

이 범행 동기는 범인의 진술일 뿐이고 조금 과장된 듯 보이지만 피해자는 죽어서 말이 없었으니 그대로 믿을 수밖에 없었다. 피의자는 검찰관 조사를 마치고 군형법상 상관살해죄로 기소되었다. 상관 살해죄는 법정형이 사형 단일죄이다.

그때 법무사로 있던 정용인 중위는 근무기간 만료로 귀국하고 후임자가 보충되지 않아서 상당 기간 재판이 열리지 못했다. 약 2개월이 지나 할 수 없이 나트랑에 주둔해 있는 십자성부대 법무관 강봉수 중위를 법무사로 일시 보충받아서 재판을 개시했다.

피고인이 자백하고 이를 뒷받침하는 보강증거도 충분하여 재판은 쉽게 진행되었다. 심리를 종결하고 유죄가 선고되었다. 선고 형량은 당연히 사형이었다.

그 이후 곤란한 문제가 생겼다. 피고인이 항소를 포기하고 사형 집행을 당하겠다는 것이었다. 사형 판결을 받은 사람은 항소를 포기할 수 없다고 설명해 주어도 그러면 항소기간을 그냥 넘겨 버리겠다면서 완강하게 버텼다.

그러나 나는 피고인을 계속 설득했다. 범행 동기에도 참작할 만한 사유가 있고 단일 죄명으로 되어 있는 상관살해죄에 헌법적 문제점이 있으니 항소하면 목숨을 보전할 수도 있을 것이라고 설득했다.

그러자 피고인은 하루의 여유를 달라고 하였다. 그에게 잘 생각해 보라고 하면서 헌병대장에게는 피고인의 거동을 잘 감시하라고 당부하였다.

하루 만에 답이 왔다. 나트랑 십자성부대에 친한 고향 친구가 와 있으니 그를 만날 수 있게 해주면 의논하여 항소 여부를 결정하겠다는 것이었다. 즉시 십자성부대에 그 친구를 수배하여 맹호부대로 오게 했다. 그때 십자성부대 헌병대에는 마침 5사단 헌병대 조사계장으로 있던 나의 고향 친구 이병곤 중위가 와 있어서 모든 일이 일사천리로 풀렸다.

피고인의 친구에게 전후 사정 이야기를 해주고는 헌병대 영창에서 하룻밤을 함께 자게 해줄 터이니 잘 설득해 보라고 했다. 그다음 날 좋은 소식이 들려왔다. 항소하겠다는 것이었다.

그렇게 그 사건과 피고인은 내 손을 떠났다. 얼마 후 귀국하여 알아보니 피고인이 사형집행된 자료와 흔적은 없었다. 좀 더 알아보니 그 친구는 아마도 특수 임무를 띤 부대에 차출되었을 것이라는 애매한 답이 왔다. 목숨은 부지한 것 같았다. 다행스러운 일이었다.

귀국과 육군본부 생활

1970년 4월 초순 13개월의 월남 근무를 마치고 귀국했다. 출국했을 때와 같은 배를 타고 6박 7일 동안의 긴 항해 끝에 부산항에 도착하였다.

육군본부로 발령되었는데 보직은 보통군법회의 검찰부 수석검찰관이었다. 나는 대위로 진급되었고 안강민 중위, 김권택 중위가 함께 검찰관으로 일하게 되었다. 사법대학원에서 함께 생활한 인연이 있어 친하게 지내는 사이였으므로 마음이 맞는 환상의 트리오 검찰관이었다.

특기할 만한 사건 없이 약 2개월이 지나갔고 6월 15일 아내와 결혼식을 올리고 휴가를 다녀왔다. 신혼생활의 재미를 맛보고 있는데 군 수뇌부에서 큰 관심을 가지고 있고 사회에 이목을 끌 만한 큼직한 사건이 발생했다.

군에 소집되어 복무 중이던 군의관들이 의무복무 기간이 경과되었음에도 당국에서 전역을 시켜 주지 않자, 일부 핵심 의무장교들이 나서서 조기전역 운동에 필요한 교제비와 의무감실 기념품 등을 마련하는 데 드는 비용을 의무장교들로부터 거출수합한 사실이 헌병대에 적발된 것이다. 주모자들이 군형법상 명령위반죄로 구속되어 검찰부에 송치되었다.

나에게 그 사건이 배당되었다. 사실 자체는 비교적 간단하고 피의자들도 순순히 사실을 모두 인정했다. 다만 교제비와 의무감실 기

넘품 마련비용을 거둔 행위에 부정한 의도는 없었다고 항변하였다. 이에 더하여 의무복무 기간이 많이 지났음에도 전역을 시켜 주지 않는 의무감실의 처사가 잘못된 것임을 강하게 지적했다.

사실관계를 확정하고 죄명과 적용 법조문을 검토하는 과정에서 명령위반죄 하나로 기소하면 유죄를 받기 쉽지 않을 것이라는 의견이 우세하여 피의자들의 행위에 적용할 처벌법규를 찾아내기로 했다. 그때 내가 찾아낸 법령이 '기부금품모집 금지법'이었다. 상부에 검토의견을 보고드렸더니 칭찬하시면서 명령위반죄와 기부금품모집 금지법 위반죄로 구속기소라고 지시하여 그대로 따랐다.

그런데 공소유지 과정에서 문제가 발생했다. 법무사가 문제점을 지적했다. 기부금품모집 금지법으로 의율(擬律) 하기는 매우 어려울 것 같다는 의견이었다. 그러나 그 죄명을 철회할 수는 없었다. 다만 피고인들의 행위가 크게 비난받을 만한 것이 아니고 피고인들의 처지가 딱해서 구형량을 조금 줄여 주는 실수를 범했다.

1심에서 기부금품모집 금지법 부분이 무죄가 선고되고 내가 구형량을 감해 준 사실이 확인되자 범무감은 나를 즉각 수석검찰관직에서 해임하였다. 나는 나의 잘못이니 묵묵히 받아들였다.

이후 이 사건은 육군본부 고등군법회의로 올라가 전부 유죄로 변경되었으나 피고인들의 상고로 대법원에서 최종 판단을 받게 되었다. 대법원은 1971년 7월 27일 이 사건을 모두 무죄 취지로 파기하고 육군본부 고등군법회의로 환송하였다.

대법원 판결 요지는 이렇다.

기부금품의 모집이라 함은 무상으로 취득한 금품이 기부금 모집자나 다른 특정한 사람이나 기관에 귀속되는 관계에 있어서 금품을 모집함으로써 금품 피거출자의 재산권을 침해하고 그 생활안정을 해치는 행위를 말하는 것이고, 이해관계 및 행위에 있어서 주체 및 객체의 구별이 없고 피고인들과 공소 외의 다른 동료들이 동등한 지위에서 자신들의 공동이익을 위해서 스스로의 의사에 의하여 납입 또는 거출한 행위를 가리켜 기부금품모집 금지법 제 4조에서 말하는 기부금품의 모집이라고 할 수 없을 것이다.

결국 내가 기부금품모집 금지법 제 4조의 대법원 판례를 만들어 낸 꼴이 되었다. 무엇이 옳은 일인지 알 수가 없는 노릇이다. 하여간 나는 수석검찰관직에서 졸지에 해임되어 송무실 송무담당 법무관으로 군 생활을 마치게 되었다.

나는 1971년 3월 31일 만기 전역하였다.

결혼

첫 만남

2011년 2월 14일 고려대 법과대학교우회에서 '자랑스러운 고대법대인상'을 받았다. 나는 그 자리에서 수상 소감을 말하면서 "고대 법대를 들어오게 된 것이 행운이며 아내를 만나게 된 것이 또한 큰 행운이었다!"고 말문을 열어 1천여 명의 교우들로부터 큰 박수를 받았다.

그렇다. 1962년 봄 입학식을 마친 후 며칠 되지 않은 어느 날 본관 김성수 선생 동상 앞길에서 같은 반 여학생을 만나게 된 것이 내 일생의 제일 큰 행운이었다. 인촌 선생 동상 잔디밭과 대운동장 사이에 난 길을 걸어가는데, 반대편에서 단발머리에 고동색 스트라이프의 투피스를 입은 키 작은 여학생이 책가방을 들고 내 쪽으로 걸어오고 있었다. 나와 법과대학 법학과 같은 반 학생이었다. 내 가슴은 두근거렸고 숨이 막히는 것 같았다. 그러나 그날은 말 한마디도 건네 보지 못하고 눈인사만 하고 그냥 지나쳤다.

1962년 봄 아내를 처음 만난 고대 본관 앞.
2016년 모교에 장학금을 기부한 후 염재호 총장(왼쪽에서 네 번째) 등과 함께.

　나와 같은 반 학생으로 이름만 알고 있을 뿐 그녀가 어떤 사람인지 전혀 알지도 못하는 상태에서 가슴이 두근거리고 숨이 막히는 것 같은 감정은 어디에서 온 것일까. 운명이었나! 아니면 부처님과 야소다라(부처님 아내)가 수억 겁 전에 맺어졌던 인연과 같은 일대사 인연이었을까? 여하튼 깊이 따져 볼 여유도 없이 나는 그때부터 그녀와 사귀고 싶었고, 그녀가 내 애인이 되어 주었으면 하는 생각에 사로잡히고 말았다.

　그래서 며칠 후 그녀에게 다가가서 할 말이 있으니 함께 가자고 하면서 중앙도서관을 지나 농과대학 부근 공터로 데리고 갔다. 그녀는 순순히 따라왔다. 잘될 것만 같았다. 용기를 내어 나와 함께 공부도 하고 자주 이야기도 하면서 잘 지내 보자고 했다. 요샛말로 사귀자고 했다.

그러나 그녀의 답은 자못 쌀쌀했다. 같은 반 친군데 특별히 두 사람만 따로 잘 지낼 필요가 있느냐는 대답이었다. 말문이 막혀 더 이상 말을 할 수가 없었다. 둘이서 별 말 없이 걸어서 되돌아왔다.

그래도 그녀를 보고 싶은 마음이나 사귀고 싶은 감정은 조금도 사라지지 않고 오히려 더하면 더했지 줄어들지 않았다. 강의실에서 그녀를 보기만 해도 기분이 좋았고 그녀가 보이지 않을 때에는 불안했다. 다른 친구들과 함께 가지는 않았는지 시샘이 생기기까지 했다.

그럼에도 마음으로만 혼자 끙끙 앓았지 더 이상 행동으로 그녀에게 다가가지 못했다. 내 성격 탓이었고 그때까지 이성교제를 경험해 보지 못한 결과였다. 그녀가 무척 답답해했을 것이다. 그런 애매한 상태로 1학년이 그대로 지나갔다.

2학년이 되어 본격적으로 법률 공부가 시작되고 사법시험 합격이라는 목표가 내 앞에 닥쳐와서 마냥 그녀에 매달리고 있을 수는 없었다. 그래서 2년 반 동안 사법시험 공부에 매달렸다.

사법시험만 합격하면 그녀와의 관계도 순조롭게 잘 풀릴 거라는 기대를 가지고 정말로 열심히 공부했다. 그러나 그게 아니었다. 그녀는 사법시험에 합격하고 눈앞에 나타난 나를 보고도 별다른 반응을 보이지 않았다. 내가 더 적극적이지 못했나, 아니면 그녀가 내게 마음이 없었나 알 길이 없었다.

몇 달이 지나 우리는 졸업하게 되었고 서로 연락처 하나 남기지 못하고 학교를 떠났다.

그녀의 집에 찾아가다

그렇게 헤어졌으니 무척 아쉬웠다. 나의 마음속에는 늘 그녀에 대한 그리움이 가득했고 눈앞에는 그녀의 얼굴과 모습이 아른거렸다.

그때 그녀의 남동생이 법학과에 입학해서 1학년에 재학 중이라는 말을 들은 기억이 났다. 그래서 그 남동생을 수소문해서 찾아내 만났다.

사법시험을 합격한 선배가 만나 이야기를 하자고 하니 싫어하지는 않는 기색이어서 누나를 만나고 싶으니 집을 알려 달라고 했다. 남동생이 불광동 집 주소를 알려 주면서 텔레비전 안테나가 높이 걸려 있고 문패는 한문으로 '나웅배'로 되어 있다고 했다.

다음 날 오후 큰마음 먹고 버스를 타고 불광동으로 갔다. 한 시간 이상 불광동을 헤맸다. 쉽게 집을 찾지 못해서 포기하고 돌아가야겠다는 마음까지 생겼으나 한 번만 더 둘러보자는 생각으로 그 주변을 한 바퀴 더 도는데 텔레비전 안테나가 높은 집이 눈에 들어왔다.

벨을 눌렀더니 그녀가 나왔다. 무척 반가웠다. 그녀는 놀라는 표정이었다. 그래도 집 안으로 들어오라고 해서 부모님께도 인사를 드릴 수 있었다.

두 시간 남짓 부모님의 물음에 대답도 하고 단둘이 이야기도 나누다가 저녁때가 되어 자리에서 일어났다. 집 문을 나오다가 마침 퇴근해서 귀가하는 큰오빠를 만나 인사를 드렸다.

그녀와 버스 정류장까지 걸은 기억이 나는데 저녁 식사도 함께하지 못하고 헤어졌다. 그때도 역시 그녀는 내게 마음을 열어 주지 않은 것 같았다. 내가 그녀 마음을 몰랐던 것인지도 모른다.

마음속에는 그녀뿐

사법대학원 생활이 시작되었다. 낯선 친구들을 만나고 처음 대하는 교수님과 새로운 방식의 강의를 따라가느라고 다른 데 눈 돌릴 여유가 없었다.

그런 와중에도 몇몇 여자대학 학생들과 단체미팅도 하고 개별적으로 기숙사를 찾아오는 여학생들을 통하여 여학생을 소개받기도 했다. 대학에 다닐 때 안면이 있었던 법학과 선배 여학생이 기숙사로 찾아와 계속해서 사시 공부를 하려고 하는데 많이 가르쳐 주고 자주 만나자는 등 은근히 나에게 접근해 오기도 했다. 그래서 마음이 흔들릴 뻔도 했다.

수종사에서 공부할 때 경비를 대주셨던 친구 집에서 소개한 여학생도 몇 번 만나 교제해 보기도 했고 친구들과 미팅에서 만난 여성을 쫓아다닌 적도 있다.

그러나 모두 아니었다. 내 마음 안에는 늘 대학 같은 반 친구가 있을 뿐이었다. 기숙사에 그녀가 찾아오지나 않을까 하고 기다렸으나 끝내 그녀는 기숙사에 모습을 나타내지 않았다.

재시도 끝에 성공하다

나중에 알아보니 그녀는 모교 출판부로 직장을 옮겨 일하고 있었다. 사법시험을 준비하는 후배들을 지도하기 위해 대학에 가는 기회에 출판부에 들러 몇 번 그녀를 만났다. 역시 예전과 다름이 없었다.

사법대학원을 졸업하는 날에도 역시 그녀는 졸업식장에 오지 않았다. 아니, 먼발치에서 나를 보고 있었는지도 모른다. 지금까지도 물어보지 않았으니 알 수 없는 일이다.

군법무관 입대일자가 정해졌다. 그래서 나는 출판부로 찾아가 입대일자를 알려 주면서 은근히 서울역 출발시간도 귀띔해 주었다. 마음속으로 은근히 그녀가 서울역에 나와 주기를 바라면서! 나는 그날 서울역에서 그녀를 기다리다 열차를 놓치고 야간열차를 타고 송정리로 내려간 일을 잊지 못할 아름다운 추억으로 간직하고 있다.

훈련을 받는 중에도 군사우편으로 그녀에게 몇 번 편지를 보냈다. 편지가 안 갔는지 답장이 없었다. 그래도 임관이 되어 중위 계급장을 달고 학교에서 그녀를 만나 고향 근처 5사단으로 간다는 말을 전하고 떠났다. 기다리기로 마음을 단단히 먹고 벽지에 처박혀 군복무에 열중하고 있었다.

그런데 그해 가을 어느 날 일동양조장 우리 집으로 소포가 배달되어 왔다. 어머니가 웃으시면서 전해 주는 소포는 그녀가 보낸 것이었다. 포장을 뜯어보니 안에 고려대 출판부에서 발간한 《대전회통》(大典會通) 한 권과 《경국대전》(經國大典) 한 권이 들어 있었다.

54년 전, 아내가 책 사이에 넣어
보내 준 작은 카드.

혹시 편지가 따로 있나 하고 살펴보아도 보이지 않았다. 그래도 기대를 버리지 않고 책갈피를 넘기다 보니 《대전회통》 중간 갈피에서 조그만 예쁜 카드 한 장이 나왔다. "그곳 사정은 어때요? 국역총서 3권 보냅니다"라는 짧은 구절의 글이 쓰여 있었다.

얼마나 기쁜지! 이제야 그녀가 내게 마음을 연다고 생각하니 당장이라도 그녀에게 달려가고 싶은 심정이었다. 하지만 군인 신분이라 마음대로 움직일 수 없고 위수지역을 벗어나려면 상부의 승인을 받아야 하므로 휴가나 출장을 나갈 때까지 기다릴 수밖에 없었다.

며칠 후 어느 날 오후 5군단사령부 법무부에서 전화가 걸려 왔다. 어떤 여성이 찾아와서 검찰관을 찾는데 잘못 찾아온 것 같다면서 전화를 바꾸어 주었다.

전화를 받아 보니 그녀였다. 5사단으로 나를 찾아온다는 게 잘못하여 5군단 법무부로 갔다는 것이었다. 정말로 기뻤다. 그곳에 기다리라고 하고는 지프차를 타고 내달려 그녀를 태우고 이동면 읍내에 있는 다방으로 갔다.

"고향 쪽 부대로 내려간다는 말을 들었는데 그동안 소식이 없어 잘 지내고 있는지 보고 싶어서 왔다"고 했다. 겉으로는 그렇게 말하고 있지만 속으로는 내게 무슨 말인가 하고 싶어서 온 듯했다. 그러나 구태여 그녀에게 물어볼 필요가 없지 않은가? 내 마음이 알고 있는데!

그녀와 시간 가는 줄 모르고 이야기를 했는데 시간이 어둑어둑해졌다. 여기서 하루 자고 가도 되느냐고 내가 신사답지 못하게 불쑥 말했다. 몹시 후회되는 물음이었다. 그녀는 오늘 꼭 올라가야 한다고 해서 막차 버스를 태워 보냈다.

그녀를 보내 놓고 이제는 내가 내 마음을 확실하게 그녀에게 밝혀야겠다고 결심했다. 내게 짧게나마 편지를 보내고, 내 근무처를 확실히 알지도 못하면서 무조건 나를 찾아 나섰던 그녀의 마음을 확실히 알았으니 말이다.

그래서 출장을 구실 삼아 관외 외출허가를 받아 서울로 가서 그녀를 만나 청혼을 했다. 그녀의 어머니에게서 한번 보고 싶다는 연락이 와서 서울 세종로 금란다방에서 면접 겸 인사를 드리는 기회를 얻었다.

그러던 차에 월남 파병 명령이 떨어졌다. 그래서 서둘러 부모님의 허락을 받았고, 월남으로 떠나기 전에 양가 부모님이 상견례로 만나서 두 사람을 축복해 주셨다.

그 후 나는 월남으로 떠났고 두 사람은 맹호부대 통신병이 일주일에 한 번 정도 연결해 주는 단방향 통신으로 안부를 묻고 사랑을 나누었다.

그러다가 1969년 10월 3일 포상휴가차 귀국하여 정식으로 약혼식을 올리고 다음 해 귀국해서 3개월 후인 1970년 6월 15일 결혼했다.

고려대 김성수 동상 앞길에서 처음 마주친 순간 사랑의 불꽃이 타오른 지 8년 3개월 만에 이루어진 결실이었다. 참으로 긴 세월이었다. 60여 년이 지난 지금 시점에서 되돌아보니 참으로 고마운 일이었다. 나를 변화시키고 또 나에게 행운이 겹겹으로 쌓일 수 있는 힘이 솟아나게 하는 일이었다.

제 2 장

검사 생활 23년
(1971~1994)

23년 검사 생활을 돌아보니

나는 1971년 8월 26일부터 1994년 9월 23일까지 만 23년 1개월 동안 검사로 재직했다.

그동안 14차례 인사발령을 받았는데, 근무지를 도심지별로 분류해 보면 광주, 목포, 서울, 강릉, 과천, 성남 등 6곳이다. 근무기간을 따져 보면 서울 근무가 반 이상이다.

검사의 직분은 시대상황에 따라 조금씩 변화되는 모습과 내용을 보여 왔다. 그러나 업의 본질을 보면, 검사는 공익의 대표자로서 국법질서를 확립하고 인권을 옹호하는 준사법기관으로서 업무를 수행한다.

흔히 말하는 거악(巨惡)을 척결하는 검사, 특수검사, 공안검사, 형사검사, 기획검사, 정치검사, 철새검사, 애완견검사 등 명칭은 그 본질이 아니라 일부 현상을 나타내거나 비아냥거리는 표현에 불과하다. 검사의 본질은 검사일 뿐이다. 그래서 검사의 계급에는 검찰총장과 검사가 있을 뿐이다.

나의 23년 검사 생활을 되돌아보면 나의 검사로서의 자화상은 시간 따라 환경 따라 변화된 모습으로 내 앞에 나타난다.

처음 시작했을 때에는 세상물정 모르는 초임검사로 시작하여 차츰 따뜻한 검사, 평범한 검사로 자질을 닦아 나간다. 그러면서 세상의 이치를 조금씩이나마 알게 되는 단계를 지나 검사의 용기와 외로움이 무엇인지를 깨닫고 이를 실천해 나가는 검사로 성장한 모습을 보인다.

그 이후에는 이를 바탕으로 법무·검찰 조직을 위해서 열심히 봉사하다가 과중한 일의 하중을 이겨내지 못하고 몸의 균형을 잃고 고생하다가 아쉽게 정든 검찰을 떠나게 된 것이 나의 23년 검찰 공직 생활의 모습이다.

그동안 기쁘고 가슴 뿌듯하고 남에게 자랑할 만한 일도 많았으나 다른 한편으로 남부끄럽고 제 부끄러워서 참회할 일도 많았다. 실수한 일도 많았다. 그러나 참회는 수행해 가면서 자기 마음속으로 할 일이지 밖으로 떠벌릴 일은 아니다. 그래서 23년간 검사 생활을 하면서 다른 사람에게 상처 주거나 마음 아프게 한 일은 내가 계속 수행하면서 참회하기로 하고, 평범하지만 따뜻하고 가슴 뿌듯하며 귀에 솔깃한 재미난 일상들을 중심으로 나의 검사 이야기를 엮어 나가기로 한다.

물정 모르는 검사

나는 1971년 8월 26일 광주지방검찰청 검사로 초임 발령을 받았다. 제5회 사법시험 점수에다가 사법대학원 졸업점수를 합하여 석차대로 발령지를 배정했으니 공정한 인사라고 할 수 있다. 그러나 제5회 합격자인 내 입장에서 보면 제6회 합격자와 동일한 기준으로 석차를 매기는 것은 불공정한 것이 아닌가 하는 생각도 들었다. 하지만 이것 또한 불평할 일은 아니었다.

신임 발령을 받은 날을 기준으로 계산해 보면 약관의 나이 28세다. 대학을 졸업하고 사법대학원 2년, 군 생활 3년이 경력의 전부인 내가 검사의 직분을 제대로 수행하기에는 부족한 점이 많았다. 결혼하여 아들을 하나 낳았지만 사회생활 경험이 별로 없었으니 세상물정을 모르는 검사였다.

다행스럽게도 지역인심이 좋고, 검사장을 비롯한 수뇌부에서 초임검사에 대해 각별히 배려해 주고 선배들이 귀여워해 주어서 열심히 일을 배울 수 있었다.

김병기 검사장 후임으로 오신 홍순일 검사장께서 특히 나를 신뢰하고 아껴 주셨다. 유신이 선포되었을 때에는 나에게 전 검사와 직원들에게 유신헌법의 요지를 설명하게끔 기회도 주시고 가끔 검사장실로 불러 격려해 주시곤 했다. 그분은 검찰 간부들 중에서 영국 신사로 불릴 정도로 외모와 처신이 반듯한 검사였다.

검사장 관사에서 뛰어놀던 그분의 일곱 살 된 아들 원식 군은 아버지의 뒤를 이어 고려대 법대를 졸업하고 미국으로 유학하여 증권 금융 분야를 전공한 전문가가 되어 최근에는 하이투자증권 대표이사로 활동하고 있는데, 나와는 대학 선후배 사이로 가끔 만나 식사도 하고 대화를 나눈다.

검찰청 외에서는 6·25 사변 직전 내 고향 포천에서 군대 생활을 하면서 아버지로부터 많은 신세를 졌던 분이 전라남도경찰국장으로 계셔서 음양으로 많은 도움을 받았다.

또한 김대중 정부에서 법무부 장관을 두 번이나 지낸 김정길 선배의 고등학교 친구가 많이 도와주어서 객지 초임검사로 생활하는 데 큰 어려움이 없었다.

하지만 아직은 배울 것이 많은, 물정 모르는 초임검사 티를 벗어나지 못했다. 노회한 일반 직원의 유혹에 넘어갈 뻔한 적이 여러 번 있었고, 경찰관을 잘못 다루었다가 곤욕을 치른 적도 있다.

그렇게 지내던 1973년 4월, 나도 모르게 인사발령이 났다. 나와 함께 발령받은 이찬욱 검사는 서울로 발령받았는데, 나의 발령지는 목포지청이었다. 주변에서 많이 놀라고 위로의 말을 전해 왔다. 특

광주지검 앞에서 첫째 아들과 함께

히 검사장께서 많이 섭섭해하시면서 당신이 오기 전에 내게 무슨 일이 있었느냐고 선배검사에게 물으시기까지 했다. 그러나 나는 그냥 그런 줄만 알고 새로운 기분으로 항구도시 목포로 떠났다.

 광주에서 딸을 하나 더 낳아 우리 가족은 네 명이 되어 있었다.

따뜻한 검사

목포지청 검사는 지청장 이하 평검사 4명 모두 교체되었다. 지청장은 해군 법무관 출신의 멋쟁이 이승빈 검사, 상석검사는 우리나라 역사에 밝은 이상시 검사, 차석검사는 광주에서 함께 근무하고 후에 김대중 정부에서 법무부 장관을 지낸 심상명 검사, 말석검사는 초임 발령을 받은 변화석 검사였다. 나는 3호 검사였다.

목포지청은 관할지역이 1시 5군(목포시, 신안군, 진도군, 영광군, 함평군, 무안군)으로 매우 넓었다. 신안군에는 크고 작은 섬이 많아 교통이 매우 불편하였다. 섬 주민들은 성품이 비교적 순박한 편이나 좁은 지역에서 한번 분쟁이 일어나면 그 앙금이 오래 지속되는 단점도 있었다. 하지만 부모님들의 자식에 대한 사랑과 기대감은 그 어느 지역 주민들보다 월등히 강했다.

목포시는 농수산물이 집중되는 오래된 항구도시로, 다양한 사람들이 모여 살고 있었다. 목포역 오거리를 중심으로 사방으로 연하여 있는 상가지역에는 오래전부터 자리를 잡은 토박이 상인들이 조용히 상권을 형성하고 있는 반면, 역 근처에서는 외지인들이나 한량들이 다방을 거점으로 매일매일 무엇인가 일을 꾸미고 있었다. 도심에서 남쪽으로 내려가면 넓은 선창가가 나오는데 그곳은 매우 활기차고 번잡했다. 수산물 경매시장에서는 매일 새벽 중매인들의 외치는 소리가 끊임없었다.

영광군은 법성포를 중심으로 우리나라에서 조기와 굴비 출하량이 제일 많고 유명한 고장이다. 이에 비하여 함평군과 무안군은 넓은 평야에 농가가 많았다. 딸기, 복숭아, 사과, 배 등 과일과 고구마, 감자, 양파, 파, 당근 등 구근식물과 채소를 주로 재배하고 있어서 지역주민 간에 분쟁이 적었다.

지청장께서는 나에게 몇 가지 수사 지침을 주셨다.

"이 검사는 지역적 연고가 없는 사람이니 목포의 토착비리를 근절하는 데 앞장서 주고 특히 서민을 괴롭히는 범법자들과 남을 무고하거나 헐뜯는 자들을 색출해서 엄단하라. 이 검사가 직접 구속할 수 있는 권한을 부여해 줄 테니 마음 놓고 해보라."

이에 나는 지청장께 건의를 드렸다.

"지청장님 지시대로 토착비리자와 무고사범들을 많이 잡아들일 테니 그 대신 그 숫자만큼의 학생들이나 어려운 아이들을 제가 소신껏 용서해 줄 수 있는 권한도 함께 주십시오."

지청장께서 흔쾌하게 응낙해 주셨다.

이렇게 해서 나는 목포에서 무서운 검사로 소문났고 한편으로는 따뜻한 검사로 인정받기도 했다. 무섭고 엄정한 검사의 일은 검사라면 누구나 할 수 있지만 따뜻한 검사의 일은 누구나 할 수 있는 일이 아니다. 그래서 나는 목포에서 따뜻한 검사로 인정받은 것을 매우 자랑스럽게 생각하고 가슴에 뿌듯함을 느낀다.

이에 목포지청에 근무하는 동안 토착비리자와 무고사범을 엄하게 처리한 일은 제쳐 두고, 신안군 외지 섬에서 어렵게 자란 아이들과 목포에서 본의 아니게 다른 학생에게 중상해를 입힌 한 학생을 용서해 준 일 등 몇 가지 따뜻한 검사의 이야기를 소개한다.

신안군에는 크고 작은 섬이 많다. 목포경찰서에서 신안군 섬에 살고 있는 학생들을 절도나 폭력 혐의로 구속하여 송치하는 경우가 종종 있었다. 그들을 조사해 보면 대부분 생활환경이 열악하고 학교 생활에 재미를 붙이지 못해서 탈선한 것이었다. 사건송치 직후 구류신문 때 얼굴과 손등을 보면 때가 까맣게 끼어 있는 아이들이 대부분이었다. 그런 아이들을 그대로 교도소에 수감하면 더욱더 삐뚤어질 것은 명약관화한 일이었다.

그래서 지청장께 건의를 드렸다. 이들을 교도소에 수감하지 않고 구속취소하고 이후 상황을 보아서 기소유예 처분을 하려고 하는데 승인해 달라고 말씀드린 것이다. 지청장께서 예전에 약속하신 바도 있어서 그런지 흔쾌하게 승낙하셨다.

그 아이들이 구속 송치되어 올 때에는 거의 예외 없이 부모나 가족들이 따라와서 검사실 문 앞에서 안을 들여다보면서 불안한 표정을 짓고 있었다. 그만큼 신안군 섬에 사는 주민들은 자식들에 대한 애착이 대단했다. 나는 그들을 검사실로 들어오게 한 후 "이 아이를 오늘 석방시켜 줄 터이니 데리고 가서 손발과 몸을 깨끗이 씻긴 후 내일 아침에 다시 오면 반성문과 서약서를 받고 용서해 주겠다”고 하면서 석방시켜 주었다.

그들은 다음 날 약속시간에 맞추어 내 방에 왔다. 손등과 얼굴을 보면 아직 때가 다 벗겨지지는 않았으나 깨끗이 씻은 것을 검사에게 보이려고 세차게 문질러 벌겋게 피부가 상한 흔적이 보이는 아이들도 있었다. 반성문과 서약서를 가지고 온 것은 물론이다.

이러한 방식으로 용서해 준 어린아이들이 셀 수 없이 많다. 몇 년 후 김양균 검사장이 창안하여 전국적으로 실시한 ‘선도조건부 기소유예 제도’를 내가 먼저 솔선수범한 셈이다.

또 다른 이야기가 있다. 목포에서 같은 학교 학생의 등을 칼로 찔러 상해를 입힌 혐의로 구속되어 온 중학생을 용서해 준 일이다.

사건의 요지는 학교에서 피해자 일행으로부터 오랫동안 놀림과 따돌림을 받아 오던 피의자가 도망가는 피해자를 쫓아가서 칼로 등을 찔러 상해를 입힌 것이다. 사안이 매우 중하여 구속기소함이 마땅하나 피의자의 학교성적이 양호하고 전과도 없었으며 피해자 부모들도 처벌을 원하지 않았고 특히 행상을 하는 홀어머니가 거의 매일 같이 검찰청 내 방을 찾아와서 아들을 한 번만 용서해 주면 책임지고 좋은 학생으로 만들겠다고 간절하게 호소했다. 학교 선생님들과 같은 반 학생들도 탄원서를 제출했다.

나는 과감하게 기소유예 결정을 하고 학생을 석방해 어머니 품으로 돌려보냈다. 그 학생의 어머니는 무안에 있는 딸기밭에 가서 딸기를 받아 목포 시내를 다니며 팔아 그 벌이로 생계를 유지하면서 아들을 교육시키는 생활력이 강한 여인이었다. 그 어머니는 아들이 석방된 이후 거의 하루도 거르지 않고 아침 일찍 우리 집에 들러 딸기를 놓고 갔다. 자기가 무안에서 받아 오는 딸기를 제일 먼저 우리 집에 놓고 가는 것이었다.

그 어머니와 아들의 사정을 잘 아는 내 아내는 그 딸기를 다 받았다. 때로는 집에 있는 다른 물건을 주어 보내기도 하고 시간을 내어 아이의 장래에 대해 함께 이야기를 나누어 주기도 하면서 한 식구처럼 대해 주었다. 그리고 그 학생은 약속한 대로 학교생활에 충실하여 별 탈 없이 성장해 나갔고 모범생이 되었다.

그런 모자(母子)가 내가 임기를 마치고 목포를 떠날 때 우리 집으로 와서 이삿짐을 싸주었다. 그 모자와 우리 부부가 서로서로 따뜻한 마음을 나누었으니 모두 큰마음의 부자가 되었다고 믿는다.

우리 가족은 목포에서 참 잘 지냈다. 전남지역, 특히 목포 관내는 인심이 매우 좋았다. 객지에서 온 법조인에게는 더욱더 잘해 주었다. 어업협동조합 중매인이신 용인 이씨 종중 어른 한 분이 일주일에 한 번씩 신선한 생선을 궤짝으로 보내 주셔서 반찬거리 걱정 없이 지냈다. 친구 신승남의 부모님은 영암상회라는 큰 점포를 운영하고 계셨는데, 아들 친구가 객지에 와서 공직생활 하는 것을 아시고 많은 도움을 주셨다.

대학 후배 정충수 검사의 장인이신 보해양조 임광행 사장님도 앞으로 자기 사위 잘 지도해 달라면서 음양으로 많이 도와주시고, 조선내와, 행남자기 등 사업가들께서도 호의를 베풀어 주셨다.

문화예술적인 면에서도 배우고 얻은 것이 많았다. 진도에 가면 소전 손재형(素筌 孫在馨) 선생과 장전 하남호(長田 河南鎬), 백포 곽남배(白浦 郭楠培), 금봉 박행보(金峯 朴幸甫) 선생들을 만나 뵙고 글씨와 그림 몇 점씩을 받아 오곤 했다. 목포에서는 남농 허건(南農 許楗), 임전 허문(林田 許文)의 화실을 자주 찾아갔고, 약주를 좋아하시는 제주 출신 서예가 소암 현중화(素菴 玄中和) 선생이 목포에 오시는 날에는 여관으로 찾아가 술을 대접해 드리고 글씨 한 점 받는 게 큰 낙이었다. 술이 얼큰하게 취하신 소암 선생께서는 '하설'(夏雪), '등외품'(等外品) 등 몇 점의 글씨를 써주셨는데, 특히 '하설'은 지금도 내 서재에 걸려 있다.

그러나 무엇보다도 목포에서 크게 얻은 결실은 아들을 하나 더 낳은 일이다. 1973년 9월 15일 추석날 막내아들을 낳았다. 그렇게 해서 우리 부부는 연년생 3남매를 두었고 다섯 식구가 되었다.

소중하게 간직해 온 소암 현중화 선생의 글씨, '하설'(夏雪)

1975년, 2년 반여의 보람 있고 즐거웠던 목포 생활이 끝났다. 그해 가을 인사발표가 났는데, 서울지방검찰청으로 발령된 것이다.

검찰청 안에는 환호성이 났고 여기저기서 축하인사가 쇄도했다. 목포 시내에도 소문이 쫙 퍼졌다. 목포지청 개청 이래 여기서 직접 서울지방검찰청으로 발령 난 예가 없다면서 내가 열심히 일한 공적을 인정받아서 좋은 인사를 받았다고 칭송해 주는 사람들이 많았다.

목포를 떠나는 날 목포역에는 정말로 많은 사람들이 나와서 전송해 주었다. 전별금도 꽤나 많이 받았다. 서울에 와서 몇 개월 생활비로 쓸 정도였다. 지금 생각해 보면 격세지감(隔世之感)이지만 그때는 그런 시절이었다. 따뜻한 검사가 소임을 마치고 목포를 떠났다. 그리고 나는 얼마 동안 유능하고 일 잘하는 검사로 평가되고, 나 자신도 이를 받아들이고 제법 뻐기면서 살았다.

그런데 2~3년 후에 새로운 사실을 알게 되었다. 그때 그 검찰 인사는 우리 부부 결혼식 주례를 서주셨던 차낙훈 교수께서 황산덕 법무부 장관에게 부탁을 드려 이루어진 것이었다.

주례 선생께서는 말씀 한마디 하지 않으시고 우리를 도와주셨다. 그리고는 그런 내색을 하지 않고 계셨다. 돌아가신 선생께 늘 감사의 마음을 간직하고 있다.

평범한 검사

1975년 9월 하순, 서울지방검찰청에 부임하였다. 아직 초임검사의 범주를 벗어나지 못했고 시골검사의 티가 그대로 남아 있는 평범한 검사였다. 첫 배치는 공판부였다. 지방에서 올라오는 검사들은 공판부에 배치하는 것이 관례였다.

6개월간 공판부에서 단독재판부 하나와 형사항소부 하나를 맡아 공소유지 업무를 담당했다. 그동안 작게는 다른 검사들이 수사한 사건을 객관적 입장에서 바라볼 수 있는 안목을 넓혔고, 크게는 검찰청과 법원이 돌아가는 분위기를 익힐 수도 있었다. 더 큰 소득으로, 인간관계를 폭넓게 확장할 수 있어서 좋았다.

항상 얼굴에 미소를 띠고 계셨던 민경택 공판부장, 공안의 대가 황진호, 재기가 반짝반짝 빛나는 달변의 박희태, 과묵한 신사 박혜건, 광주에서 선배로 모신 다방면으로 발이 넓은 박종철, 한학에 밝은 한수, 다재다능한 변재일 선배검사들과 일찍이 검사직을 사직하고 로펌을 창업한 이정훈, 정보통 박경재 후배검사들과의 생활은 당시는 물론이거니와 그 이후에도 나에게 많은 도움을 주었다.

오성환, 김문희, 정지형, 김학재, 김동건, 홍일표, 유현 판사 등 실력 있고 인격이 고매한 법관들과도 가깝게 지냈다. 그때의 인연이 검사는 법관들로부터 평가가 좋아야 성공할 수 있다는 선배 법조인의 말씀처럼 내 법조인생에 큰 도움이 되었다.

공판부 업무는 거의 매일 판에 박힌 듯이 돌아갔으나 열심히 배우고 공부한 덕택으로 몇 건의 대법원 판례를 만들어 내는 좋은 일도 있었다.

다음 해 1월에 형사2부로 옮겼는데, 부장은 광주에서 모셨던 유원종 부장이었다. 성격이 조금 까다로운 분이라 1년간은 애증이 교차하는 시간이었다. 그러나 활달하고 호방하기로 이름난 변무관 차장이 적정하게 조정해 주어 무난하게 형사2부를 마칠 수 있었다.

형사2부에서 일하면서 처리한 사건 중 기억에 남는 것이 하나 있다. 어느 날 유치장 감찰 순번이 돌아와서 중부경찰서 유치장에 나가 감찰을 하는데 젊은 여성 한 명이 유치장에서 불안에 떨고 있는 것이 눈에 띄었다.

불러서 물어보니 자기는 여대생으로 사업차 한국에 와 있는 일본인과 명동에 있는 로얄호텔에서 돈을 받고 여러 차례 성관계를 가진 사실이 있는데, 그 사람이 한국을 떠날 때쯤 주었던 돈을 전부 내놓으라고 하면서 이에 응하지 않자 자기가 콜걸 행위를 한 혐의로 경찰에 신고하여 붙잡혀 왔다고 했다.

나는 그 자리에서 경찰서장에게 이 사건의 전모를 수사하여 즉시 보고토록 했다. 중부경찰서에서 수사에 착수하여 혐의를 확인한 후 그 일본인의 신병을 확보했다.

〈중앙일보〉 전육 기자는 이 사건을 취재하여 특종으로 보도했다. 여론이 들끓고 검사장 등 간부들이 관심을 가지고 챙기기 시작했다. 당연히 구속영장이 청구되었고 법원 영장을 발부받아 일본인을 구속했다.

검찰에 송치된 사건은 나에게 배당되었다. 피의자는 순순히 자백했고 피해자 여대생은 비공개로 조사하여 보강증거로 삼았다. 특종 보도한 전육 기자를 그 여대생의 승낙을 받고 검사실에서 만나게 했다. 얼마 후 전 기자는 그 여대생을 단독 인터뷰하여 장문의 기사를 주간지에 실었다. 성명은 가명 처리하고 다니는 학교도 공개하지 않았다.

나는 이 사건으로 지휘부로부터 점수를 좀 땄다.

다음 해에는 형사1부로 이동 배치되었다.

형사1부는 환상의 조합을 이룬 부였다. 대학 선배 이준승 부장에 김양균, 박혜건, 윤태방, 최영광, 김양일, 반헌수, 신현무, 임승관 등 쟁쟁한 인물들이 같은 부원이었다. 내가 중간 호봉 정도 되어서 부의 총무 역할을 맡았다. 전담 분야로는 그 당시 매우 중요한 현안인 무역과 관세 업무를 맡게 되어 관련 법률들을 집중 연구했다.

그런데 얼마 되지 않아 사회의 이목을 끄는 대형 사건이 터졌다. 일본으로부터 수입한 산업쓰레기 수천 톤이 울산항, 부산항 야적장에 산더미처럼 쌓여 있는데 그 산업쓰레기는 환경을 오염시키고 인체에도 치명적인 위험성이 있다는 기사가 서울을 비롯한 지방 신문과 방송에 연일 보도되기 시작했다.

치안본부 특수수사대가 수사에 착수했고 서울지방검찰청 특별수사부가 수사를 지휘하였다. 그런데 치안본부와 특별수사부 검사들이 검토한 바에 의하면 사실관계는 확인되었으나 처벌법규가 없어서 처벌하기가 어렵다는 의견이었다.

이에 난감해진 검찰 수뇌부에서 형사1부가 다시 검토해 보라고 지시하여 내가 그 사건의 법률 검토를 한 결과 무역거래법상 물품매도확약서, 이른바 '오파'를 부정으로 발급받아 수입한 행위로 처벌할 수 있는 근거 조문을 찾아냈다.

형사1부의 검토 결과를 토대로 일단 특별수사부 지휘하에 소수의 핵심적인 수입업자들에 대하여 구속영장을 청구하고 송치 후에는 나에게 사건을 배당하여 전모를 밝히는 쪽으로 의견을 모았다.

그렇게 해서 내가 그 유명한 '산업쓰레기 부정수입 사건'을 배당받아 수사하고 1심, 항소심까지 직접 공소유지를 담당하는 힘든 일을 맡게 되었다.

일본에서 수입한 산업쓰레기는 일본의 기계공업단지에서 '솔벤트'로 기계를 청소하는 과정에서 만들어진 폐기물인데, 이를 땅에 매립하거나 지상에 투기하면 심각한 환경오염을 일으키고 인체에 해를 입히는 물질이 포함되어 있어서 소각시설을 설치하여 소각하거나 해상투기(海上投棄)의 방법으로 처리하여야 한다.

그런데 그렇게 하면 처리비용이 많이 들자 일본의 폐기물 처리업자들이 기계공업단지에서 처리비용을 받고 인수한 산업쓰레기를 우리나라 수입업자들에게 무상 또는 저렴한 값으로 넘겨 버린 것이 이 사건의 핵심 사실이다.

우리나라 수입업자들은 일본산 산업쓰레기에 솔벤트 성분이 포함되어 있으므로 이를 수입하여 정제시설에서 정제하면 솔벤트를 추출해서 돈을 벌 수 있다는 생각으로 일본 폐기물 처리업자와 모의하여 이를 무상 또는 싼값으로 우리나라에 들여왔다. 돈에 눈이 어두워서 한국을 일본의 쓰레기장으로 만들어 버린 것이다.

그때 범행 수법은 무역거래법상 자동승인품목 제도의 허점을 이용하여 물품매도확약서를 교묘하게 부정 발급받아서 산업쓰레기를 자동승인품목으로 위장하여 수입한 것이다.

사건을 송치받은 나는 보름 정도 쉬지 않고 조사하여 추가로 확인된 수입업자와 물품매도확약서 발급업자, 이른바 오파상 등 20여 명을 한날한시에 일괄 직접 구속하였다.

이 사건의 1심 재판에 수사검사인 내가 직접 입회하여 공소유지를 담당했다. 피고인들에 딸린 변호인만 수십 명이 되어 재판정이 사람들로 가득 찼다. 1심에서 전원 유죄를 받았고, 항소심에도 내가 직접 입회했는데 역시 전원 유죄였다.

내가 서울을 떠나 강릉에 가 있을 때 대법원에서 전원 유죄가 확정되었다. 이 사건 이후 나는 이준승 부장이 맡은 조개패 부정수입 사건 등 관세법 위반사건 수사에도 많은 도움을 드렸다.

그런데 다음 해 2월 나는 강릉지청으로 발령되었다. 그렇게 열심히 했는데 왜 강릉으로 발령되었을까? 짐작되는 일이 있기는 하나 발설하여 무엇 하랴? 내 생각이 틀릴 수도 있고 인사는 어차피 인사권자가 하는 것인데!

나는 서울지방검찰청에서 공안부도 특수부도 아닌 형사부의 평범한 검사로서 나에게 주어진 일을 충실히 수행한 데 대하여 자부심을 느끼고, 내가 한 일은 하늘이 알고 땅이 알 것이니 언젠가는 그 보상이 있을 것이라고 생각하고 인사를 편안하게 받아들이기로 마음먹었다.

동행하게 된 반헌수 검사 말대로 산 좋고 물 좋고 인심 좋은 강릉으로 발령 났으니 이보다 더 좋은 일은 없다는 생각으로 발령지로 내려갔다.

그런데 그 이후 내게 좋은 일이 더 많이 생겼다.

용기 있는 검사, 외로운 검사

광부와 그 가족들의 애환

반헌수 검사가 말한 대로 강릉은 산 좋고 물 좋고 인심 좋은 고장이었다. 강릉 시내 외곽에는 오죽헌(烏竹軒)이 있다. 오죽헌은 신사임당의 모친인 용인 이씨가 그 아버지 이사온으로부터 물려받은 고택으로, 사임당이 그곳에서 이율곡을 낳았으니 용인 이씨 37세손인 나와 인연이 있는 고장에 온 셈이었다.

강릉지청에 부임해 보니 강종수 지청장이 계셨다. 고등고시 8회로 내가 서울에서 모시던 이준승 부장과 동기생이었다. 과묵하고 말수가 없었으나 참 좋은 분이셨다. 관사에서 혼자 지내면서 한 달에 한 번 정도 열차 편으로 부산 집으로 가시곤 했다.

그럴 때는 1호 검사인 내가 청의 책임자가 되어 관내 일을 처리해야 했다. 2호 검사로 함께 일하게 된 반헌수 검사는 나이는 나보다 많지만 나를 선배검사로 잘 대해 주어서 2년 반 동안 함께 잘 지낼 수 있었다.

경포해수욕장에서 아이들과 함께한 한때

가족은 모두 강릉으로 이사하여 큰아들은 강릉중앙국민학교에, 딸과 막내아들은 수녀님들이 운영하는 소화유치원에 보냈다. 사는 집은 오래전부터 검찰청 관사처럼 이용한 경월소주 최돈웅 회장 집에 딸린 방 두 개와 주방시설이 있는 양식 건물이었다. 최 회장 집 넓은 정원을 쓸 수 있었으므로 아이들이 뛰어 놀기는 매우 좋은 환경이었다.

또 경포해수욕장에는 검찰청 휴양시설로 조그만 집 한 채가 확보되어 있어서 여름철에는 아이들을 데리고 나가 해수욕을 하면서 즐거운 생활을 할 수 있었다. 모든 여건이 나와 가족들의 건강에 크게 도움이 된 것이 무엇보다 좋았다. 선대 조상님들의 얼이 서려 있는 고장에 와서 그런지 배울 점도 많았고 좋은 일이 많이 생겼다.

관할구역인 강릉시와 명주군은 청정지역으로 비교적 평온하여 검찰청에서 처리할 사건도 그리 많지 않았다. 이에 비하여 탄광지역과 시멘트공장 등이 들어서 있는 삼척군은 복잡하고 거리도 멀고 교통편도 열차 아니면 갈 수 없는 곳이 많았다.

묵호항은 오래된 항구로 드나드는 어선으로 붐볐으며, 이제 막 새 항만시설 공사가 진행되고 있는 북평항 주변은 개발붐이 일고 있었다. 그곳에 강원도 동해출장소가 설치되어 공무원들도 제법 많이 상주하게 되었다.

탄광이 몰려 있는 삼척군 도계읍과 장성읍 그리고 황지는 강릉지청에 부임해 오는 검사가 제일 먼저 가보아야 할 곳이었다. 그래서 우선 장성경찰서 유치장 감찰 계획을 세우고 열차편으로 황지로 갔다. 유치장 감찰 기회에 탄광 막장을 구경하고 싶다는 뜻을 전했더니 대한석탄공사 장성광업소 측에서 흔쾌히 응하여 난생 처음으로 탄광 막장에 들어가 보았다.

VIP 코스로 안내받아 600미터 지하 갱을 승강기로 내려가서 다시 레일열차를 타고 몇백 미터를 지나 막장 입구에 이르러 경사진 오르막을 허리를 구부린 채 기어 올라가 석탄을 캐고 있는 광부를 위로 격려했다. 막장에는 지하 열기도 대단했다. 광부들은 이런 어려운 일을 3교대로 한다고 했다.

이러한 어려운 작업 환경에서 일하는 광부들을 생각하니 그들을 위해 무엇인가 해야겠다는 사명감 비슷한 것이 생겨났다. 그래서 광업소장과 경찰서장에게 다음 기회에는 광부들에게 '법의 생활화 교육'을 하고 싶으니 계획을 세워 달라고 했다. 그 기회에 광부들의 생활상을 파악하는 한편 그들과 대화를 나누면서 애로사항을 듣고자 하는 마음에서였다.

이렇게 법의 생활화 교육을 실시하는 과정에서 나는 광부들은 우리들과 달리 밤과 낮이 뒤바뀐 생활을 하고 있고, 그 가족들은 항상 불안과 초조 속에 살면서 체념 속에서 이를 일상으로 받아들이고 때로는 광부의 목숨까지도 돈으로 계산한다는 비참한 현실을 보고 듣게 되었다.

어린아이들이 냇물을 그릴 때 새까만 석탄 색으로 그린다는 말을 들을 때에는 가슴이 메어지는 듯했다. 그래서 나는 광부들에게 말했다.

"여러분에게는 밤이 밤이 아니고 낮이 낮이 아니니 폭력행위처벌법을 적용할 때 '야간'의 의미를 달리 판단할 것이며, '대낮부터 술을 먹고 행패를 부린다'는 비난은 가급적 하지 않기로 하겠다."

내 특강을 들은 광부들에게 큰 환호와 박수를 받았다. 경찰서장과 수사과장들도 내 말의 진의를 알아차리는 듯했다.

검찰청에 돌아와서는 그동안 황지에서 고소 고발을 일삼아 주민들을 괴롭히고 심지어 판사, 검사, 경찰관들을 상대로 허위고소를 일삼아 온 여인을 무고죄로 구속하여 엄단해 광산촌의 시끄러움을 해소시켰다.

경미한 정신병 증상이 있었던 그 여인은 그 이후 증상이 호전되어 형기를 마치고 정상인으로 돌아와 별 말썽 없이 일상생활을 한다는 이야기를 나중에 들었다. 참 잘되었다. 내가 사람을 하나 살린 것 같은 기분이었다.

옆 방 반헌수 검사실에서는 당시 중앙정보부장 김재규의 사돈을 산림법 위반으로 구속하여 청에 큰 파란을 일으켰으나 검사의 처분을 바꿀 수는 없었다. 결국 법원으로 신병이 넘어가 보석으로 석방됨으로써 사태가 진정되었다.

그런 와중에 1년이 지나 강종수 지청장이 진주지청장으로 영전해 가시고 송두영 지청장이 새로 부임해 오셨다. 그분은 군법무관 전형시험 출신으로 마음이 유연하시고 골프를 즐기시며 자유분방하셔서 부지런히 서울을 오르내리셨다. 청의 업무는 검사들에게 거의 일임하여 주셔서 우리 검사 두 명은 비교적 자유롭게 권한을 행사할 수 있었다.

반년의 세월이 또 흘러 1979년 10·26 사태로 계엄령이 선포되어 검찰업무가 계엄분소의 통제하에 들어가게 되었다. 그때 동해안경비사령관으로 계엄분소장직을 맡고 있던 분이 나동원 소장이었다. 월남 맹호부대 군법무관으로 있을 때 군법교육을 나가 뵈었던 26연대장 나동원 대령이 그동안 승진을 거듭하여 소장 계급을 달고 우리 지역을 관할하고 있었다. 나동원 사령관이 나를 알아보시고 많이 도와주셨다. 그 덕택으로 내가 그 지역에서 실권자로 인정되었다.

더 행운인 것은 나동원 소장의 후임으로 내가 5사단에서 참모장으로 모시던 이광로 소장이 오신 일이다. 그분은 나동원 계엄분소장보다도 나를 더 챙겨 주었다. 강릉에 나올 때면 회의석상이나 식사 자리에 나를 꼭 불러 주었다. 그 지역의 보안대장이나 권력기관 관계자들이 나를 보는 눈이 확 달라졌고 지청장도 나를 무척 신뢰하고 의지하셨다.

이광로 계엄분소장은 후에 국보위상임위원회 부위원장 겸 내무분과위원회 위원장으로 영전하여 경찰의 수사권 문제를 다루었는데 그때 나에게 많은 도움을 주셨다.

용기 있는 검사

강릉지청에 부임해 온 지 1년이 다 된 연말이었다. 1978년 11월 11일 오후, 퇴근 준비를 하고 있는데 장성경찰서에서 유선으로 보고가 들어왔다. 관내 연화광업소에서 승강기가 추락하여 그 안에 타고 있던 광부 전원이 사망했다는 내용이었다.

지청장께 보고드리자 사망자가 많아 탄광지역의 여론이 악화될 위험이 있으니 검사가 직접 현장에 나가 승강기 추락 원인을 밝혀내고 사태를 수습하는 것이 좋겠다고 하여 즉시 열차 편으로 황지로 떠났다.

떠나기 전에 경찰서에 연락하여 검사가 직접 현장에 갈 테니 사고현장과 승강기 운행시설 등 일체를 보존하라고 지시했다. 다만 시체는 옮길 수 있으면 조심해서 운반하여 안치해도 좋다고 하였다. 기차로 두 시간 이상을 달려 황지역에 내려 차편으로 삼척군 장성읍 동점1리 제 1연화광업소 사고현장에 당도하니 늦은 밤이 되었다.

광업소에는 경찰서장, 광업소장, 수사과장 등 많은 사람들이 나와 있었는데 수사과장 변현기의 보고에 의하면 사망자 시신 12구는 옮겨서 인근 병원에 안치시켰고, 추락한 승강기는 추락지점에 그대로 보존시켜 놓았으며, 장성광업소에 교육차 와 있는 독일인 기계기술자 2명을 대기시켜 놓았다고 했다.

추락한 승강기는 지하 340미터 수직갱에 그대로 처박혀 있었는데 사고원인을 규명하려면 일단 추락한 지점까지 내려가서 추락한 승강기의 상태부터 확인해야 한다는 것이 독일 기술자의 말이었다.

그곳에 설치된 승강기는 두 대가 상하 교대로 움직이는 구조인데 기계실에서 이를 운전하는 운전자의 조정에 의하여 승강기를 상하로 운행하던 중 광부들이 탄 승강기가 추락한 것이었다. 그 기계는 일본산이었으나 독일인 기술자들은 그 구조와 운전시스템을 잘 알고 있다고 말했다. 그 기술자들이 나를 쳐다보면서 "운행 가능한 반대편 승강기를 타고 추락지점까지 함께 내려갈 수 있겠느냐?"고 물었다.

언제 다시 떨어질지도 모를 승강기를 타고 340미터 지하 수직갱을 내려가자고 하니 겁이 나기도 했다. 하지만 나는 검사 직분을 수행하고자 이 늦은 밤에 사고현장까지 달려온 것이 아닌가! 주위에 모여 있는 사람들이 모두 나를 쳐다보는 것 같았다. 용기를 내어 안전모를 쓰고 승강기를 탔다.

독일인 기술자 두 명, 현장 지휘검사인 나, 수사과장 등 4명이 승강기를 타고 서서히 내려가면서 중간중간 벽면을 살펴보았다. 추락지점에 내려가서는 추락한 승강기를 면밀히 살펴보고, 위로 올라와서 기계실의 전기 시스템과 운전석의 조종간 등 기계도 세심하게 점검하였다.

독일인 기술자 두 사람은 중간점검 결과를 나에게 귀띔해 주었다. 이 추락사고는 기계 전기 시스템의 일부 하자와 기계를 조작, 조종하는 운전자의 고의 또는 과실이 합쳐져서 발생한 것인데, 구체적이고 확정적인 사고원인은 검사인 내가 밝혀낼 몫이라는 것이었다. 그

승강기 추락사고 현장검증 시 독일인 기술자, 변현기 수사과장 등과 함께

리고는 자기들은 다음 날 날이 밝으면 나를 만나서 이야기를 나누겠다고 하고는 현장을 떠났다. 독일인다웠다.

그들이 현장을 떠난 후 나는 전기 기술자와 승강기 운전자를 불러 조사했다. 조사를 진행하는 과정에서 승강기 운전자가 몰래 기계에서 무엇인가 빼내어 손에 숨기는 것을 발견하고 이를 압수하여 추궁한 결과 사고원인을 밝혀냈다.

이 승강기 시스템은 안전장치가 이중 삼중으로 설계된 기계였다. 전기 시스템에 오작동이 일어나면 즉시 전원이 꺼져서 운행이 중단되고, 사고가 발생하여 일정 속도 이상으로 추락할 경우 자동제어장치가 작동되며, 맨 밑바닥에는 '웻지 가이드'라는 충격완충장치를 설치하여 이중 삼중으로 인명사고를 방지하게끔 만들어진 것이다.

하지만 이 기계에 무슨 원인인지 오작동이 일어나 자주 전원이 꺼져 승강기 운행에 지장을 주자 전원 차단 역할을 하는 단자에 구리선을 연결하여 오작동 상태에서도 전원이 차단되지 않도록 승강기 운전자가 손을 댄 것이었다.

그리고 검사의 조사과정에서 그것이 들통날 단계에 이르자 승강기 운전자가 그 단자에서 구리선을 빼내 숨기려다가 나에게 적발되어 범행 전모를 자백한 것이다.

다음 날 독일인들을 만나서 내가 밝힌 내용을 설명했더니 정확하게 사고원인을 규명했다고 칭찬해 주었다. 그 독일인 기술자들이 참으로 고마웠다. 그들은 나와 주위에 있던 광산 관계자들에게 독일 기계가 일본 기계보다 좋다고 은근히 자랑했다.

나는 압수물과 승강기 운전자의 진술서 등 자료를 수사과장에게 인계하고 구속영장 청구를 비롯한 후속조치를 강구하도록 하고 황지를 떠나 검찰청으로 돌아왔다.

수사과장은 지시대로 잘 이행했다. 변현기 수사과장은 성실하고 책임감이 매우 강한 경찰공무원이었다. 그는 이후 총경으로 승진하여 춘천경찰서장으로 있을 때 나와 여러 번 통화하면서 교분을 유지했다. 몇 년 전 그의 사위 이정호 경기중앙변호사회장으로부터 사망 소식을 들었다. 참으로 애석한 일이었다.

검사의 용기라는 것은 도대체 무엇일까! '용기'라는 말은 사물이나 사람에 대하여 겁을 내지 않는 기개(氣槪)나 기백(氣魄)을 뜻한다. 그러므로 겁을 내지 않는 것이 용기의 기본요소가 된다. 그런데 겁을 내지 않는다는 것은 말로만 두렵지 않다고 하는 것이 아니라 두려운 것을 알면서도 감히 나서서 행동에 옮기는 것을 말한다.

내가 연화광업소에서 수 시간 전에 승강기가 추락한 340미터 수직갱 사고지점에 독일인 기술자와 함께 다른 승강기를 타고 내려간 것은 두려움을 느끼면서도 검사의 직분을 수행하고자 하는 순수한 마음이 있었기 때문이다. 그 순간에는 어떤 공명심이나 명예심 등 욕심이 들어찰 자리가 없고 오직 사고원인을 밝혀내고자 하는 고집스러움과 순수함만이 있었던 것이다.

《야간비행》이라는 소설을 쓴 생텍쥐페리는 "용기는 그리 아름다운 감정으로 이루어진 것이 아닙니다. 그저 약간의 분노와 허영심,

지독한 고집과 저속한 스포츠적 쾌락으로 이루어진 것입니다. 육체적인 힘의 발산 따위는 아무 상관도 없는 것입니다"라고 앙드레 지드에게 자기의 심정을 편지로 써 보낸 적이 있다.

그렇게 보면 검사의 용기는 대단한 것이 아닌 것 같다. 거악(巨惡)을 척결하고, 특수수사를 잘하고, 살아 있는 권력에 맞서 싸워야만 용기 있는 검사가 아니다. 자기에게 주어진 직분을 욕심이나 사심 없이 성실하게 수행하고 그 결과나 공적에 일희일비하지 않는 의연함을 가진 검사가 용기 있는 검사다.

오래전에 세상을 뜨신 성민경 검찰 선배가 미국 기자 겸 변호사가 쓴 *The Prosecutors*라는 책을 한국어로 번역하여 출판하면서 《용기 있는 검사들》이라고 제목을 붙인 깊은 뜻을 알 만하다.

나는 나 자신을 용기 있는 검사라고 당당하게 말하고 싶다. 비록 거악을 척결하거나 공안이나 특별수사를 해보지 못했더라도, 나에게 주어진 임무를 성실히 수행하고 그 책임 완수 뒤에 따라오는 행복감을 느낄 수 있었으니 용기 있는 검사라고 자부해도 손색없지 않겠는가?

외로운 검사

강릉지청 근무 마지막 해인 1980년 봄이었다. 검사장급을 포함하여 차장, 부장, 평검사들이 법무연수원에 함께 모여 합숙교육을 받게 되어 선·후배 검사들과 한방에서 숙식하게 되었다.

교육 둘째 날 아침에 잠이 깨어 침대 2층에서 사다리를 타고 아래로 내려오자 아래층에 계신 민건식 검사가 느닷없이 "이 검사! 무엇이 그렇게 외로운가?" 하고 큰 소리로 물었다. 그 소리에 내가 "무슨 말씀이지요?" 하고 물으니 그 선배는 "그래, 이 검사 말이 맞아! 검사는 외로운 직업이야!"라고 하면서 전후사정을 이야기해 주었다.

당신이 일찍 잠이 깨어 조용히 명상하고 있는데 침대 바로 위층에서 잠자는 내가 잠꼬대로 "검사는 외로운 직업이다"라고 시작되는 연설을 수분 동안 또렷하게 막힘없이 엮어 나가더라는 것이었다.

그러면서 내 연설 내용이 아주 공감이 가는 말이라고 하면서 "이 검사가 평소 생각했던 것이 꿈속에서 잠꼬대로 그대로 표현된 것이니 그 생각을 오래 마음속에 간직하면서 검사 직무를 수행하면 훌륭한 검사가 될 수 있다"고 격려하셨다. 그 방에 함께 있던 검사들도 모두 고개를 끄덕였다.

내가 잠꼬대로 한 연설 내용은 검찰업무의 본질과 검사의 직분 그리고 검사들이 지켜 나가야 할 덕목과 자세 등에 관한 것이었다고 기억된다.

나는 그 후 민 선배의 격려 말씀을 가슴에 새기며 검사 생활을 해오면서 검찰업무의 본질과 검사들이 지켜야 할 덕목을 깊이 깨닫고 이를 실천하려고 노력했다.

2007년 대한변호사협회장에 당선되고 나서 〈신동아〉지에 황호택 〈동아일보〉 수석논설위원과 인터뷰할 때 나는 민건식 선배의 가르침을 되새기면서 "판사, 검사는 외롭고, 변호사는 떳떳해야 한다"고 내 평소 생각을 피력했다. 황 위원이 이 말을 인터뷰 헤드라인으로 써주었다. [1]

인사발령이 나면 모두 서운해하는 강릉지청에서 2년 반 근무하는 동안 나는 얻은 게 참으로 많았다. 아내와 3남매가 얻은 것까지 합하면 그 무게를 가늠하기 어렵다. 목포에서 따뜻한 검사의 기본을 닦았다면 강릉에서는 용기 있는 검사, 외로운 검사의 자질을 내 몸과 마음에 스며들게 하고 건강도 전보다 훨씬 좋아진 상태로 다음 임지로 가게 되는 행운을 얻었다.

특히 군 복무 중 인연을 맺었던 나동원, 이광로 장군을 다시 만나고 그분들로부터 많은 도움을 받은 것은 참으로 고마운 일이었다.

나는 이를 계기로 더욱 성장하여 더 중요한 일을 할 수 있는 자리로 가게 되었다. 1980년 6월 10일 법무부 법무실 법무과 법무관실로 발령을 받았다.

---

1 부록 424쪽에 〈신동아〉 인터뷰 원문 "재야법조 '뚝심 리더' 이진강 대한변호사협회장" 수록.

연구하는 형사정책 검사

법무부 법무실 법무과 법무관실에서는 황길수 법무과장, 신창언, 최경원, 주선회, 강신욱, 한부환, 유명건 검사 등과 함께 일하게 되었다. 능력이 탁월한 검사들이었다. 그들과는 지금까지도 좋은 관계를 이어 오고 있다. 그중 신창언 선배는 3년 전에 돌아가셨다. 오랫동안 나와 같은 아파트에 살면서 서로 의기투합하며 살아왔는데 일찍 세상을 뜨시니 마음이 무척 아프다.

당시는 국가보위상임위원회가 설치되고 국가보위입법회의가 국회를 대신하여 입법 활동을 하여 새로운 법령 및 개정 법률이 봇물 쏟아지듯 양산되어 나왔다. 그런 법령이 정부안으로 만들어질 때에는 거의 예외 없이 법무관실을 거쳐 갔다.

그런 법령의 검토를 우리 검사들이 맡아서 처리했는데, 수많은 법령 중 기억나는 게 몇 개 있다.

첫 번째는 공정거래법 제정 및 이에 따른 공정거래위원회 설치와 관련된 일이다. 경제기획원 진념 국장과 전윤철 과장이 주도하는 공정거래법 제정작업의 법무부 측 파트너가 나로 지정되었다. 서로 부처를 오가면서 협력한 결과 공정거래법이 탄생되고 공정거래위원회가 창설되었다. 그때 전윤철 과장과 비공식적으로 나눈 이야기로는 공정거래위원회가 정식으로 발족하여 위원회에 검사를 파견받는 경우가 생기면 나를 1차적으로 파견받기로 하였는데, 그 일은 성사되지 못했다.

두 번째는 집회와 시위에 관한 법률 개정작업에 관여한 일이다. 청와대 박철언 비서관 주도로 진행되던 위 법률 개정작업이 무르익을 무렵, 내가 개정법률안을 가지고 서정화 내무부 장관을 직접 집무실로 찾아가 청와대의 뜻을 전달하면서 법률안을 설명하였다. 청와대에서 지시한 일이어도 일개 평검사가 장관을 만나 법률안을 설명한다는 것은 상상할 수 없는 일인데, 그때는 그런 일도 있었다.

세 번째는 행형법(行刑法) 개정작업에 참여한 일이다. 김석휘 교정국장의 지시로 행형법 개정작업이 진행되는 상황에서 교정국에는 검사가 없었으므로 내가 옆에서 도와드렸다. 그때 김 국장께서 나를 좋게 보셨는지 "이 검사는 때가 되면 내가 데려다 써야겠다!"라면서 칭찬과 아울러 격려의 말씀을 해주셨다. 그런데 5년 후 그분이 검찰총장이 되고 법무부 장관이 되셨다. 그분 말씀대로 나는 그분 밑에 가서 일하게 되었고, 내 검찰생활 중 제일 좋은 인사를 받는 기쁨도 맛보았다.

네 번째는 경찰에서 군부의 힘을 동원하여 수사권 독립을 강력히 추진하려고 법 개정 움직임을 보이고 있을 때, 내가 나서서 이를 저지하는 데 한몫한 일이다. 그때 국보위 내무분과 위원회에서 이 법안을 검토하고 있었는데, 마침 이광로 장군이 위원장으로 계셔서 내가 법무부 장관의 명을 받아 그분을 찾아뵙고 검찰의 입장을 설명드려 법 개정을 저지시킨 바 있다.

다섯 번째는, 다분히 개인적인 일이지만, 경찰에서 추진하는 도로교통법 개정작업을 도와주는 과정에서 나와 법무관실 검사들이 자동차 운전면허증을 따게 된 일이다. 법무관실 검사들이 단체로 한남동 면허시험장에 가서 시험을 보았다. 필기시험은 모두 만점을 받았으나 실기시험에는 애를 먹었다. 2차, 3차 실기시험 끝에 간신히 통과했다. 이 자동차 운전면허증은 얼마 후 오너드라이버 제도가 실시되었을 때 유용하게 이용할 수 있었다.

1981년 3월에 임명 9년 7개월 만에 고등검찰관으로 승진했다. 아주 빠른 승진이었다. 승진과 동시에 법무부 보호국 심사과장의 보직을 받았다.

보호국은 새로 제정된 사회보호법의 부칙규정에 따른 미순화 불량배들에 대한 중간출소 심사와 갱생보호, 치료감호자 관리업무 등 주로 형사정책 업무를 담당했다.

박일흠 국장을 모시고 정성진, 김기수 과장과 김수장, 최연희, 유창종 검사 등 어디에 내놓아도 업무에 대한 의욕과 능력에 손색이 없는 인재들과 함께 일하게 되어서 무척 기뻤다. 부장검사급 과장에게는 운전사가 딸린 차량이 배정되었고, 적당한 액수의 직책수당이

지급되었으며, 사무실 방도 넓어서 일할 맛이 났다.

미순화 불량배들이 수용되어 있는 청송감호소를 방문 시찰하기도 하고, 치료감호시설로 임시 이용 중인 서울정신병원 등을 방문하여 피치료자들의 상태를 파악하는 한편, 앞으로 신축할 치료감호소의 모델에 관한 자료도 수집했다.

또한 보호관찰 제도를 도입하기 위한 준비작업의 일환으로 해외 시찰에 나서기도 했다. 1982년 3월, 의정부지청에 근무하는 이정수 검사와 함께 한 달간 계획으로 프랑스, 이탈리아, 오스트리아, 독일, 스웨덴, 영국, 미국을 다녀왔다.

성과가 매우 좋았다. 선진국에서 오래전부터 시행하고 있는 보호관찰 제도는 이미 잘 정착되어 있었다. 우리들이 만나 본 선진국 형사정책 당국자들의 공통된 인식은 비록 범죄를 저지른 사람일지라도 사람에 대한 투자는 돈이나 시간에 구애됨이 없이 지속적으로 계속되어야 한다는 것이었다.

참으로 배울 점이 많았다. 특히 스웨덴 국립범죄예방위원회에서 얻어 온 자료는 활용할 점이 많았다. 우리나라 형사정책연구원은 우리들이 방문했던 스웨덴 국립범죄예방위원회를 벤치마킹하여 만든 기관이다.

1988년 12월 31일 보호관찰법이 공포, 시행됨으로써 보호관찰 제도가 전면적으로 실시되었는데, 보호국에서 첫발을 뗀 후 7년 만에 결실을 거둔 것이다.

1982년 8월 16일 심사과장에서 조정과장으로 자리를 옮겼다. 조정과는 치료감호 업무를 담당하는 부서다. 곽영철 검사가 나를 보좌하게 되었고, 보호과장은 김기수 조정과장이 승진하여 올라가고, 심사과장에는 이재신 부장이 새로 부임해 왔다.

치료감호는 심신장애 상태, 마약류, 알코올이나 그 밖의 약물 중독 상태, 정신적 장애 상태 등에서 범죄를 저지른 자에 대하여 형에 부가하거나 형을 대신하여 치료감호소에 수용하여 치료를 행하는 보안처분을 말한다.

사회보호법이 제정되어 치료감호 제도가 시행되었으나 그 기준이 제대로 정비되지 못했고 특히 피치료감호자들을 수용할 시설이 새로 설치되지 못하여 제도의 목적을 달성하기 어려웠다. 그래서 치료감호자에 대한 심사기준 정비, 새로운 치료감호시설 확보 등이 조정과에 떨어진 현안과제가 되었다.

곽영철 검사와 직원들의 도움으로 일본과 선진국의 치료감호 제도를 연구하여 〈정신장애자에 의한 범죄 실태와 그 대책〉이라는 연구보고서 겸 논문 한 편을 완성해 내고 치료감호소 신설작업에 착수했다.

치료감호소를 지으려면 우선 부지를 확보해야 하는데 그냥 아무 땅이나 구하면 되는 일이 아니었다. 도심에서 멀리 떨어져서는 안 되지만 그렇다고 번잡하고 시끄러운 곳이어서도 안 된다. 치료감호소에는 치과, 내과 등 의료시설이 필수적으로 있어야 하는데 거기에

종사하는 의사들의 출퇴근이 가능한 거리에 있어야 한다는 조건을 모두 충족해야 한다.

또 치료감호시설 인근의 주민들과 마찰이 없어야 한다. 법무부에 부지 매입예산이 이미 확보되어 있었으므로 적지(適地)만 발견되면 매입절차는 별 어려움이 없을 것이라고 예상되었다.

유창종 검사와 함께 부지 구입절차에 나섰다. 유 검사는 대전 출신이라서 그쪽 지방에 대해 아는 것이 많았다. 마침 친구 신승남 검사가 대전검찰청에 근무 중이었고 그의 친구 최인기가 충남 부지사로 있어서 그들에게도 협조를 부탁했다.

얼마 후 신승남 검사로부터 연락이 왔다. 공주 반포면에 좋은 땅이 있는데 종중 땅으로 매입이 가능할 것 같다는 소식이었다. 나와 유창종 검사가 즉시 현장으로 내려갔다. 내려가 보니 조정과에서 이미 검토한 치료감호소 입지 조건에 딱 맞아 떨어지는 땅이었다.

검토보고서를 작성하여 상부에 보고하여 승인을 받았는데 이후의 매입절차는 교정국에서 처리하였다. 그 땅의 소재지는 충남 공주군 반포면 봉곡리 산 1-21번지 임야였다.

치료감호소 부지 매입절차를 끝내고 본격적으로 치료감호소 설치 기본계획에 착수했다. 병상 규모 등 기본설계, 필수 의료설비, 의사, 직원 등 상세한 계획서를 만들어 후임자에게 인계할 자료를 준비해 놓았다.

이러한 작업을 할 때 서울대 의대 정신과 교수이신 이정균 박사님이 우리들을 많이 도와주셨다. 그분의 셋째 아들인 이규진 판사는 내가 2015년 양형위원장직을 맡았을 때 상임위원으로 나를 많이 도와주었다. 참으로 세상의 인연의 법칙이란 그 넓이와 깊이를 헤아릴 수 없다.

이후 나는 1983년 5월에 대검찰청 형사1과장으로 자리를 옮겼다. 그리고 공주치료감호소는 부지 매입 착수 4년 6개월 후인 1987년 8월 14일 개원했다.

민사 전문 검사

보호국 심사과장 재직 중인 1981년 12월 17일 법무부에 설치된 민법·상법개정 특별심의위원회 민사법 분야 전문위원으로 겸임 발령되었다.

민법 일부 개정, 주택임대차보호법 일부 개정, 집합건물의 소유및 관리에 관한 법률 제정, 가등기담보 등에 관한 법률 제정, 부동산등기법 일부 개정, 상법 일부 개정 등을 심의하기 위해 설치된 위원회에서 위원들을 보좌하고 최종적으로 법무부안을 성안하여 정부안으로 국회에 제출하는 업무를 맡게 되었다.

심사과장직을 수행하면서 겸직으로 발령 난 것이지만 사실상 민사법 전문위원의 업무가 더 많고 중요했다. 보호과에 근무하는 최연희 검사가 전문위원으로 나를 도와주었으나 업무의 강도를 크게 줄여 주지는 못했다.

위원회 공동위원장을 맡고 있던 정해창 차관이 일주일에 한 번 정도 당신 방으로 불러 위원회의 진행 경과를 보고받고 아울러 각 법안의 내용을 설명해 달라고 하여 공부를 많이 해야 했다.

그러던 차에 1983년 5월에 인사이동이 있었다. 대검찰청 형사1과장으로 가게 되었다.

주변에는 법무부에서 많이 고생한 나를 다시 대검찰청 과장으로 보낸 것은 잘못된 인사라고 하면서 차관실에 가서 따져 물은 선배들이 있었다. 그러자 차관께서 법무부를 떠나려고 주차장으로 가는 나를 방송으로 찾아 차관실로 불러 놓고 인사 배경을 설명해 주셨다.

법무부에서 추진하는 민법·상법 개정작업이 한창 진행 중이고, 내가 맡고 있는 전문위원 업무를 대신할 마땅한 인물을 찾을 수 없어서 검찰총장과 의논하여 형사1과장직을 수행하면서 국회 일을 계속 맡도록 한 것이니 그리 알고 섭섭해하지 말고 가라고 했다.

그러지 않아도 그냥 갈려고 했는데, 차관께서 그렇게까지 설명해 주니 마음이 확 풀렸다. 대검찰청에 부임해 가니 이명희 차장이나 김석휘 총장께서 똑같은 말씀을 해주셨다.

대검찰청 형사1과장 업무도 만만치 않았다. 전국의 검찰사무 전반을 지휘 감독하는 일이니 업무량도 많았고, 매일매일 계속되는 일이어서 다른 일을 할 여유는 별로 없었다.

하지만 법무부에서 맡아 하던 전문위원 일은 계속할 수밖에 없었다. 법무부와 국회를 여러 번 왔다 갔다 하면서 소임을 다한 결과 1983년 12월 30일 법무부가 추진한 법안이 모두 국회를 통과했다.

주택임대차보호법 개정안이 국회에서 통과되자 내가 직접 방송에 출연하여 개정된 내용을 국민들에게 알기 쉽게 설명하라는 상부의

main_法令解説叢書 ①

〔增補版〕
住宅賃貸借保護法令 解説
假登記擔保등에관한法律

李 鎭 江 著

財團法人 法令編纂普及會

1984년 7월 25일 출간한
《주택임대차보호법령, 가등기담보 등에
관한 법률 해설》

지시가 떨어졌다. 몹시 추운 겨울 밤 10시 30분에 KBS 〈보도본부
24시〉 생방송에 출연하였다. 이윤성 앵커가 진행하는 생방송 프로
그램인데 시청률이 매우 높았다. 처음 출연해 보는 생방송이었지만
비교적 잘했다. 그 방송을 본 대검찰청 간부와 법무부 간부들에게서
칭찬을 받았다.

그 이후 계속해서 주택임대차보호법과 가등기담보 등에 관한 법
률에 대해서 일반 국민들에게 홍보할 필요성이 있으니 책을 한 권
쓰면 좋겠다고 하여 반년에 걸쳐 자료를 정리한 끝에 1984년 7월 25
일 《주택임대차보호법령, 가등기담보 등에 관한 법률 해설》을 내
이름으로 펴냈다.

그 책은 꽤나 인기 있고 많이 팔렸는데, 판권을 법제처 산하 사단법인 법령편찬보급회에 넘겨주었으므로 내게는 수익이 없었다. 하지만 저작권은 저자인 내게 있으니 언젠가는 이 책의 내용을 보완하여 새로 출간했으면 하는 바람이다.

이렇게 해서 민사 전문 검사로서의 소임을 끝내고 다음 임지로 떠났다. 서울지방검찰청 동부지청 2부장검사가 내 자리였다. 교정국장 시절부터 나를 가까이 데려다 쓰겠다고 말씀하신 분이 검찰총장이 되셨고 또 인사권을 가지신 법무부 장관으로 영전하신 후 첫 인사였으니 나에게 좋은 인사가 돌아올 것은 예상된 일이었다.

원만한 해결검사, 총괄검사

해결검사가 된 사연

모처럼 편한 자리에서 검사들을 지도하고 중간 결재를 하며 일하게
되어 해방감을 느꼈다.

　김성곤 지청장은 조용하고 말수가 없으면서도 경륜과 전문지식이
풍부하셨다. 유순석 차장검사는 활발하고 대인관계가 넓어 휘하 검
사들로부터 인기가 높았으며, 김기수 1부장검사는 법무부 보호국에
서 선임 조정과장, 보호과장으로 함께 일한 대학 선배로서 아주 호
탕한 분이었다.

　2부 소속 검사들도 능력과 경륜이 쟁쟁한 인물들이었다. 정민수,
이기배, 홍석조, 이한성, 박영렬, 박영관, 배기석, 이한곤 등 훌륭
한 검사들이 모두 나와 함께 일한 검사들이다. 그래서 참으로 신명
나게 일했다. 골프에도 취미를 붙여 태릉골프장, 산성골프장을 찾
아다니며 심신을 단련했다.

평온하게 지내던 동부지청 관내에서 1985년 12월 대형 사건이 터졌다. 가락동에 있는 민정당 중앙연수원에 학생들이 난입하여 점거하고 방화한 사건이 발생하여 많은 학생들이 구속된 것이다.

　내가 관장하던 부가 공안업무를 담당했던 관계로 그해 연말 추운 겨울을 어렵게 보냈다. 학생들을 구속하여 기소하고 공소유지하는 일들을 이기배, 홍석조, 박영관 등이 맡아 처리하느라고 고생이 많았다.

　1986년 봄이라고 기억된다. 대검찰청 한영석 중앙수사부장으로부터 좀 보자는 연락이 왔다. 그래서 대검찰청으로 그분을 찾아가니 내게 아주 중요한 임무를 하나 맡기려고 하니 꼭 해결해 주어야겠다는 것이었다.

　그는 안무혁 국세청장을 직접 만나 그를 설득하여 양해를 받을 일이 있다고 하면서 그 사연을 말했다. 요지인즉, 차정일 중수4과장이 국세청 고위간부를 뇌물혐의로 밤샘 수사하던 중 그 간부가 목을 매어 자살을 기도했는데 죽지는 않았으나 국세청장이 이를 크게 문제 삼고 있어 검찰이 곤란한 입장에 처했으니, 안무혁 청장의 심기를 누그러뜨리는 일을 맡아 달라는 것이었다.

　중앙수사부에서는 나와 안무혁 국세청장의 관계를 이미 다 파악해 놓고 있었다. 안무혁 청장은 내가 월남 맹호부대에 근무할 때 인근 공병부대장으로 근무하여 나와 직접 인연이 있는 분임을 파악하고는 나에게 임무를 맡긴 것이다.

그렇게 해서 내가 그 임무를 맡게 되었다. 해결사로 나선 것이다. 큰동서에게 연락하여 안무혁 국세청장을 그의 방에서 만나기로 약속했다. 약속 날짜에 한영석 중앙수사부장과 함께 국세청장실로 갔다. 서로 반갑게 인사를 나누고 본격적으로 현안문제를 솔직하게 털어놓았다.

그분도 군인답게 자신과 국세청의 입장을 이야기했다. 양측이 합의를 보았다. 국세청과 자살기도자 측에서는 더 이상 문제 삼지 않고, 검찰에서는 수사하던 사건을 더 이상 수사하지 않고 종결하는 선에서 해결을 보았다. 차정일 수사4과장은 그 후 문책인사로 부산지방검찰청으로 전보 발령했다.

내 임무는 그것으로 끝났다. 해결사의 역할을 충분히 해냈다. 그런데 그것만이 아니었다. 나중에 알고 보니 나에게 그와 비슷한 임무를 부여하려고 정식으로 대검찰청 중앙수사부로 인사 이동시키는 방안이 논의되었고, 그렇게 시행한 것이다. 그래서 나는 일선 부장 1년 만에 대검찰청 중앙수사부 1과장으로 발령되어 수뇌부 보좌업무를 수행함과 아울러 고정 해결사 역할도 떠맡게 되었다.

안무혁 국세청장과의 협상을 마무리 짓고 동부지청으로 돌아와 평상 업무를 처리하고 있는데 5월에 대규모 검찰 인사이동이 있었다. 유순석 차장이 검사장으로 승진하고, 검사장 승진에서 탈락한 김성곤 지청장은 퇴직 의사를 표시하여 청을 떠날 준비를 하고 있었다. 김기수 1부장은 서울지방검찰청 형사1부장으로 발령된다는 소문이 있어 혼자 남게 된 내가 지청장 퇴임식 준비 및 떠나는 차장과 부장의 환송 준비를 하고 있는데 중앙수사부 정성진 1과장으로부터 전화가 왔다.

전화를 받아 보니 만나서 업무 인수인계를 하자는 것이었다. 놀랍고 당황해서 무슨 인수인계냐고 물은즉, 내가 후임으로 발령 나게 되었으니 만나자는 것이었다. 나는 정말로 예상하지 못했던 인사였고 바라지도 않은 자리였다. 수사1과장의 업무가 무엇인지도 잘 모른 채로 잡혀간 꼴이 되었다.

그러나 나는 나에게 주어진 일은 성심성의껏 하는 사람이었고 그래서 그 자리에 가서도 처음에는 힘이 많이 들었지만 2년 반 동안 잘 해냈다고 자부한다. 과로로 몸의 균형을 잃어 오랫동안 고생하고 그런 여파로 내 인생의 앞길에도 크나큰 영향을 미치기는 했지만!

격동기의 중앙수사부

1986년 5월부터 1988년 8월까지 2년 3개월 동안 중앙수사부 수사1과장으로 일했다. 그동안 한영석, 김경회, 강원일, 박종철 등 네 분을 부장으로 모셨다. 중앙수사부에는 4개 과가 있었는데 전반기에는 수사2과장 심재륜, 수사3과장 박순용, 수사4과장 강신욱과 함께 일했고, 후반기에는 수사2과장 강신욱, 수사3과장 이명재, 수사4과장 이종찬과 함께 일했다. 모두 특수수사에 일가견이 있는 부장검사들로 보임되었으므로 법조 출입기자들은 우리 팀을 '드림팀'이라고 불렀다.

수사1과장은 매우 중요한 자리였다. 전국의 특별수사를 지휘 감독하는 일을 비롯하여 범죄정보를 수집, 보전, 전파하는 업무와 정치, 경제, 사회, 군부 등의 각종 정보를 수집하여 장관과 총장에게 보고하는 업무는 물론 기자들을 상대하는 공보 업무까지 겸하고 있었다.

중앙수사부에서 직접 수사에 나설 때에는 수사 기획과 총괄 업무를 맡았으며, 매일 오전 9시 30분 공안1과장과 함께 총장실 간부회의에 배석하여 일일 상황보고를 하는 중요한 업무를 처리하는 자리였다.

현재 운영되고 있는 대검찰청 기구 조직표에 의하면 수사기획관실, 범죄정보정책과, 과학수사담당관, 공보관 등의 업무를 수사1과장이 혼자 담당했던 셈이다.

그중에서도 제일 어렵고 부담스러웠던 일은 매일 저녁 석간 가판을 일일이 챙겨 보는 일이었다. 가판에 실린 기사에 별 문제없는 날에는 편안하게 퇴근할 수 있었으나 그렇지 않은 날에는 신문사 편집국을 찾아가거나 기사를 쓴 기자에게 기사를 빼 달라고 사정하고 순화시키는 일을 도맡아 해야만 했다. 그게 참으로 어려운 일이었다.

내가 주관으로 하는 일도 아니고, 잘 알려진 바와 같이 언론인들은 상대하기 어려운 직업군이니 부탁한다고 잘 들어주지도 않는다. 낭패당한 일이 한두 번이 아니고, 혼자 속이 타서 집에 들어가 괜히 가족에게 화를 낸 일도 많았다.

내가 일한 격동의 1980년대 후반에는 유독 챙겨야 할 기삿거리가 많았다. 부천서 성고문 사건, 박종철 고문치사 사건 등 정치적으로 민감한 사건은 물론이고, 김모 검사 폭행치사 사건, 박모 검사 독직(瀆職) 사건 등 하루도 편할 날이 없을 정도로 사건이 터졌다.

그래서 중앙수사부에서 일하는 동안에는 밤 10시가 넘어서야 퇴근하는 경우가 대부분이었다. 또한 아침에는 총장실 보고 때문에 다른 검사들보다 일찍 출근해야 했다.

이렇게 2년 3개월 동안 어려운 중앙수사부 수사1과장직을 수행하면서 처리하거나 겪은 일은 헤아릴 수 없이 많지만, 그중 기억에 남는 이야기를 몇 가지만 간추려서 소개한다.

기자에게 기사 확인해 주고 술까지 사준 이야기

중앙수사부 1과장으로 발령받은 지 몇 달이 되지 않아 건설부 도로국장 등 고위공무원이 업자들로부터 거액의 뇌물을 수수했다는 혐의를 잡고 수사에 나섰다.

기자들의 눈을 피하기 위해서 토요일 오후 늦게 신병을 확보하여 수사하기로 하고 직원 전원을 일찍 퇴근시킨 후 수사를 직접 담당할 2과와 수사총괄을 맡은 1과의 필요 인원만 다시 사무실에 모였다.

수사2과에서는 밤 10시경 공무원들의 신병을 확보하여 수사하고 중앙수사부장과 함께 내 방에 있는데, 밤 12시경 검찰총장의 전화가 걸려 왔다. 전화의 요지는 〈조선일보〉 김창수, 함영준 기자가 집으로 전화를 걸어 와 잠을 못 자게 하는데 도대체 수사보안을 어떻게 했기에 기자들의 눈에 띄게 되었느냐? 수사1과장이 책임지고 신문에 나지 않도록 하라"는 것이었다.

옆에 앉아 있는 중앙수사부장에게 "어떻게 하면 좋지요?" 하고 물으니 "이 과장이 김창수, 함영준 기자를 만나 어떻게 좀 해보지 그래!"라는 답변이었다. 그래서 두 기자의 소재를 수소문하여 조선일보사 편집국으로 찾아갔다.

내가 편집국 사무실에 당도하니 사회부장 등 기자들이 모여 있다가 나를 환대해 주었다. 나는 그들의 환대가 무슨 의미를 띠고 있는지도 모르고 협조를 부탁하면서 지금 수사하는 사건은 내사단계로 별로 중요한 사건은 아니라고 더듬수를 놓았다. 그들이 "아무 걱정하지 말고 가라고" 하여 고마운 마음으로 두 기자를 데리고 나와 북창동에 있는 술집에 가서 기분 좋게 한잔하고 집으로 돌아갔다.

그런데 다음 날 새벽 수사1과 김영길 수사관이 집으로 전화했다.

"과장님, 큰일 났습니다. 〈조선일보〉 1면에 새까맣게 났습니다."

집에 배달된 시내판 신문을 펴보니 김 수사관 말대로 1면에 큰 글자로 "대검찰청 중앙수사부, 건설부 도로국장 등 고위공무원 수사"라고 쓰인 기사가 눈에 확 들어왔다. 밤새도록 그렇게 고생했는데 그들이 나를 안심시켜 놓고 시내판에 1면 톱기사를 써버린 것이다.

내가 신문사 편집국에 찾아갔을 때 그들이 나를 환대해 준 것도 자기들이 취재한 기사를 내가 제 발로 걸어가서 확인해 준 꼴이 되었기 때문이다. 나는 그것도 모르고 기자들에게 술까지 사주고 기분 좋아했으니 그들이 나를 보내 놓고 얼마나 웃었겠나! 한심하고 창피한 일이었다.

나중에 안 일이지만 그들 두 기자는 토요일 초저녁부터 검찰청 주차장에 세워져 있는 버스 밑에서 포복상태로 도로국장 등 고위공무원들이 연행되어 오는 상황을 처음부터 끝까지 지켜보았다고 한다. 일선 취재기자의 근성을 발휘한 것이었다.

사태가 심상치 않게 돌아갔으므로 사무실에 나가 보니 중앙수사부장도 나와 있었다. 그런데 문제는 오후 2시경 운동을 나갔던 검찰총장이 한잔하시고 사무실에 들어오셨을 때 터졌다. 수일 전 서울지검 김모 검사가 여의도에서 술을 마시다 취객과 시비를 한 일이 있었는데, 공교롭게도 그날 그 취객이 사망한 불상사가 겹친 것이다. 이래저래 화가 난 검찰총장은 중앙수사부장과 나를 총장실에 불러 놓고 크게 야단을 치셨다.

수사1과장으로서 첫 번째 겪은 어려움이었는데, 이를 계기로 기자들을 어떻게 상대해야 하는지 알게 되었다.

자살사건의 두 번째 해결사 이야기

그해 겨울의 일이었다. 전날 퇴근 무렵에 수사3과장이 내 방에 와서 "오늘 야간수사를 합니다"라고 알려 주어서 강원도에 있는 운수회사에 대한 탈세 및 세무공무원의 독직 사건을 수사하는 것으로 알고 퇴근하였는데, 중앙수사부장이 새벽에 집으로 전화했다.

"이 과장, 지금 빨리 한일병원으로 가보시오! 일이 생긴 것 같소."

다급하고 심각한 목소리였다. 손수 차를 몰아 서소문에 있는 한일병원으로 향했다. 한강 다리를 건너던 중 생각을 고쳐먹고 사무실로 갔다.

사무실에 당도하니 수사3과장을 비롯한 관계자들이 당황한 표정으로 자초지종을 설명했다. 운수회사 경리부장이 세무공무원에게 거액의 뇌물을 제공했다고 진술해 놓고는 직원의 감시가 소홀한 틈을 이용하여 목을 매어 자살했는데, 그 시체를 한일병원으로 옮겨 놓았다는 것이었다.

또 다시 자살사건의 해결사 노릇을 해야 할 판이었다. 일단 한일병원에 가서 시체를 확인하고 검찰총장, 대검차장, 중앙수사부장이 모여서 사후대책회의를 하는 총장실에 들어가 그때까지의 상황을 보고하면서 "우선 기자실에 사실을 있는 그대로 솔직하게 알리고 협조를 구하는 것이 좋을 것 같습니다"라고 내 의견을 말했다. 검찰총장께서는 "1과장이 알아서 잘 처리하라"고 전권을 위임하셨다.

즉시 법원 건물에 있는 법조기자실로 찾아가 사건의 개요를 간략하게 설명하고 "자세한 내용은 감찰부에서 조사하고 있으니 곧 알려주겠다. 그때까지 불확실한 사실은 기사화하지 않았으면 좋겠다"고 협조를 부탁했다. 그때 마침 한일병원에서 시체를 지키고 있던 직원이 사망한 경리부장의 호주머니 속에서 유서를 발견해 가지고 왔기에 기자실에 알려주었다.

이렇게 해서 법조기자들에 대한 일은 그런대로 잘 해결되었다. 그런데 유가족이 문제였다. 유가족이 혹시 가혹행위를 문제 삼고 나올지도 모르는 일이었다. 그래서 15층 조사실에서 아직도 대기하고 있는 운수회사 사장을 내 방으로 불렀다.

내가 대뜸 "경리부장, 그 사람이 자살을 기도하여 병원으로 후송되었는데 큰일은 없는 것 같습니다"라고 말을 건네자, 그 사장은 울먹이면서 경리부장을 걱정하는 듯한 표정을 보였다. 하지만 그 표정 이면에는 경리부장의 상태보다는 자기와 회사를 걱정하는 자기방어의 본능이 깔려 있는 것을 감지할 수 있었다.

내가 다시 "불행하게도 그 사람 숨이 끊어지고 말았습니다"라고 경리부장의 사망 사실을 알리자 사장의 울음이 멈추고 얼굴에는 무엇인가 안도하는 표정이 나타났다.

그래서 내가 "사장님이 경리부장의 가족과 회사에 연락해서 장례를 치르고 사후수습을 해줄 수 있겠습니까?" 하고 물으니 "예, 제가 책임지고 하겠습니다"라고 선뜻 대답했다.

운수회사 사장은 즉시 정장 차림으로 한일병원으로 가서 회사 관계자와 유가족에게 연락하여 아무런 후유증 없이 장례를 치렀다. 중앙수사부는 운수회사와 세무공무원에 대한 수사는 중도에 포기하고 말았다. 그리고 수사3과장은 다음번 인사에서 불이익을 받아 좌천되었다.

역사의 물줄기를 바꾼 사건의 뒷이야기

1987년 5월 하순, 박종철 군 고문치사 경찰관 은폐조작 사실이 천주교 정의구현사제단에 의하여 폭로되고, 이로 인하여 법무부 장관,

검찰총장이 경질되었다. 이종남 신임 검찰총장이 부임해 오고 서울지검에서 수사하던 '박종철 군 고문치사' 사건의 수사기록 일체와 관련자들이 중앙수사부로 인계되었다.

제 2, 3, 4수사과장에게 기록을 분배하여 검토시켰지만 어디서부터 수사를 착수하여야 할지 감이 잡히지 않아 애를 태우고 있는데 총장께서 내게 전화를 걸어왔다.

"이 과장, 김모 변호사를 한번 만나 봐!"

그래서 즉시 김 변호사의 소재를 파악하여 접촉하게 된 것이 다음 날 새벽 1시경이었다.

김 변호사는 고문 경찰관 중 주범으로 지목된 조한경 경위의 친형을 대동하고 내 사무실로 왔다. 그들은 조 경위를 한 번 면회시켜 달라고 하면서 만나서 이야기해 보면 사실을 모두 털어놓게 할 수 있을 것 같다고 했다.

그들의 요청대로 두 사람을 조한경이 대기하고 있는 15층 조사실로 들여보내고 중앙수사부장실에 앉아서 CCTV로 세 사람의 대화 장면을 지켜보았다.

약 1시간이 지날 무렵 조한경이 심리적으로 동요하는 기색을 보이자, 중앙수사부장이 결심이 선 듯 "이 과장, 지금이 바로 우리들이 들어갈 때야! 함께 올라가지" 하고 앞장섰다.

조사실에 들어간 한영석 중앙수사부장이 설득에 나섰다.

"나 중앙수사부장인데, 지금 당신들이 저질러 놓은 일로 인해서 나라가 얼마나 흔들리고 있는지 아나? 당신이 사실대로 이야기하는

가 안 하는가에 따라서 국가의 운명이 좌우될 수 있으니 진실을 말해 주면 좋겠소! 당신이 사실대로 말해 주면 내가 중앙수사부장직을 걸고 당신에게 크게 불리하지 않게 도와주겠소."

한동안 말이 없던 조한경이 비장한 각오를 한 듯 진지하게 말했다.

"네, 모두 사실대로 이야기하겠습니다. 글로 상세히 써낼 테니 쓸 것을 주십시오. 그리고 제가 성동구치소에 있으면서 사건의 전말을 성경책 여백에 써놓은 것이 있으니 그것을 가져다가 확인해 보십시오."

중앙수사부장의 진정성 있는 설득에 크게 감명을 받은 것 같았다.

그렇게 수사 착수 후 하룻밤 만에 조한경으로부터 자필진술서를 받고 성동구치소에서 성경책을 압수하여 결정적인 증거를 확보하였다. 그 이후의 조사와 고문치사 사건을 축소 조작한 치안본부 5차장 박처원 등 3명의 구속은 강신욱 수사4과장이 담당했다.

이 사건 수사를 성공리에 마무리하고 중앙수사부장은 법무부 차관으로 승진하였는데, 나는 수사에 매달려 얼마나 황망 중이었는지 직속상관인 부장이 승진한 것도 모르고 있었다. 중앙수사부장이 나를 당신 방으로 불러 머뭇거리다가 "이 과장, 나 차관 됐다!" 하면서 좋아하시던 모습이 지금도 눈앞에 선하다.

나는 성격이 솔직 담백한 그분을 무척이나 좋아하였다. 그리고 그분 역시 나를 좋아하셔서 수사1과장으로 천거해 주셨고, 내가 과로로 몸이 아파 서울고등검찰청에서 몸을 추스르고 있을 때도 나를 많이 도와주셨다.

5공 비리 사건의 마무리 이야기

1988년 4월 '새마을 비리 사건'의 핵심 인물인 전경환을 구속하고 마무리 작업을 하던 어느 날 오후, 강신욱 수사2과장이 내 방에 들러 "1과장님, 거물을 하나 잡을 수 있을 것 같은데 과장님이 책임지고 총장님의 승낙을 받아 주실 수 있겠습니까?" 하고 자못 결의에 찬 듯한 표정으로 말했다.

수사2과장은 며칠 전부터 삼청동 별관에서 (주) 한양의 배종열 회장을 소환하여 전경환의 배후 인물에 대하여 조사를 하고 있었는데 무엇인가 중요한 단서를 확보한 것 같았다.

내가 "그게 누군데요?" 하고 물으니 "전 서울시장입니다. 우리들이 지금 하고 있는 수사가 국민들로부터 신뢰를 받으려면 전경환의 배후 인물로 지목되고 있는 염보현 시장을 처리해야 한다고 생각합니다. 1과장님이 꼭 총장님의 허락을 받아 주셔야 합니다"라고 처단할 인물과 그를 처단할 이유를 자세하게 말했다.

수사2과장의 결연한 의지에 깊이 공감한 나는 "그래, 우리 둘이 한번 해봅시다! 2과장이 확실한 증거만 확보하면 내가 총장님께 말씀드려 허락을 받아 낼 테니 오늘 밤 중으로 수사를 마무리하시지요!"라고 2과장에게 힘을 실어 주었다.

다음 날 아침 수사2과장이 밤샘 조사를 한 결과를 가지고 왔는데 염 시장이 배 회장으로부터 1억 수천만 원의 뇌물을 받았다는 내용이었다.

수사2과장이 수사한 내용을 정리해서 총장실에 들어가 보고드렸다. 이종남 총장은 매우 난감한 표정을 지었다.

"왜 나에게 사전에 보고도 하지 않고 이런 일을 했나? 이 과장이 알다시피 염 시장님은 우리 대학 선배인데 후배가 선배 잡아넣었다고 하지 않겠나? 이 일을 어쩌면 좋지!"

나는 단호하게 말씀드렸다.

"총장님, 지금은 대학 선후배를 따질 때가 아닙니다. 우리가 수사하고 있는 새마을 사건은 염 시장을 구속하여야 잘했다는 소리를 듣고 끝낼 수 있습니다. 강 과장을 불러 상세한 보고를 받아 보시지요."

총장께서는 의외로 빨리 나의 건의를 받아들여 2과장을 총장실로 불렀다. 나와 합석한 2과장도 총장께 염 시장을 단죄해야 하는 이유를 설명드리고 모든 증거는 확보되었으니 총장께서 결단을 내려 주시는 일만 남았다고 단호하게 말했다. 강신욱 검사다운 결기였다.

그러자 총장께서는 "그래, 우리 하자! 그런데 구속 시기를 한 일주일 정도 늦추자. 일단 전경환 등에 대한 수사결과를 발표하고 난 후에 계속 수사를 하여 염 시장의 비리를 밝혀내어 구속한 것으로 하면 어떻겠나?"라고 자신의 의견을 피력했다.

나와 강신욱 과장은 총장의 의견에 따르기로 했다. 그런데 문제가 생겼다. 중앙수사부장 직무대리 역할을 맡고 있던 강원일 검사장이 이견을 들고 나온 것이다. 검찰총장이 염 시장을 봐주려고 꼼수를 쓰는 것이니 즉시 염 시장을 구속해야 한다고 주장했다. 이로 인해 검찰총장과 중앙수사부장 직무대리 사이에 서운한 감정이 생기게 되었고 나와 강신욱 과장도 입장이 애매해졌다.

하지만 내가 중간에서 잘 조정해서 총장의 의견대로 '새마을 비리 사건' 수사결과 발표를 마치고 일주일이 지난 후 수사2과장이 염 시장을 뇌물수수로 구속했다. 법조기자들은 물론이고 주변의 여러 곳으로부터 매끄럽고 깔끔한 수사라고 호평을 받았다.

이종남 검찰총장은 2021년 5월에 돌아가셨다. 내가 사법시험에 합격한 이후로 줄곧 도와주신 대학 선배이자, 검찰 대선배이다. 전형적인 외유내강의 공직자로 많은 사람들이 존경하고 본받을 점이 많은 분이며, 나에게는 검찰총장, 법무부 장관으로 계실 때는 물론이고 내가 재야에서 서울지방변호사회장, 대한변호사협회장으로 출사표를 던질 때에도 크게 도움을 주시고 이끌어 주신 은인이시다. 이 세상에 계시지 않지만 심심한 감사를 드린다.

배알 없는 검사 이야기

1987년 6월 정기 검찰 인사이동이 있었다. 나도 수사1과장으로 일한 지 1년이 넘었으므로 인사 대상이었다. 그런데 인사 며칠 전에 이종남 총장께서 나를 찾으시더니 "이 과장은 그동안 고생 많이 해서 일선으로 내보내 주어야 하는데 앞으로 할 일도 생길 것 같고 그럴 만한 사정이 있으니 나하고 1년만 더 일했으면 좋겠다"고 나에게 양해를 구했다. 일선으로 나가고 싶은 마음이 굴뚝같았으나 총장의 말씀을 따르기로 하고 1년간 더 고생하기로 했다.

인사발표가 났다. 대규모 인사이동이었는데 총장 말씀대로 나는 수사1과장 유임이었다. 그런데 인사발표가 난 다음 날부터 〈동아일보〉를 비롯한 몇몇 신문에서 당시 인사에 대하여 매우 비판적인 기사를 쏟아 내기 시작했다. 특히 〈동아일보〉는 시리즈물로 기획하여 여러 날에 걸쳐 연속으로 보도할 것까지 예고하고 나섰다.

비판적인 기사의 요지는 청와대 사정비서관실에 파견 나가 있던 김영일 검사가 서울지방검찰청 3차장 자리에 보직되었으나 부임하지 않고 청와대에 그대로 남아 있기로 한 인사는 청와대의 압력에 의한 인사이니 이를 시정하라는 것이었다.

한발 더 나아가 전년도에 안기부장 보좌관으로 있으면서 검사장으로 승진하여 법무연수원 연구위원 자리만 차지한 박철언 검사의 인사도 원상회복해야 한다고 하면서 그동안의 검찰 인사의 부당함을 낱낱이 공개하겠다고 나섰다.

공보관 업무까지 맡고 있던 나에게 임무가 떨어진 것은 당연한 일이었다. 〈동아일보〉 편집국으로 직접 찾아가 검찰의 입장을 설명하면서 시리즈의 게재를 중단해 달라고 통사정을 했다. 그때 편집국장 등 여러 사람이 모여 있는 자리에서 한진수 기자가 나를 쳐다보며 쏘아붙였다.

"이 과장은 뱃도 없소!? 이 과장이 이번 인사의 직접적인 피해자인데 그 기사를 빼달라고 쫓아다니니 참으로 이해가 안 갑니다."

나는 이 말을 듣는 순간 망치로 뒤통수를 두들겨 맞은 것 같은 충격을 받았다. 한진수 기자가 나를 나무란 이유는 내가 서울지방검찰청 3차장 자리를 차지한 장본인보다 사법시험 3기 선배인 데다가 검찰 경력이나 공적이 뒤지지 않는데 수사1과장 자리에 그대로 유임되었고 그로 인해서 서울지검 부장을 비롯한 시내 지청장, 차장, 부장 인사가 다 궤도를 벗어난 것에 울분을 느끼지 않느냐는 것이었다.

한진수 기자의 말이나 편집국장, 사회부장들의 생각이 틀리지 않았다. 하지만 어찌하랴! 검찰 조직의 일원이고 검찰총장을 지근거리에서 보좌하는 참모인 나로서는 할 말이 없었다. 그래서 구차스럽지만 내 직분을 수행하고자 다음과 같은 말을 하고 그 자리를 떴다.

"내가 오늘 이 자리에 오게 된 것은 개인 자격이 아니라 검찰조직의 일원인 수사1과장 자격으로 온 것이니, 그렇게 알고 내가 부탁하는 뜻을 잘 이해하고 도와 달라."

아버지! 퇴원하세요

아픈 검사 이야기

1999년 12월과 2000년 6월, 두 번에 걸쳐 〈검찰동우회지〉에 "아버지! 퇴원하세요"라는 제목으로 나의 아팠던 이야기를 기고한 바 있다. 이 글을 조금 수정하여 이 책에서 소개한다.

들어가는 말

1994년 10월 초순이었다. 변호사 개업 준비가 대충 마무리되어 마음의 여유가 생겼으므로 같은 빌딩 3층에 있는 선배 변호사 방에 인사차 들렀다. 악수를 나누고 소파에 앉자 변재일 선배는 "이 청장! 그래 어떻게 해서 나았소?"라고 묻는 것이었다. 내가 많이 아팠다고 소문이 났으니 그런 질문이 나올 법도 했다.

서울지검 동부지청 차장검사에서 서울고검 검사로 보직이 바뀐 후에 나에 관한 소문이 애정과 동정, 호기심과 시기심 등 여러 가지 복잡한 사유가 합쳐져서 훨씬 과장되거나 왜곡되어 퍼져 나간 사실을 나는 잘 알고 있었다. '정신과 폐쇄병동에 입원하여 폐인이 되었다', '말도 제대로 하지 못하고 집 안에만 처박혀 있다', '암에 걸려 얼마 남지 않았다' 라는 등의 험한 말까지 나돌았다니 말이다.

나는 변(卞) 선배의 질문에 다소 머뭇거리다가 "그거요? 나만이 알고 있는 일이지요"라고 짧게 대답했다. 5년 동안 그야말로 어려운 과정을 거치면서 겪은 이야기를 짧은 시간에 전부 설명해 줄 수도 없었고, 또 남에게 내 어려웠던 사정을 아무리 상세하게 이야기해도 과연 듣는 사람이 실감하고 알아들을 수 있을까 하는 생각에 그렇게 대답한 것이다.

그렇지만 변 선배는 내 말뜻을 금방 이해하는 듯했다. "그래! 그거야 이 청장만이 아는 일이지. 이 청장, 정말 대단하오. 여하간 이렇게 건강을 회복하여 다시 활기 있게 일할 수 있게 되었으니 기쁩니다"라고 격려해 주었다.

이 세상을 살아가다 보면 때로는 몸이 아프거나 어려운 일을 당하여 비틀거리기도 하고 넘어지기도 한다. 그러나 비틀거림과 좌절 속에서도 끝내 다시 일어서는 일은 한 번도 넘어지지 않고 걸어가는 것보다 훨씬 사람을 인생의 참다움에 가까이 다가서게 한다.

나는 5년 동안 여러 번 비틀거렸고, 좌절 속에서 아주 주저앉을 뻔했던 적이 한두 번이 아니었다. 하지만 나는 진정한 용기가 무엇인지 자신 있게 말할 수 있는 아내와 함께 피눈물 나는 정진 끝에 다시 일어나서 고속도로변의 코스모스를 보고 아름다움을 느끼고, 풀 한 포기 나무 한 그루의 존재의 의미를 깨닫는 새로운 생활을 시작하게 되었다.

사람에게는 몸이 아프다는 사실을 남에게 이야기하지 않고 숨기려는 속성이 있다. 특히 공무원이나 직장을 가진 가장들은 건강이 나쁘다고 하면 혹시 승진 등에 영향을 받을까 두려워 몸이 아파도 벙어리 냉가슴 앓듯이 아무 말도 못하고 끙끙 앓다가 덜컥 세상을 떠나는 일도 많다.

그러나 잘 생각해 보면 몸이 아프다는 것은 이상한 일이 아니고 남에게 창피하게 느낄 일은 더욱 아니다. 오히려 몸이 아프다는 것의 의미와 그 원인을 잘 관찰하고 명상해 보면서 그것에 그냥 따라가거나 아픈 것과 하나가 되어 버린다면 병(病) 이야말로 인생의 참뜻을 가르쳐 주는 스승 역할을 할 수도 있다는 사실을 깨닫게 되는 것이다. 그래서 나는 혼자만의 소중한 추억으로 간직하려고 했던 5년 동안의 아팠던 이야기를 용기를 내어 털어놓으려 하는 것이다.

용기(勇氣) 라는 것은 사물을 겁내지 않는 기개(氣槪) 를 뜻하지만, 진정한 용기는 두려운 것을 두렵지 않다고 말하는 것이 아니라 두려운 것인 줄 알면서도 감히 나서서 실천에 옮기는 것을 말한다. 나는 5년 동안 아픔과 함께 생활하면서 진정한 용기가 무엇인지 그 참뜻을 알게 되었다. 내가 이 글을 쓸 수 있었던 것도 남들이 나를 어떻게 생각할까 하는 두려움을 떨쳐 버릴 용기가 있었기 때문이다.

예견된 실수

1988년 3월 하순경부터 시작하여 한 달 반가량을 밤낮없이 강행군한 '새마을 비리 사건' 수사를 염보현 전 서울시장을 뇌물수수 혐의로 구속하면서 마무리 짓고 나니 몸에 상당한 이상상태가 오는 것을 느낄 수 있었다.

수사기간 내 방에 자주 들르던 법조 출입기자단 소속의 김 기자가 커피 잔을 들고 손을 떠는 나를 보고 "이 선배, 조심하시오"라고 걱정해 줄 때까지만 해도 일에 정신이 팔려서 심각함을 의식하지 못했다. 그런데 큰일을 끝내고 나니 긴장이 풀려서 그런지 즉시 반응이 왔다. 승강기에 올라타서 출발하는 순간 심장이 둥둥 뛰는 증상이 오기도 하고, 퇴근길에 한강 다리 위에 차를 세우고 신호대기를 하고 있는데 갑작스럽게 가슴이 내려앉는 듯함을 느끼곤 했다.

생각 같아서는 수사결과 발표를 마치고 난 후 휴가를 받아 며칠 푹 쉬고 싶었으나 수사1과장 자리는 그렇게 한가롭게 쉴 수 있는 자리가 아니었다. 매일 아침 총장께 정보보고를 하여야 하고 공보관 임무까지 겸하고 있었던 데다가, 마침 중앙수사부장 자리가 공석이 되어 있어 그럴 수 없는 처지였다.

그런 상황에서 그해 6월 초순경 의정부지청의 반(潘) 부장이 관내 뉴코리아골프장에 부킹해 놓을 테니 실력을 한번 겨루어 보자고 했다. 그래서 조를 짠 것이 서울지검 형사1부장, 나 그리고 외부인사 1명 등 4명이었고, 시간은 1988년 6월 18일 토요일 오후 1시였다.

그날 아침 골프채를 들고 나서는 나를 쳐다보는 아내의 표정이 매우 걱정스러워하는 것 같아 기분이 홀가분하지 않았다. 11시경 사무실에서 매운탕 한 그릇을 시켜 먹으려고 하였으나 통 식욕이 나지 않았다. 몇 숟가락을 뜨는 둥 마는 둥 밥그릇을 물리고 4층에 있는 동반자의 방으로 내려갔다. 그 방에 내려가 보니 이(李) 부장도 점심을 먹고 떠날 준비를 하고 있기에 "오늘 통 컨디션이 좋지 않아서 잘 칠 수 있을지 모르겠다"고 말을 건네자 이 부장은 "뭐, 시작도 하기 전에 엄살을 부리나. 내가 다 따먹지 않을게 …"라고 면박을 주었다. 더 이상 컨디션 이야기를 하였다가는 정말로 엄살을 부리는 것 같아 아무 말도 못 하고 골프장으로 향했다.

골프장에 다녀 본 사람은 누구나 경험했겠지만, 시간 여유를 갖지 못하고 출발한 경우에는 티업 시간에 늦을까 봐 차 안에서 노심초사하다 보면 첫 홀은 어떻게 치고 나갔는지 기억도 나지 않을 때가 많다.

티업 시간 10여 분 전에 가까스로 도착하여 번갯불에 콩 구워 먹듯이 옷을 갈아입고 연습 스윙도 하지 못한 채 첫 홀의 타구를 날렸다. 다행스럽게도 첫 구가 잘 맞아 빠른 걸음으로 페어웨이로 나가 2타, 3타를 치고 그린에 올라가 퍼팅을 하려는데 가슴에 찢어지도록 아픈 통증이 왔다. 얼른 투 퍼팅으로 마무리 짓고 다음 홀로 이동하려는데 도저히 서서 걷기가 힘들어 티박스 근처에 있는 의자에 걸터앉는 순간 그대로 의식을 잃고 쓰러지고 말았다.

몇 초가 지났는지 모르지만 곧 의식이 돌아와 눈을 뜨니 동반자세 사람과 캐디들이 모두 놀라고 근심스러운 표정으로 나를 내려다 보면서 "괜찮으냐?"고 물었다. 쓰고 있던 안경은 깨지고 눈언저리에 상처가 나 있었지만 일단 깨어났으니 천만다행이었다. 그러나 그러한 상태로는 도저히 골프를 계속할 수 없어서 나는 캐디를 데리고 로커룸으로 돌아와 가방 등을 챙겨서 집으로 돌아왔다.

이것이 내가 5년 동안 아픔과 하나가 되어 지내면서 참스승을 만나게 되는 계기를 마련해 준 하나의 외형적인 사건이었는데, 내 아내는 이 사건을 "예견된 실수"라고 말한다.

겁을 먹다

몸이 아플 때 자기를 치료해 줄 수 있는 친한 의사가 있거나 평소 병원 관계자를 알아 놓는 것이 과연 좋은 일인지에 대해서 나는 지금도 확신이 서지 않는다. 골프장에서 의식을 잃고 쓰러졌다가 깨어나 무사히 집으로 돌아왔으나 병원에 가서 진찰을 받아 보아야 하는가 하는 문제로 나는 하루 반을 번민하였다. 아내는 "집에서 푹 쉬면서 조리하면 피로가 풀려서 곧 나을 것"이라고 했지만, 나는 유명한 의사에게 가서 검사를 받아 보고 싶은 생각이 앞섰다.

월요일 아침 일찍 서울지검 동부지청 부장검사로 있을 때 알게 된 대학병원 원무국장에게 전화를 걸어 그간의 경과를 이야기해 주면서 찾아갈 뜻을 밝히자 "병실도 마련해 놓고 심장전문의에게 잘 이야기해 놓을 테니 빨리 오라"고 했다. 아내의 반대를 무릅쓰고 그 병원을 찾아가니 심장센터 소장님이 직접 진찰을 하더니만 입원을 권유하면서 특실까지 마련해 주었다.

엉겁결에 입원수속을 마치자 병실에는 "절대안정, 면회금지" 표찰이 내걸리고 그날부터 심전도 검사, CT 촬영 등 첨단의료기술이 총동원되어 내 몸을 뒤졌다. 그리고 내린 잠정결론은 심장에는 '부정맥 증상'이 있고 뇌에서는 '혈관 기형'이 발견되었다는 것이었다. 신경외과 담당의사는 나를 단독면담하는 자리에서 "이 혈관 기형은 심각해서 빨리 수술하지 않으면 위험하니 결정하라"고 자못 엄숙한 표정으로 다그치듯 말했다.

정말이지 나는 아무것도 모르고 병원에 왔다가 입원하게 되었는데 "뇌혈관 기형이 심각하니 빨리 수술해야 된다"는 고명(?) 한 의사 선생님의 말씀을 들으니 앞이 캄캄해졌다. 거기에다가 심장에는 지금까지 들어 보지 못했던 '부정맥 증상'이 있다고 하면서 '니트로글리세린'이라는 구급약을 항상 침대 머리맡에 놓아두었다가 위급상황 때 혀 밑에 넣으라고 하니 '잘못하면 다시 쓰러져서 죽는 것이 아닌가' 하는 공포심이 생겼다.

그러나 내 아내는 뇌수술에 강력 반대했다. 의사인 고종사촌 오빠에게 자문을 구해 보니 수술해서는 안 된다고 하셨단다. 며칠 후 실제로 당신께서 직접 내가 입원한 병원까지 오셔서 CT 촬영 사진도 보시고 담당의사와 의견을 나누신 결과 수술을 하지 않아도 된다는 결론을 내려 주셨다. 그러한 과정에서 나는 정말로 겁이 나고 그

동안 쌓아 온 것을 한꺼번에 잃어버리는 것이 아닌가 하는 불안감과 공포심에 사로잡히게 되었다.

특히 중앙수사부 1과장 근무 2년 반을 마치고 좋은 인사를 받아 나갈 날이 얼마 안 남은 상태였으니 그 불안은 이루 말할 수 없었다. 약 2주간의 병실생활을 마치고 퇴원하여 사무실에 출근하였으나 순간순간 불안증이 오고 동료·후배 검사들과 점심식사를 나가도 오래 앉아 있을 수가 없었다. 이러한 나의 상태를 눈여겨본 기획과장 한(韓) 검사는 "선배님, 걱정하지 마십시오. 선배님께는 다른 병이 없습니다. 단순히 겁을 먹은 것밖에 없습니다. 겁만 털어 내시면 됩니다"라고 위로했다.

나중에 깨닫고 보니 한 검사의 이 말은 유명한 의사들의 말보다 더 정곡(正鵠)을 찌르는 진단이었다. 그 후배검사 말대로 누군가가 나에게 '병 주고 약 주거나' 아니면 '약 주고 병 주고' 했나 보다.

사무실에 다시 출근하여 쉬엄쉬엄 일하고 있는데 나한테 들려오는 이야기는 총장께서 무척 걱정을 하고 계신다는 것이었다. 그러면서 총장께서는 "그 친구 그렇게 일을 열심히 했으면 사무실에서 쓰러질 것이지 왜 하필이면 남 보기 흉하게 골프장에 나가 쓰러지나"라는 말씀까지 하셨다고 한다. 그 말씀은 순수하게 나를 아껴 주시는 마음에서 하시는 것이라고 생각했지만 한편으로는 곧 있을 검사 인사이동 때 당신께서 나의 인사에 부담을 느끼셔서 하시는 말씀으로도 들렸다.

그러나 누가 쓰러질 때 시간과 장소를 가려서 쓰러지나! 사람은 몸과 마음의 상태가 조화를 이루지 못하고 균형을 잃었을 때 그러한 일을 당하게 되는데, 그 상태를 미리 예측할 수 있는 지혜가 있으면 이를 예방할 수 있는 생활을 함으로써 자신의 건강을 잘 유지해 나 갈 수 있는 것이다. 나는 그만한 지혜가 부족해서 "예견된 실수"를 저지르고 만 것이다.

하지만 나는 골프장에서 쓰러진 것을 부끄럽게 생각하지 않고 오 히려 다행이라고 생각한다. 골프장 같이 공기가 좋고 동반자들이 있 는 자리에서 쓰러졌기에 망정이지 만일 좁은 사무실에서 혼자 있다 가 쓰러졌다면 그 결과는 어떻게 되었을까를 생각해 본다. 사람의 생명은 인간의 힘으로는 좌지우지할 수 없는 것이라고 하지만 여하 간 나는 골프장에서 쓰러져서 살아났다고 생각한다. 그래서 총장의 말씀은 순수하게 나를 걱정해서 하신 말씀이지 다른 뜻은 없었던 것 으로 생각하고 지금도 그 고마움을 잊을 수가 없다.

이변인사(異變人事, 李邊人事)

중앙수사부 1과장으로 2년 반을 고생하고 1988년 8월 하순 인사발 령을 받았는데, 서울지검 동부지청 차장검사 자리가 내게 돌아왔 다. 내로라하는 경쟁자들이 모두 가고 싶어 했던 자리인데 나에게 영광이 돌아오고, 사법시험 동기생들 중 선의의 경쟁자라고 생각해 온 이 부장과 변 부장은 순천과 울산 지청장으로 발령되었다.

이 인사는 법조기자들이 이·변 부장이 지방으로 발령된 것을 빗

대어 '이변인사'라고 가십을 쓸 정도로 예상하지 못했던 파격적인 인사였다. '박종철 고문치사 사건'과 '새마을 비리 사건'의 수사 총괄업무를 맡아 고생하다가 건강에 지장을 받게 된 나를 최대한으로 고려해 준 인사인 것만은 분명했다.

내가 부임할 동부지청의 검사들과 직원들은 "꼼꼼한 차장검사가 오니 큰일 났다"면서 바짝 긴장하였다고 하지만, 사실 나는 그 정도로 결재가 까다롭다거나 검사들이 내리는 결정에 영향이 가도록 사건 처리에 관여하지 않았다. 실제 나와 함께 근무해 본 검사들은 생각했던 바와 달리 많은 가르침을 받았다면서 나를 많이 따른다.

그해 9월 1일 동부지청에 부임해 보니 '지하철노조 파업사태'를 진정시키는 일이 현안과제였다. 노조위원장 주도로 격렬하게 농성을 벌이는 용답동 차량기지 내 노조 사무실 근처에는 경찰은 물론이고 검찰 관계자들은 얼씬도 못 하고 있었다. 법원으로부터 압수수색영장을 발부받았는데도 불상사가 일어날 것을 우려하여 때를 기다리고 있다는 것이 특수부장의 보고였다.

나는 특수부장이 보고하는 자리에 이 사건의 수사지휘 책임을 맡은 정 검사를 불렀다. 그리고는 "정 검사, 직접 노조 사무실에 가서 영장을 집행하도록 하시오"라고 잘라 말했다. 그러자 특수부장과 정 검사는 아주 난감한 표정을 지었는데 겁을 먹고 있는 것이 분명했다.

그래서 나는 재차 "법원의 권위가 담보된 압수수색영장을 경찰관 아닌 검사가 직접 가지고 가서 집행을 하려고 하는데 어느 누가 저항을 할 것인가. 만일 검사에게 저항을 하여 정 검사가 폭행을 당하는 일이 생긴다면 그때에는 내가 우리 청 검사를 전부 동원해서라도 그들을 전원 검거토록 할 터이니 걱정하지 말고 나를 믿고 다녀오라"고 단호하게 지시하였다.

이렇듯 강하게 지시하자 정 검사가 현장으로 떠나긴 했으나 그들이 돌아올 때까지 초조함이란 이루 말할 수 없었다. 하지만 정 검사는 아무런 저항이나 불상사 없이 노조 사무실을 수색하여 관계 장부 일체를 압수해서 의기양양하게 돌아왔다. 그 후 압수한 장부를 토대로 수사한 결과 조합장이 많은 액수의 조합비와 노조원들의 주택자금을 횡령한 혐의를 밝혀내고 그를 구속함으로써 '지하철노조 파업 사태'를 종식시켰다.

일선에 나가 첫 번째로 해결한 사건치고 대단한 성과를 거두었는데 검사들이 차장검사가 몸은 불편하지만 기개는 대단하다고 하면서 내 말이라면 믿고 잘 따라 주는 부수적 효과도 거둘 수 있었다.

병원의 호의

차장검사 자리가 힘이 센 자리인지 병원에 가도 대우가 매우 좋았다. 미리 시간약속을 하고 가는 것이기는 하지만 내가 가면 특별대우였다. 심장센터 소장은 물론 간호사, 심전도 측정기사 등 모두가 신속하게 움직여 주었고 아주 친절하게 대했다. 그래서 그랬는지 모르지만 나는 병원에 가면 의사 선생님이 하라는 대로 고분고분 말을 잘 들었고 그들이 처방해 주는 약을 충실하게 시간에 맞추어 열심히 복용하였다. 그 약이 심장약이라고만 믿고 약명도 확인하지 않은 채 말이다.

그런데 어떻게 된 일인지 병원에 다니기 시작한 이후부터 새벽 4시만 되면 심장이 떨리고 식은땀이 나서 속옷이 흠뻑 젖는 증상이 계속되고, 낮에는 사무실 밖으로 나가기가 겁이 났으며, 때로는 양복점에 가서 옷을 가봉하려고 서 있는데 눈앞이 캄캄해지면서 쓰러질 듯한 증상이 와서 꼭 죽을 것만 같은 불안감에 휩싸이곤 했다.

이러한 증상을 극복하기 위해서 매일 새벽에는 집에서 봉은사까지 왕복 4천 보 되는 거리를 걸었고 저녁에는 강남구청 주변 이면도로를 약 5~6천 보 정도 걷는 것이 하루도 빼놓지 않는 내 일과가 되었다.

걸을 때에는 "몸에 병이 없기를 바라지 말라. 몸에 병이 없으면 탐욕이 생기기 쉽다. 그래서 성인이 말씀하시기를 '병고(病苦)로써 양약(良藥)을 삼으라' 하셨느니라"라는 보왕삼매론(寶王三昧論)의 첫째 구절을 큰 소리를 내어 외는 것도 잊지 않았다.

이러한 생활을 하다 보니 자연히 대인접촉이 줄어들었고, 동부지청 차장검사라면 점심·저녁 대접, 술대접을 꽤나 받을 수 있는 자리였는데도 통 그러한 기회를 가질 수가 없었다. 그러한 연유로 소문이 났는지 1989년 말경 큰아들의 대학입학시험이 머지않은 날 관내에서 제일 좋은 종합병원을 개설하여 첨단장비를 갖추었다는 병원의 관계자가 심장전문의와 함께 내 방으로 찾아왔다. 그들은 내가 심장이 좋지 않아 고생을 많이 한다는 말을 듣고 왔다며, 새로 들여온 의료장비는 신기하리만치 심장의 이상 여부를 정확하게 판별해 주어서 이용자들이 줄을 서고 있으며, 동행한 의사선생님은 오랫동안 외국에서 심장전문의로 종사하다가 새로 개설한 병원의 심장센터 책임자로 특별 초빙된 분이라고 소개하였다. 이렇게 고마운 일이 있으랴! 그만한 분이라면 내가 찾아가서 사정하더라도 만나 줄까 말까 할 분일 텐데 친절하게도 내 방까지 찾아와 주셨다니 ….

나는 이러한 친절과 호의에 또다시 그들에게 내 몸을 내맡기고 말았다. 며칠 후 예약날짜에 그 병원에 가니 지하 1층은 그야말로 첨단 장비 일색이었다. 이곳저곳을 다니면서 무엇인지 잘 모르는 검사를 마치고 나니까 이틀 후에 검사결과를 알려 주겠다고 했다.

첨단 의료장비가 내 심장의 이상상태를 족집게처럼 집어내 주기를 바라면서 이틀을 기다렸더니 그 명성이 높으신 의사선생님께서 아주 자랑스럽다는 어투로 전화를 걸어오기를, "검사 결과 특별한 이상은 보이지 않는데, 관상동맥에 의심스러운 점이 한두 군데 보이니 정밀검사를 해보자"는 것이었다.

나는 즉석에서 그렇게 하자고 승낙하고 퇴근하여 아내에게 이야기했더니 또 펄쩍 뛰는 것이었다. "웬 병원을 그렇게 좋아하고 정밀검사에 현혹되느냐"고 나무라면서 큰아들 대학입학시험도 있으니 이번에는 조금만 참아 보자고 호소하였다. 그러나 내 귀에는 그러한 아내의 말이 들어오지 않았다. 내 머릿속에는 첨단 의료장비가 심장의 이상 원인을 찾아내기만 하면 약물로 치료하여 고생하지 않고 활기 있게 생활할 수 있을 것 같은 생각이 드는데 아내는 나보고 참으라고 하니 야속한 마음이 들기까지 했다.

결국 나는 아내의 말에 반발이라도 하듯이 '관상동맥 조영촬영'이라는 정밀검사를 강행하기로 하고 이틀 예정으로 그 병원 특실에 입원했다. 입원 다음 날 오전 관상동맥 조영촬영을 하였는데 의사선생님께서 모니터를 가리키면서 "자, 보이시지요? 아무 이상이 없는 것으로 나타났습니다"고 큰 소리로 알려 주는 말을 듣고 나는 "아, 이제는 다 나았구나" 하고 안도의 한숨을 내쉬었다.

그러나 이게 어찌된 일인가. 조영촬영 시술대에서 내려와 침대에 누워 있는데 가슴이 찢어지게 아프면서 의식이 몽롱해지는 것이 아닌가. 나는 순간적으로 소리를 질러 간호사인지 의사인지를 불렀다. 그러자 그들은 당황해서 나에게 달려와서 무슨 주사를 놓기도 하고 링거 병의 수액을 조절하는 등 수선을 떨어 댔다. 그러한 응급처치 상태로 약 30여 분 정도가 지나가는 동안 나는 손에 들고 있던 염주를 돌리면서 "부처님 살려 주십시오"라고 마음속으로 외쳐 댔지만 "이렇게 죽는 것이 아닌가" 하고 공포심에 사로잡혀 온몸이 땀으로 흠뻑 젖었다.

오전 10시쯤이면 관상동맥 조영촬영을 마치고 병실로 올라갈 것으로 생각했는데 예정과는 달리 12시가 다 되어서 병실로 올라갔다. 아내는 촛불을 켜놓고 조용히 앉아서 염불을 하고 있다가 나를 처다보고는 무척 놀라는 표정이었다. "얼굴과 목이 온통 붉게 물들어 있

는데 무슨 일이 있었느냐"고 물었으나 나는 그냥 "죽을 뻔하다 살아
났다"고만 대답했다. 하지만 그때 놀란 가슴은 골프장에서 쓰러진
것보다 몇 배나 더 큰 충격을 나에게 안겨 주었고 그로 인하여 몇 년
간을 더 고생하게 되었다.

주치의 교체

관상동맥 조영촬영을 하여 관상동맥이 막히지 않은 것만 확인되면
곧 나을 것으로 믿고 위험스러운 검사까지 했는데 병원에서 주는 약
을 아무리 먹어도 심장이 떨리고 새벽녘에 식은땀이 나는 증상은 호
전되는 기미가 보이지 않았다.

일주일에 한 번 정도 심장전문의에게 치료받으러 갔지만 의사선
생님은 아픈 원인에 대해서는 이야기해 주지 않고 무엇인가 의심스
러운 듯 고개를 갸우뚱거리다가 약 처방만 내려 주는 것이었다.

이러한 상태로 몇 개월 지내다가 내가 그 의사선생님도 못 믿겠다
는 투로 "왜 이렇게 호전이 되지 않느냐?"고 따져 물었더니 그때서야
그분은 "심장의 기질(氣質)에는 아무 이상이 없는데 기능(機能)에
문제가 있는 것 같습니다. 정신과 의사와 상담해 보는 것이 좋겠습
니다. 우리 병원에 미국에서 오랫동안 정신과 의사로 있다가 오신
분이 계시는데 소개해 주겠으니 한번 가보시겠습니까?" 하는 것이
었다.

그래서 나는 어느 날 심장전문의의 소개로 정신과 과장님 방을 찾았다. 지금 기억으로는 30분에서 1시간 정도 상담한 것 같은데 그 선생님 같으면 나를 곧 낫게 해주실 것 같은 생각이 들었다.

상담을 마치고 항우울제와 수면제를 처방받아 새로운 약을 받게 되었는데, 나는 그제야 그때까지 내가 심장전문의로부터 받아먹었던 약 중에서 자낙스(Zanax) 라는 약이 정신과 약인 항우울제라는 사실을 알게 되었다. 나는 이미 나 자신도 모르게 정신과 약을 먹고 있었던 것인데, 나중에 이야기하겠지만 나는 이 자낙스를 끊으려고 3년여 동안 갖은 고생을 다 했다.

여하간 나는 그날 정신과 과장님과 상담을 끝내고 비교적 가벼운 걸음으로 집으로 돌아와 병원에서 타온 약을 먹을 시간이 빨리 오기를 기다렸다가 그 시간이 오기가 무섭게 약을 먹었다. 또 보통 때보다 일찍 잠자리에 들면서 항우울제와 수면제를 한 움큼 입에 넣었다. 그 수면제 덕분인지 바로 잠에 빠져들었는데 신기하게도 새벽녘에 심장이 떨리고 식은땀 나는 증상이 씻은 듯이 없어졌다. 아침에 눈을 뜨니 기분도 매우 좋았다. 그래서 나는 약을 잘 먹고 정신과 과장님을 자주 만나면 곧 나을 것 같은 생각이 들었고 다음 약속날짜에는 좋은 술 한 병을 싸가지고 의사선생님을 찾아가는 정성을 보이기까지 했다.

그리고 그때부터 내 호주머니에는 정신과 약이 떠나지 않았고 잠자는 머리맡에는 항상 물 컵과 수면제가 놓이게 되었다. 의사선생님과 상담하는 자리에서는 자꾸 눈물이 나서 우는 일이 많아지고 눈물을 흘리다 보면 가슴이 후련해지는 느낌을 받곤 했다.

그런데 이상하게도, 심장 떨림과 식은땀 나는 증상은 없어졌지만 얼굴 군데군데가 굳어지는 것 같기도 하고 왼발과 왼팔에 저린 증상이 오는 것이었다.

한 군데가 나으니 다른 곳이 아파 온다. 도대체 이 몸이 어떻게 된 것이란 말인가? 그리고 시간이 가면 갈수록 아침에 일어나기가 힘이 들고 묘한 감정이 느껴지면서 기력이 빠지는 것이었다. 그래서 나는 결국 정신과에서 주는 그 약이 며칠 동안만 반짝하다가 마는 것인가 하는 생각이 들어 자꾸 더 효능이 좋은 약을 찾아다니는 잘못을 저지르게 되었다.

검사의 사명감

1990년 6월 하순, 법정에서 증언하고 나오던 증인이 검찰청 정문 앞에서 폭력배의 칼에 맞아 사망하는 사건이 발생했다. 이 사건이 발생하자 그날 저녁 대통령이 특별담화문을 발표하고 이어서 법무부 장관이 동부지청 이하 간부들을 나무라고 신속히 범인을 검거하도록 독려했다. 현상금도 200만 원을 내놓았다.

사태가 이렇게 되었으니 차장검사가 몸이 불편하다고 가만히 있을 수 없었다. 특수부장을 반장으로 하여 특별검거반을 편성하고 수사에 착수했는데, 검사들이 얼마나 신속하게 움직였는지 그다음 날 오전에 피해자 측의 폭력조직과 가해자 측의 폭력조직을 파악해 냈고 오후에는 가해자와 그 일당으로 추정되는 자들이 포천에 은신해 있다는 첩보를 입수하여 보고하는 것이었다. 그리고 수사관과 파견경찰관을 은신처로 출동시키면 쉽게 범인을 검거할 수 있다는 매우 희망적인 의견도 덧붙였다.

특수부장의 보고에 고무된 나는 즉시 수사관을 은신처로 보내 그들을 검거해 오도록 했다. 은신처를 관할하는 의정부지청과 경찰에 공조수사를 의뢰하는 것이 수사의 기본이었지만 우리 청 수사관과 파견경찰관들이 유능하니 틀림없이 성공할 수 있다는 특수부장과 주임검사의 말을 선뜻 믿고 그들만 내보냈다. 마음 한구석에는 나와 내 휘하에 있는 검사들이 공을 세우고 싶은 욕심도 있었음을 솔직하게 고백한다.

그런데 항상 욕심이 화를 불러오듯이, 포천 은신처를 덮친 수사관과 파견경찰관들이 범인을 놓치고 말았다. 이러한 사실이 알려지자 신문과 방송에서는 "수사의 ABC도 모르는 검사들이 욕심을 부리다가 다 잡은 범인을 놓쳤다"고 떠들어 대는가 하면 대검찰청에서는 매시간 수사상황을 챙기고 서울검사장은 이틀이 멀다 하고 지청장실에 와서 수사를 독려했다.

이러한 와중에서도 포천 은신처에 나갔던 수사관들이 가해자 측 폭력조직의 중간보스와 수 명의 행동대원들을 검거하는 개가(凱歌)를 올렸고, 검사들이 그들을 조사하기 시작했다.

그날 밤늦게 중간보스 조모를 조사하던 김준호 검사가 얼굴이 굳은 채 차장실에 황급히 들어왔다.

"차장님, 그놈이 창문을 뚫고 투신하려는 것을 간신히 붙잡았는데 손목을 다쳐 병원으로 데리고 갔습니다."

그리고 그 뒤를 따라 특수부장도 들어오고 기자들이 우르르 몰려왔다. 그렇지 않아도 기자들한테 혼이 나는 중인데 이 일을 어떻게 처리할 것인가 생각했다. 기자들을 잠깐 청장님 방에 가 있으라고 하고 김 검사에게 투신 기도자의 상태를 물은즉 "팔에 링거를 꽂고 있지만 특별한 상처는 없다"고 했다. 나는 특수부장과 김 검사에게 단호하게 말했다.

"모든 책임은 내가 질 테니 그자를 병원에서 사무실로 데리고 와서 김 검사가 다시 직접 조사하라. 그자는 자기들 조직을 보호하려고 수작을 부리는 것이니 그 기를 꺾어 놓아야 한다. 그놈의 기를 꺾으려면 김 검사가 의연한 태도를 보이면서 직접 조사해야 한다."

김 검사는 나의 말을 듣고 용기를 내 밤새도록 그 중간보스를 조사하여 폭력조직의 전모와 법정증인을 살해한 동기를 규명했다.

그 이후에도 나와 많은 인연을 맺은 김준호 검사는 현직 대통령의 아들과 관련된 사건의 수사와 공소유지를 맡기도 한 유능하고 성실한 검사다. 그는 그 후 법무부의 요직을 거쳤으나 뜻한 바가 있어 퇴직하고 SK그룹에 준법경영 담당자로 영입되어 갔다. 이후 기업인으로 승승장구하며 SK하이닉스 시스템아이씨 대표이사직을 성공적으로 수행했다. 검사 출신으로 기업에서 크게 성공한 인물로, 많은 후배들이 그를 부러워한다.

김 검사가 폭력조직의 전모를 밝혀내자 특수부 전 검사들과 형사부 검사들이 달려들어 양쪽 폭력조직의 우두머리와 그 배후세력을 집중공략하기 시작하였다. 이렇게 수사를 확대하면 조직을 보호하기 위해서라도 피해자 측에서는 범인을 잡아 오거나 그 소재를 알려올 것이고 가해자 측에서는 범인을 자진 출두시킬 것이라고 판단한 데 따른 수사 전략이었다.

이러한 전략은 절묘하게 맞아떨어져 범행 약 한 달 만에 범인이 자기 고향 근처에 은신해 있다가 우리 청 서 검사에게 전화를 걸어 자수해 왔다. 그 범인은 1, 2심에서 모두 사형판결을 받고 대법원에 상고하였다가 상고기각으로 판결이 확정된 것으로 알고 있었는데, 이후 신문을 보니 문민정부 마지막 사형집행자 명단에 그의 이름이 들어 있었다. 나는 그 사형집행에 대하여 개운치 않은 마음을 가지고 있다. 잘못을 뉘우치고 자수를 했는데 ….

이 사건을 너무 장황하게 이야기했지만, 동부지청 검사들은 내가 거의 한 달 동안 매일 밤늦게까지 야근하면서 수사를 독려하고 신문·방송 등 언론의 비난과 검찰 상부의 질책은 물론 경찰의 험담을 다 막아 내는 것을 보고는 "우리 차장님, 이제 아픈 거 다 나았다"고 좋아들 했다.

그러나 나는 이 사건으로 너무나 기(氣)가 빠진 것 같다. 사건을 마무리 짓고 동생이 운전해 주는 차를 타고 아내와 함께 용평으로 휴가를 갔지만 콘도 밖으로 나가기가 무섭고 기력이 뚝 떨어져 예정된 휴가를 절반만 보내고 집으로 돌아왔다. 또 몸을 돌보지 않고 무리를 했나? 나는 검사로서 일을 통한 성취감으로 건강을 회복해 보려고 했는데 몸이 따라 주지 못했나 보다.

재입원, 퇴원, 후송, 탈출

여름휴가를 제대로 지내지 못하고 집으로 돌아왔지만 불안감과 초조감이 심하게 엄습해 오면서 이제는 '죽으면 어떻게 하나' 하는 두려움이 자꾸만 '죽고 싶은 생각'으로 변모되어 나를 괴롭혔다. 정신과에 가기 전까지는 그러한 나쁜 생각이 드는 일이 없었는데 항우울제와 수면제를 복용하고 난 후부터는 그 양상이 달라지는 것이었다.

그런데 어느 날인가 변호사를 하는 동료 법조인이 내 방에 들렀다가 "〈타임〉지에 '프로작'이라는 항우울제가 개발되었는데 그 효과가 대단하다는 기사가 실렸다. 필요하다면 사무실에 돌아가는 대로 그 기사를 스크랩해서 보내 주겠다"고 했다. 그다음 날 그 친구가 〈타임〉지 발췌기사를 친절하게 번역까지 해 보내 주었다. 그 약을 먹으면 고통이나 좌절, 슬픈 감정을 싹 없애 주고 삶의 활력을 불어넣어 준다는 것이었다. 그래서 나는 그 신비의 약 '프로작'을 먹고 싶어 정신과 과장님께 "자꾸 죽고 싶은 생각이 나서 겁이 나 못 배기겠다"고 전화했더니 즉시 자기 방으로 오라 했다.

의사선생님과 상담하니 입원치료를 받아야 한다는 쪽으로 결론을 내렸는데 이때에도 내 아내는 극구 반대였다. 심지어 그 유명하신 정신과 과장님과 싸움을 하면서까지 나의 입원을 말렸으나 결국에는 나와 의사의 뜻에 따라 정신과 병동이 아닌 일반병실 특실에 입원하게 되었다.

물론 입원하고서는 전에 먹던 항우울제 대신 '프로작'을 먹는 일도 잊지 않았다. 그런데 항우울제와 수면제의 함량이 늘어났는지 계속 잠만 자게 되고 잠에서 깨어나면 내가 누워 있는 곳이 어딘지 분간할 수 없을 정도로 의식이 몽롱해지는 것이었다.

하루에 두세 번씩 과장선생님과 젊은 의사가 내 방에 와서 상담했는데, 그때마다 1년 전에 홀로 미국 유학을 떠난 딸 생각과 집에 혼자 남아 있는 막내아들 생각이 나서 눈물만 흘리곤 했다.

한양대 고시반에 들어가 사법시험 공부를 하고 있는 큰아들이 아버지 걱정이 되어 가끔 병실에 왔다가 가는데 돌아가는 모습을 보니 그렇게 어깨가 내려앉아 있을 수가 없었다. 그러나 내 몸과 마음이 잘 움직여 주질 않으니 어떻게 하랴!

그러던 어느 날 밤에 막내아들 혼자 있는 집으로 전화를 걸어 격려를 하려니까 떨리고 울먹이는 목소리로 "아버지! 퇴원하세요 …"라고 했다. 그 애처로운 말이 내 귀에 들리는 순간 나는 가슴이 막혀 숨을 쉴 수가 없을 정도로 충격을 받고 마음속으로 결심했다.

"내가 죽어도 집에 가서 죽고 살아도 집에서 살아야겠다. …"

그다음 날 나는 아내와 함께 과장선생님을 만나 퇴원하겠다고 의사를 전했으나 그 선생님은 머리를 저으며 안 된다고 했다. 그러나 내가 그 과장선생님이 모멸감을 느낄 정도로 "죽어도 이 병원을 나가서 죽겠다"고 단호하게 말하자 "알아서 하라"고 불쾌한 듯 승낙했다. 그래서 일단 그 암흑 같은 병원생활을 벗어나 퇴원하였는데, 퇴원할 때 일주일분 이상의 약을 받아서 나왔다.

병원에서 퇴원한 후 일주일이 지났을까, 부모님과 형제들이 모여 의논한 결과 "내가 살아날 수 있는 길은 정신과 약을 끊는 것밖에 없다"는 결론을 내리고 작은형님 댁에서 약을 끊는 일에 착수했다.

내가 약을 먹지 않으면 밤에 잠을 자지 못할 것을 대비해서 형들과 동생들이 조를 짜서 함께 밤샘을 하여 주기도 하는 등 다소 원시적이면서도 남들이 들으면 아주 무모하다고 생각할 만한 일을 강행한 것이다. 정신과 약이라는 것은 그 자체가 직접적으로 어떤 효능을 발휘하는 것이 아니라 사람의 마음 작용에 간접적으로 도움을 주는 것뿐이므로 겁만 먹지 말고 4~5일만 잘 버티면 성공을 거둘 수 있다는 아내의 이야기를 듣고 확신이 섰기 때문이다.

그런데 3일 밤낮을 뜬눈으로 지내고 났을까, 정신을 잃고 쓰러졌다가 다시 깨어나고 또 쓰러졌다가 깨어나고를 반복하던 내가 의식불명 상태로 쓰러졌나 보다. 이러한 상태를 옆에서 지켜보던 작은형이 놀라서 119 구급차를 불러 나는 다시 병원 응급실로 실려 가게 되었다. 이때 내 아내는 다급해서 슬리퍼를 신은 채 비가 억수같이 쏟아지는 밤길을 차를 몰고 119 구급차를 따라왔다는데, 내가 응급실에 도착함과 동시에 아내도 그곳에 와 있었다.

응급실에서 대충의 처치를 끝내고 또 특실을 배정받아 병실로 옮겨져 정신이 혼미한 상태에서 침대에 누워 있는데 침대 옆에 와서

"앞으로 당신이 하자는 대로 다 할 테니 살아만 나세요"라고 울부짖던 애처로운 아내의 목소리를 나는 지금도 잊지 못한다.

이렇게 해서 나는 병원에 다시 입원하게 되었고, 언제까지 있게 될지 모르는 그야말로 암담한 처지에 놓이게 되었다.

그러나 하늘도 무심치 않았나 보다. 내가 119 구급차에 실려 올 때 쏟아지던 비가 그치지 않고 며칠 동안 퍼부어 대더니 급기야는 한강이 범람하고 풍납동 일대가 물바다가 되었다. 9층 병실에서 내려다보니 자동차가 둥둥 떠 내려와서 병원 지하주차장으로 빨려 들어가고 병원 주위가 물로 가득 찼다. 병원에는 비상이 걸렸다.

중환자를 실어 나르는 헬리콥터가 뜨고 중증의 환자들이 어디론가 후송되고 있는데 간호사가 내 방에 오더니 나보고는 알아서 병원을 나가라고 했다. 집에도 전화가 불통되어 연락이 되지 않아 애를 태우고 있는데 마침 아내가 군에 계시는 오빠에게 연락하여 군용 차량을 가지고 올림픽도로 쪽으로 해서 병원 언덕 위에 와서는 손을 흔드는 것이었다.

옷가지 등 물건을 대충 추려 들고 비상통로를 통하여 그야말로 '퇴원 아닌 탈출'을 시도하여 간신히 군용 지프차를 타고 집으로 돌아왔다. 119 구급차에 실려 간 지 4~5일 후에 다시 가족들이 있는 집으로 무사히 돌아온 것이다.

그런데 이러한 과정을 거치면서 내가 먹던 정신과 약은 그 복용량이 반으로 줄어들었고 정신과 의사들도 내놓고 이야기하지 않았지만 무척이나 놀라는 표정들이었다. 3일씩이나 약을 한 알도 안 먹고 그만큼 버텼다는 것은 약을 끊을 수 있는 충분한 의지가 있다는 증거라고 보고 복용량을 반으로 줄인 것이다. 그때부터 자낙스를 줄여나가는 일을 시작하고 프로작은 아예 버렸다.

그리고 이러한 일에는 "아버지! 퇴원하세요 …"라는 막내아들의 간절한 호소가 결정적 요인이 되었음을 늦게나마 밝혀 둔다. 그런 막내아들이 훗날 포항공대 정보통신대학원을 수석으로 졸업하고 삼성전자에 입사하였고, 현재는 분사된 삼성디스플레이에서 전장사업팀 영업담당그룹장으로 근무하고 있다.

후배검사의 정

천우신조로 '퇴원 아닌 탈출'에 성공한 후 집에서 쉬고 있는데 법무부 장관으로부터 나를 서울고등검찰청으로 발령할 테니 쉬라는 연락이 왔다. 이에 대하여 아내는 "남편은 일을 하여야 살아날 수 있는 사람인데 한직에 발령하면 오히려 기가 꺾여 더 헤어나기 어렵다"면서 지방이라도 좋으니 일선으로 발령해 달라고 사정했다.

그러나 인사가 우리 마음대로 되나! 결국 나는 1990년 11월 5일 서울고검으로 자리를 옮겨 쉬게 되었다. 다행스럽게도 서울고검장이 내가 중앙수사부 1과장으로 있을 때 중앙수사부장으로 모시던 분이어서 많은 도움을 받을 수 있었다. 그분은 "이 차장이 아프게 된 것은 우리들 책임이야. 그러니 일 걱정하지 말고 쉬면서 건강을 회복하시오. 총장으로부터 골프 쳐도 좋다는 승낙을 받아 놓았으니 염려 말고 운동이나 하라"고 격려해 주었다.

아내는 나를 위하여 롯데스포츠센터 회원권과 88골프장 회원권을 구입하는 용단을 내리고 어떻게 해서든지 나를 그곳으로 끌고 나가려고 애를 썼다. 그리고 아파트 관리비 납부, 은행 예금통장 정리 등 일상생활에 관심을 가질 수 있도록 나를 자동차 앞좌석에 태우고 은행 등을 찾아다녔다. 그때부터 나는 집안 청소도 하고 아내 대신 설거지도 하면서 일상생활에서 의미를 찾아보려고 노력했고, 롯데스포츠센터에 나가 볼링과 실내 골프에 취미를 붙여 보기도 했다.

그러던 어느 날 나와 함께 근무하다 경주지청으로 부임한 노환균 검사가 보자기에 무엇인가 한 보따리를 싸들고 불쑥 집으로 찾아왔다. 그는 눈물을 글썽거리면서 말했다.

"차장님, 제 친척 중에 오랫동안 무슨 병인지 몰라서 고생한 분이 계신데 이 책을 구해서 읽고는 싹 나았다고 합니다. 제가 그 친척에게 차장님 말씀을 드렸더니 대구 시내 책방을 뒤져 이 책을 구해 주셔서 가지고 왔습니다. 한번 읽어 보십시오. 그러면 꼭 효험이 있을 것이라고 합니다."

일본인 저자 다니구치 마사하루(谷口雅春)가 쓴 《생명의 실상》이라는 40권짜리 책이었다. "질병은 본래 없는 것이며 인간에게는 자연치유 능력이 있으므로 약이 필요없다"는 것이 이 책의 기본 메시지다. 질병은 자기파괴 염원으로 인해 일어나는 것인데도 거기에 대해서 약제를 사용하는 것은 그 자체가 자기파괴 염원의 발로가 되어 버리고, 자신을 육체적·경제적으로 괴롭히게 됨을 지적한 것이다.

특히 "약제는 대체적으로 하나의 질환을 정복함으로써 다른 질환을 만든다"는 사실을 밝히고, "정말로 무병·건전하고 모든 투쟁을 초월한 생활을 누리고자 한다면 인생관을 전환시키고 정녕 자재무애(自在無礙)한 생명의 실상에 눈떠야 한다는 것"을 역설하였다.

나는 노 검사로부터 이 책을 받아 놓기는 하였지만 책을 보고 싶은 의욕이 생기지 않아 거들떠보지도 않았다. 그런데 나보다 먼저 이 책을 읽기 시작한 아내가 나도 읽어 보라고 권유하면서 정 읽을 마음이 나지 않으면 책을 손에 들고만 있거나 잠자는 머리맡에 놓던지 손에 쥐고 자보라고 하기에 그때부터 한 권씩 읽어 내려가니 마음도 편해지고 잠도 잘 잘 수 있었다.

그래서 계속해서 그 책을 읽게 되었는데, 점차 약을 먹지 않아도 되겠다는 신념이 생겨서 서서히 자낙스 복용량을 줄여 나갈 수 있었다. 그리고 우리 집 서랍 속에 수북이 쌓여 있던 활명수 등 위장약이 사라지게 되었고, 나는 이를 계기로 감기에 걸려도 감기약을 먹지 않고 나을 수 있는 묘방을 터득하게 되었다.

내가 변호사 개업을 한 후 검찰 선배 한 분이 심장질환으로 고생한다는 말을 전해 듣고 노 검사를 통해서 이 《생명의 실상》 40권을 구해 드렸는데 그분도 효험을 보셨다고 한다.

나는 노 검사에게 항상 감사한 마음을 가지고, 그가 검찰조직을 위해서 더 큰일을 해주길 기대하였다. 노 검사는 내 바람대로 이후 검사장으로 승진하여 대검찰청 공안부장, 서울중앙지검장, 대구고등검사장, 법무연수원장을 역임하고 퇴직하였다. 퇴직 후에는 법무법인 태평양 고문변호사를 거쳐 CJ그룹 상임고문으로 재직 중이다. 요즈음에는 가끔 나를 골프에 초대해 주고 맛있는 점심도 사준다.

34년 동안 한결같은 마음으로 나를 대해 준 그가 참으로 고맙다. 나에게 《생명의 실상》 책을 가져다주면서 눈물을 글썽이던 노 검사의 모습을 떠올리면 지금도 가슴이 멘다.

사랑은 의사

한직인 서울고검으로 보직되었으니 이제 내가 해야 할 일은 외출공포증과 무기력 증상을 극복하고 일상생활로 돌아가는 것이었다. "땅에서 넘어진 사람은 땅을 짚고 일어선다"는 말이 있듯이, 나는 내 몸과 마음을 제대로 컨트롤하지 못해서 이렇듯 어려움을 겪고 있으니 스스로 몸과 마음을 다스려 나가야 다시 일어설 수 있다는 점을 깨달았다. 그래서 우선 무엇인가 성취감을 맛볼 수 있는 일에 의욕을 다시 찾는 것과 적당한 운동, 그리고 활발한 대인접촉이 중요하다고 생각하고 이를 실천하려고 노력했다.

아내는 우선 가족들, 특히 대학입학시험을 앞두고 있는 딸과 막내아들에게 애정과 정성을 쏟는 일부터 시작해 보라고 권유했다. 아내의 권유에 따라 나는 매일 아침 새벽 봉은사에 가서 아이들을 위해서 '대학입학시험 합격발원 기도문'을 독송하기 시작했다.

이 기도문은 스님이 《천수경》을 풀어서 쓴 발원문으로, 문장이 명문장이어서 그것을 읽는 사람의 가슴을 뭉클하게 만들고 마음을 편안하게 해주는 효험이 있었다. 처음에는 잘 몰랐는데 그 기도문을 소리 내어 읽으면 읽을수록 내 마음이 편해지고 아이들에 대한 사랑이 점점 깊어지는 것을 느낄 수 있었으며 어느 때는 동쪽 하늘에서 순간적으로 밝은 빛이 내리 비추는 것이 눈에 띄는 경우도 있었다.

이렇듯 열심히 발원문을 독송하던 어느 날 아침, 봉은사 예불을 마치고 집으로 돌아와서 아내에게 "오늘도 우리 아이들 꼭 합격시켜 달라고 부처님께 열심히 기도하고 절도 많이 했다"고 자랑스러운 듯 이야기하니 아내 대답이 뜻밖이었다. "참 잘하셨어요! 그런데 다음부터는 우리 애들만 합격시켜 달라고 하지 마시고 시험공부 하는 모든 학생들을 전부 합격시켜 달라고 비세요"라고 하는 것이었다.

그래서 내가 "그러면 우리 아이들 합격할 자리가 없잖아요?"라고 묻자 아내는 "그래도 그런 게 아니에요. 다 들어갈 자리가 있는 거예요. 제 말대로 그렇게 해보세요"라고 말하는 것이었다. 아내의 말뜻을 알 듯 모를 듯하면서도 그날 이후 나는 모든 수험생들이 합격하도록 모두에게 힘을 주시라고 부처님께 열심히 빌었다.

한양대 고시반에서 사법시험 공부를 하는 큰아들에게 간식을 날라다 주는 일도 게을리하지 않았다. 그러한 기도의 효험이 있었는지 고등학교 1학년 때 좋지 않았던 막내아들의 성적이 적게는 3~4등, 많게는 10~15등씩 올라가는 것이었다. 이때 나는 아버지로서 밤늦게 학교에서 돌아오는 아들에게 문을 열어 주고 성적이 올라갈 때마다 "야, 아버지도 신나는데 …"라고 격려해 주는 것을 잊지 않았고, 아들이 좋아하는 레코드판을 사다 주면서 "공부하다가 머리가 무거우면 한 곡씩 들어라"고 말하는 것으로 관심과 사랑을 표시하였다.

얼마 후 미국에 유학 간 딸은 미국 동부의 상위그룹 대학 네 곳에 합격하여 한 대학을 선택하는 영광을 얻었고, 막내아들은 "경기고등학교에서 신화를 창조한 사나이"라는 별명을 얻을 정도로 상위권 성적으로 졸업하고 당당히 유수한 대학교에 입학하였다.

그런데 희한하게도 아이들에게 애정과 관심을 쏟아 주다 보니 나를 괴롭히던 외출공포증과 무기력증이 조금씩 없어지는 것이었다. 제사의 공덕 중 3할은 세상을 떠나신 조상님에게 가고 나머지 7할은 제사를 지내는 자손들에게 돌아오는 것이라는 성현의 말씀처럼, 기도를 드리거나 좋은 일을 하는 사람의 공덕 중 7할은 그 자신에게 돌아오는 것인가 보다. 가족들에게 사랑을 주니 나도 모르게 나에게 좋은 일이 생기는 것이 아닌가. 경험해 본 사람만이 그 희열을 맛볼 수 있는 일이다.

울화 버리기

서울고검으로 발령되어 쉬면서 운동하러 다니니 좋은 점이 있기는 했지만 정신적으로 나를 힘들게 하는 요인도 없지 않았다. 동기생들과 후배들이 좋은 자리에 발령되어 의기양양해하는 것을 보면 울화통이 터지고 그러다 보면 패배의식까지 엄습해 와서 견딜 수 없었던 것이다.

더구나 그때까지만 해도 서울고검은 앞으로의 전망이 불투명한 자리로 인식되어 그곳에 발령받은 검사들은 대부분 의기소침해하고 방에 모여서 남의 이야기를 늘어놓는 일이 하루의 일과였으니 나 자신도 자연히 그러한 분위기에 빠져들어 하루가 길고 고달픈 생활이었다.

그런데 어느 날, 집에 자주 들러 주시던 스님에게 내 가슴속에 울화가 많아서 걱정이라고 하자, 그 스님은 "울화요? 그것, 아무것도 아닌데 왜 가지고 계셔요? 쓸데없는 것 모두 부처님께서 가져가시라고 하세요. 화가 올라오면 그 즉시 그것을 부처님께 버리세요. 거사님은 단지 버리기만 하시면 되요"라고 말씀해 주시는 것이었다.

"울화는 그것이 생기는 원인이 있고 그 대상이 있는 것인데 그 대상이 사람인 경우에는 그 사람에 대한 나쁜 감정을 풀어 버리고 그 사람이 잘되기를 바라거나 잘되었을 때 진심으로 기뻐하고 축하해 주는 마음을 갖는 것이 바로 울화를 없애 버리는 길이다"고 부연 설명해 주셨다.

나는 스님의 말씀을 듣고 마음을 고쳐먹었다. '친구나 후배들이 잘되는 것을 보고 울화통을 터뜨리면 터뜨릴수록 나만 손해지 나에게 이익이 되는 일은 하나도 없다. 그러니 그들을 진심으로 축하해 주고 서로 만나서 마음을 털어놓고 이야기를 나누자. 그들이 나에게 마음을 열기보다는 내가 가슴을 여는 것이 훨씬 편하고 자연스러울 수 있으니 그렇게 하자'고 다짐했다.

그리고 검찰 동료와 후배들에게 전화를 걸어 내 마음을 전하기 시작했다. 하지만 전화를 받은 그들은 내가 느닷없이 왜 그러한 행동을 하는지 의아스럽게 생각하는 것 같은 반응을 보였다. 때로는 나를 이상한 사람으로 대하는 친구들도 있었고 그것이 와전되어 나에 관한 나쁜 소문이 퍼지기까지 했다. 그러나 나는 그러한 소문에 개의치 않고 열심히 내가 할 일만 했다.

나는 봉은사와 서울 근교에 있는 절을 찾아가서 "부처님! 저에게 일어나는 모든 울화를 부처님께 전부 드릴 테니 그냥 가져가십시오"라고 열심히 기도했다. 더러워진 우물물을 청소하기 위해서는 우물물을 휘저어 우물 바닥의 찌꺼기가 위로 올라왔을 때 그 물을 퍼버리는 것과 같이, 마음 저 밑바닥에 있는 울화도 그것이 솟아나올 때 얼른 버려야 함을 깨닫고 울화통이 터질 때마다 얼른 부처님을 불러 그것을 가져가시도록 했다.

오랫동안 마음 훈련을 하면서 정진을 하였더니 쌓여 있던 울화가 빠져나가고 내 마음은 한결 가벼운 상태가 되었다. 다른 사람들이 하는 말이 좋게 들리고 내 입에서는 남을 칭찬하는 말이 자연스럽게 나오는 것이었다. 이렇게 되자 주위 사람들도 나를 이해하게 되었고 그간의 오해도 많이 풀렸다.

마음의 법칙 1

무료한 시간을 할 일 없이 보내기란 정말로 어렵고 고통스러운 일이다. 잘 가지 않는 시간을 보내기 위하여 영화나 골프게임 비디오테이프를 빌려다 보는 일이 많았다. 골프의 스킨스게임은 재미가 있어 시간 가는 줄 모르고 보았는데, 특히 화면에 비치는 잔디와 수려한 나무 그리고 아름다운 꽃들은 내 머리를 맑게 하는 데 좋은 촉매 역할을 해주었다.

어느 날 아내가 희극배우 채플린이 나오는 흑백영화 〈모던타임즈〉를 빌려와 보았다. 영화를 보면 채플린이 침대에 누워 일어나지 못하는 무용수인 여자 주인공에게 일어나라고 애절하게 호소하는 장면이 나온다. 무대에서 공연하다가 실수로 넘어진 일이 있는 여자 주인공은 또 무대에 섰다가 넘어지면 어떻게 하나 하는 불안감과 공포심이 작용하여 심리적 요인으로 침대에 누워 꼼짝 못 하고 있는데 채플린이 그녀를 일으켜 세우려고 애를 쓰는 장면이다.

채플린은 그 여인에게 "당신에게는 이 우주의 지구를 움직이는 무한한 힘이 있다. 그 힘으로 당신은 일어날 수 있다. 그 힘을 믿고 일어나라. 그러면 당신은 설 수 있다"라고 아주 애절하면서도 용기를 북돋듯 단호하게 소리를 질러 댄다. 그러자 이 말을 들은 여자 주인공은 침대를 잡고 일어나서 걷기 시작하고 다시 무대에 선다.

나는 이 영화를 보고 '나에게도 이 우주의 지구를 움직이는 무한한 힘이 작용할 수 있다. 저 여자 주인공이 일어날 수 있었던 것은 자신이 일어날 수 있다는 마음이 작용하여 우주의 큰 힘을 자기 마음과 일치시켰기 때문이다'라는 점을 깨닫고 그때부터 "이 우주의 지구를 움직이는 무한한 힘이 바로 나 '이진강'에게 있다"는 자기최면의 주문을 외워 대기 시작했다.

이를 계기로 나는 아침 새벽이면 집에서 약 2킬로미터 떨어진 대모산에 올라가 동이 트는 동녘하늘을 바라보면서 우주의 무한한 힘을 받아 오는 것이 매일매일의 일과가 되었다. 나는 2년 동안 비가 오나 눈이 오나 거르지 않고 대모산을 찾았는데, 내가 하산할 때면 지금은 국회의원이 된 검찰 후배인 안 변호사와 조 변호사가 등산로 입구에서 담소를 나누면서 올라오는 모습을 보곤 했다. 그들은 나를 만날 때마다 건강하라고 격려해 주었다.

아쉽게도 조 변호사는 몇 년 전에 교통사고로 세상을 떴다. 법률 전문지식은 물론이고 여러 방면에서 다재다능하고 말솜씨도 좋아서 검찰 선·후배들이 모두 좋아하던 법조인이었는데 훌쩍 세상을 떴으니 정말로 안타깝고 아쉬움이 남는다.

마음의 법칙 2

아내는 아이들을 학교 보내고 내가 사무실에 출근하면 그 시간을 이용해서 기공(氣功)을 배우러 다니거나 평소 잘 다니는 용인 절에 다녀오곤 했다. 어느 날 퇴근하니 아내가 기공 선생님한테 배운 것이라고 하면서 '양파실험'을 해보자고 제의했다.

양파 4개를 2개씩 내 것과 아내 것으로 나누고 각자의 양파 2개에 각각 A와 B 표시를 한 후에 물을 넣은 컵에 얹어 놓고 싹이 나오는 지 여부를 실험해 보자는 것이었다. 각자 A에는 싹이 나오도록 비는 마음을 보내고 B에는 싹이 나오지 말라고 비는 마음을 보내서 과연 그렇게 되는지 보고자 했다. 나와 아내는 양파 A와 B에 각각 다른 마음을 보냈다.

며칠이 지났을까. 과연 A에는 싹이 나기 시작하였으나, B에는 전혀 싹이 날 기미가 보이지 않았다. 계속해서 마음을 보내니 A에서 는 싹이 잘 자라났고 B에는 통 싹이 나지 않았다. 그런데 내 것 A와 아내 것 A 사이에는 큰 차이가 나타났다. 아내의 것은 싹이 쭉쭉 뻗 어 힘차게 솟았지만 내 것은 싹이 나기는 했지만 서로 엉키고 꾸부 러져서 보기에 흉할 정도였다.

어느 날 큰아들이 지나가는 길에 "아버지! 싹이 나는지 안 나는지 에 대해서 많이 걱정하고 갈등하셨나 봐요?"라고 말했다. 나는 이 말을 듣고 문득 깨달았다. 이제 대학교 2학년생밖에 되지 않은 아들 이 마음의 법칙을 깨달았는데, 내가 그것을 모르고 마음속으로 갈등 하고 있었다니 ….

솔직하게 말해서 나는 아내가 양파실험을 해보자고 제의할 때부 터 확신이 서지 않았고, A 양파에 마음을 보낼 때에도 많은 갈등을 하면서 진심을 보내지 않았던 것이다. 그 때문에 내 양파에는 싹이 나기는 했지만 내가 마음속에서 갈등한 대로 엉키고 꼬부라진 상태로 싹이 난 것이다.

"모든 일이 사람의 마음먹은 대로 이루어진다"는 말처럼 이 실험을 통해서 나는 항상 긍정적인 생각을 가지는 것이 중요하다는 점을 인식하고 매일매일의 생활에서 이를 실천하려고 노력했다.

두려움의 정체

도대체 공포, 즉 두려움의 정체가 무엇이길래 사람들은 그것으로 인하여 불안을 느끼고 괴로움을 당하는 것일까? 영화 〈모던타임즈〉의 여자 주인공이 육체적으로 전혀 이상이 없는데도 침대에 누워서 꼼짝도 하지 못하는 것은 무엇 때문이며, 내가 그동안 외출에 두려움을 느낀 것이나 양복 가봉하려고 서 있을 때 쓰러질 것 같은 느낌을 받은 증상은 어디에서 오는 것일까?

나는 두려움의 대상이 과연 무엇인지 그 정체를 밝혀낸다면 모든 고뇌에서 벗어나 행복한 생활을 영위할 수 있다고 생각했다. 그래서 많은 시간을 명상하고, 좋은 책을 많이 읽고, 불경을 접하는 시간을 많이 가졌는데, 그 결과 나름대로 얻은 결론은 이렇다.

사람의 마음이 특정한 대상에 작용하는 면은 세 가지로 나누어 볼 수 있다. 첫째, 마음에 드는 대상은 집착과 욕망이라는 독을 품고 보고, 둘째, 마음에 들지 않는 대상은 혐오나 증오라는 독을 품고 보고, 셋째, 무관심한 대상은 그들의 참모습을 무시하는 독을 품고 본다고 할 수 있다.

그리고 두려움은 바로 이러한 마음의 첫 번째 작용, 즉 집착과 욕망에서 생기는 것이다. 그것은 아마도 현재 자기가 소유한 것을 잃어버릴지도 모른다는 두려움 또는 현상의 변화를 두려워하거나 때로는 미래에 자기에게 닥쳐올 불행과 불이익을 두려워하는 것이라고 하겠다.

이렇게 볼 때 채플린의 연인은 무용수로서의 명성을 잃을 것을 두려워하는 마음작용으로 다리를 움직이지 못하게 된 것이다. 그리고 나는 골프장에서 쓰러져 의식을 잃은 일, 관상동맥 조영촬영과 정신과 약을 끊으려는 과정에서 죽음의 고비를 넘긴 일들이 무의식의 상태에서 뇌리에 사진 찍힘으로써 자꾸 그러한 증상이 나타나는 것임을 알게 되었다.

범부(凡夫)가 가장 아끼는 것은 몸과 목숨과 재물이며 가장 두려워하는 것이 바로 죽음이다. 그런데 나는 이 가장 두려운 죽음이라는 대상에 사로잡혀 있었던 것이다. 정말이지 깨닫기만 한다면 이 죽음이라는 것은 본래 없는 것인데, 사람들은 이 허깨비에 놀라고 두려워하는 것이다.

생(生)은 오는 것이요, 사(死)는 가는 것뿐이지만 본래 진면목은 오고 감도 없는 것임을 깨달았을 때 죽음에서 자유로울 수 있지만, 우리는 범부이기에 이 굴레를 못 벗고 있는 것이다.

그러나 이러한 어려운 생사 문제를 떠나, 현재의 소유에 대한 지나친 애착과 집착을 버리고 미래의 불행에 대하여는 무슨 일이든 일어날 테면 일어나 보라는 배짱으로 대결하는 삶의 자세를 가진다면 두려움은 우리 곁에서 설 자리를 잃고 떠나가 버리는 것이다.

그래서 나는 《묘법연화경》(妙法蓮華經) 중 "관세음보살 보문품 (普門品)"을 일심으로 독송하였고, 혼자 자동차를 몰고 독립기념관이며 산수 좋은 사찰을 찾아다니기도 하였고, 그동안 쓰러지면 응급처치용으로 쓰려고 바지 시계주머니에 넣고 다니던 '니트로글리세린'을 완전히 버렸다. 그리고 '내일을 위한 삶'보다는 '오늘을 위한 삶'을 살려고 노력했다.

그러던 어느 날 나는 아내와 함께 용인에 있는 절에 갔다. 그 절은 평소 우리 집에 자주 들러 주시던 비구니 스님이 혼자 계시는 조그만 절이지만 주지스님은 그 절에 '畿湖第一 禪院 東禪寺'(기호제일 선원 동선사) 라는 액판을 걸어 놓으셨다.

그날 스님은 어디엔가 외출을 하시고 계시지 않았다. 하지만 비밀장소에 놓아두신 열쇠로 문을 열고 법당에 들어가 둘이서 부처님께 예불을 올렸다. 예불은 '예불문', 《천수경》 독송을 거쳐 '관음정근'(觀音精勤)으로 이어졌는데 나는 '관세음보살'을 큰 소리로 불렀다. 얼마나 지났을까, '관세음보살'을 부르던 나는 나 자신이 울고 있음을 발견했다.

그런데 이상한 일이 생겼다. 그 법당에는 아주 조그만 부처님 한 분만 모셔 놓고 있었는데 어찌된 일인지 "관세음보살"을 부르면서 울고 있는 나를 내려다보시는 그 부처님의 상이 크게 보이면서 나에게 빙그레 미소를 지어 보이시는 것이 아닌가!

그 순간 나는 법당 바닥에 뒹굴면서 "부처님! 나는 어떻게 하라는 말입니까! 이 두려움을 어떻게 하면 좋습니까! 제 두려움을 부처님 다 가져가십시오"라고 울부짖었다. 한참을 울부짖다가 정신을 차리고 보니 온몸이 땀으로 흠뻑 젖어 있었다. 단상에 앉아 계신 부처님을 쳐다보았으나 그 부처님은 본래의 모습이었다. 나와 아내는 법당을 깨끗하게 치운 후 문을 잠그고 집으로 돌아왔는데 그 부처님께서는 그날 돈도 받지 않으시고 내 두려움을 가지고 가셨다. 몇 년 후 나는 그 부처님께 피아노 한 대를 사드렸다.

친구의 죽음

1991년 6월 6일의 일이다. 현충일이므로 경건한 마음으로 집에 머무르는 것이 순국선열이나 호국영령에 대한 도리겠으나 좋은 공기나 마신다는 가벼운 마음으로 골프장에 나갔다. 골프를 치고 저녁때가 되어 집에 돌아오니 아내가 무엇인가 할 이야기가 있는데 망설이는 듯한 표정을 지었다.

"무슨 일이 있나요?"

"놀라지 마세요. 변 차장이 세상을 떴대요. 동기생한테 연락이 왔는데 어젯밤에 집에서 자다가 일어나지 못하고 그냥 세상을 떴는데 집에 빈소를 마련했대요."

'아니, 그게 정말이란 말인가!' 며칠 전만 해도 서울고검 내 사무실에 올라와서 나를 위로·격려하면서 "빨리 건강을 회복하여 함께 힘차게 일하자"고 하던 그 친구가 세상을 떴다니 정말로 믿기지 않았다.

옷을 갈아입고 멀지 않은 거리에 있는 친구의 집에 가니 동기생들을 비롯하여 많은 검찰 선·후배들이 모여 앉아 고인의 넋을 기리면서 아쉬움을 달래고 있었다. 시신이 안치된 방에 들어가 분향하고 절을 하는데 만감이 교차했다.

나와 그 친구는 대학은 달랐지만 똑같이 재학 중에 사법시험에 합격하여 친한 친구로 지내 오면서 검찰에 들어와서는 선의의 경쟁자로서 각자의 맡은 바 책무를 다해 왔다.

그 친구는 1988년 가을의 '이변인사' 때 울산지청장으로 발령되긴 했지만 그 후 부산지검 차장검사를 거쳐 서울지검 제3차장검사로 보직된, 그야말로 검찰의 기둥 역할을 해온 훌륭한 검사였다.

그런데 이렇게 훌쩍 세상을 뜨다니…! 이야기를 들은즉 '범죄와의 전쟁' 실무책임을 맡은 변 차장이 밤낮을 가리지 않고 피곤한 몸을 이끌고 일을 하다가 과로가 겹쳐 심장에 이상이 와서 요절한 것인데, 평소 남모르게 심장약을 먹었다고 한다.

그 친구, 왜 나에게 아프다고 이야기하지 않았나! 정말로 안타까웠다. 나한테 조금만이라도 귀띔을 했더라면 내 경험을 이야기해 줘서 나보다 더 큰 '예견된 실수'를 저지르지 않도록 했을 텐데 말이다.

이 글 서두에서 직장을 가진 가장들은 몸이 아파도 어디에 말 한 마디 제대로 하지 못하고 혼자서 끙끙 앓다가 덜컥 세상을 떠나는 일이 많다고 했는데, 변 차장이 꼭 그러한 일을 당한 것만 같아서 더욱 가슴이 아팠다.

　사람들은 주검 앞에서 모두 겸허해진다고 하지만, 나는 친구의 주검을 보고 사람의 목숨은 그야말로 한 호흡에 달려 있다는 진리를 새삼스럽게 깨닫게 되었고, 마음에 드는 대상을 얻으려고 집착하는 일이 얼마나 허망한 것인지도 알게 되었다.

　그런데 나는 친구의 유족을 조문하는 과정에서 내 마음 한구석에 아직도 강한 명예욕이 꿈틀거리고 있는 것을 발견하고 깜짝 놀랐다. 변 차장의 죽음이 순직으로 처리되고 훈장이 추서된다는 말을 듣는 순간, 내 머릿속에는 죽음이 연상되었고, 나도 그러한 일을 당할 때 열심히 공무를 수행하다가 그렇게 되었다는 것을 인정받고 싶은 허황한 명예심이 발동되는 것이었다. 탐진치(貪瞋癡) 삼독(三毒)에서 완전히 벗어날 길이 없는 우리들 인간으로서는 어쩔 수 없는 일인가 보다.

　그런데 희한한 일이 생겼다. 2013년 4월 25일 제 50회 법의 날에 내가 국가로부터 국민훈장 무궁화장 훈장을 받았다. 추서가 아니라 살아 있을 때 민간으로서는 최고의 훈장이 내게 수여되었다.

　나는 다시 마음의 고삐를 바로잡았다. "도대체 명예라는 것이 무엇이냐. 그것도 뜬구름과 같은 것뿐인데 …"라고 말이다.

2013년 4월 25일 제50회 법의 날에 국민훈장 무궁화장을 수여받다

활원운동과 단전호흡

1991년 가을 어느 날, 집안 형님뻘 되는 분을 모시고 친구와 어울려 운동을 하고 돌아오는 길이었다. 차 안에서 그분이 나에게 "동생! 아직도 약을 먹고 있는 모양인데, 내가 예전에 기(氣)운동 하러 다니던 좋은 곳을 소개할 테니 한번 가보겠나?" 하시는 것이었다.

그래서 따라간 곳이 강남에 있는 한국중공업 사옥 부근의 어느 연립주택이었다. 그곳에서 기 치료 선생님을 소개받고 시작한 것이 활원운동(活元運動)이다. 이 운동은 선생님의 지도로 호흡하고 가만히 눈을 감고 있으면 자동적으로 운동이 나와서 머리를 흔들기도 하고 손으로 온몸을 주무르거나 때려서 아픈 곳을 자기 스스로 치료하는 운동으로서 《생명의 실상》이라는 책에서는 '자동체조'라고 소개되어 있다.

원래 이 운동은 명상수행하는 신부님이나 스님들이 건강을 유지하기 위해서 시작한 것으로서, 사람에게는 자연치유 능력이 있으므로 몸이 아프더라도 약은 필요 없고 이 운동으로 몸을 자연과 같은 본래의 상태로 만들어 갈 수 있다는 것이다.

그러나 이 운동을 할 때 주의할 점은 마음이 약한 사람이나 겁이 많은 사람은 섣불리 시작해서는 안 된다는 것이다. 그런 사람들이 이 운동에 잘못 손을 댔다가는 오히려 몸을 크게 버릴 위험성이 있다. 이 운동을 하다 보면 그 과정에 우리들이 잘 모르는 현상, 즉 마구니가 범접(犯接)한다든가 하는 영적인 현상이 나타나므로 수행을 쌓은 사람이 아니면 정신적으로 큰 어려움을 겪을 수도 있다.

여하간 나는 이 운동을 시작하였고, 여러 번의 우여곡절을 거친 끝에 하루에 약 30분 정도씩 새벽에 운동을 했다. 나는 이 운동을 하면서 항우울제 등 정신과 약을 절반으로, 그리고 또 그 절반으로 줄여 나가는 끈기를 보였다. 수면제는 벌써 끊어 버렸다.

그런데 1993년 여름이 되면서부터 이 운동보다는 서울고검에서 매일 점심시간을 이용하여 약 40분씩 수행하는 '단전호흡'(丹田呼吸)이 더 나을 것 같아 활원운동을 중단하기로 마음먹고 점심때가 되면 도복을 입고 15층에 마련된 도장으로 올라갔다.

처음에는 호흡하기가 매우 힘들었으나 날이 갈수록 쉽게 호흡이 되었고 몸의 동작도 유연해지기 시작했다. 그래서 40분짜리 테이프를 구해서 아침 새벽에는 봉은사 뒷산 편편한 곳에 가서 자리를 깔고 테이프에서 나오는 구령과 율동에 따라 혼자서 단전호흡을 했다. 봉은사는 오래된 절로서 고승들의 좋은 기(氣)가 모이는 곳인데 새벽에 그 뒷산에 가서 자리를 깔고 단전행공(丹田行功)을 수행하니 정말로 기분이 상쾌했다.

이 단전호흡은 1994년 가을 내가 검찰을 떠나 변호사로 일할 때까지 약 3년간 계속했는데 1996년에 '12·12, 5·18 사건'의 변호를 맡아 바쁘게 일하다가 그만 게을러져서 중단하고 말았다. 사람의 마음은 간사한 것인지, 몸이 불편할 때는 열심히 정진을 하다가도 조금 나았다 싶으면 게을러지고 마음도 해이해지는가 보다.

검사장의 꿈을 접고

좋은 음식을 먹고 운동하면서 푹 쉰다고 해서 건강이 좋아지는 것은 아니다. 푹 쉰다는 것도 하루 이틀이지 사람이 하는 일 없이 논다는 것보다 맥이 빠지는 일은 없다. 사람은 태어날 때부터 무엇인가 일을 하도록 만들어졌으므로 일을 하지 않는다는 것은 죽은 것과 같다. 그래서 옛날에 어느 고승은 "하루라도 일하지 않으면 먹지 말라"고 하셨나 보다.

나는 1971년 검사로 임명되어 20여 년간 수사검사, 기획검사로서 정열을 쏟고, 그 성취감으로 몸이 아픈 줄도 모르고 신나게 일해 온 사람인데 이렇게 골프나 치러 다니고 활원운동, 단전호흡이나 하고 있으니 통 신명이 나지 않았다.

나를 서울고검으로 발령하며 "6개월 정도만 쉬면 건강이 회복되는 대로 원하는 곳으로 발령해 주겠다"고 하신 법무부 장관도 1991년 5월에 자리를 물러나시고 나의 처지를 진심으로 헤아려 줄 분들도 이제는 주위에 별로 없었다. 나는 자연히 더 위축될 수밖에 없었고, 설상가상으로 내 상태가 과장되어 퍼져 나가 더 이상 검찰에 남아 있을 수 없다는 등의 험담까지 들려와서 나를 괴롭혔다.

그래서 나는 이제부터 다시 사무실에 정상적으로 출근하여 나에게 주어진 일을 열심히 하자고 결심했다. 나는 고검장, 차장께 나에게 정식으로 사건을 배당해 달라고 요청했다. 그리고 생동감 없는 항고 기록이기는 하지만 꼼꼼하게 기록을 보고 또 보는 정성을 쏟았다. 그 정성은 억울하다고 호소하는 항고인의 응어리진 마음을 풀어주는 한편, 사건을 정확하게 파악하여 사안의 진상을 규명했다는 성취감을 얻기 위한 내 마음의 표현이었다.

그러다 보니 자연히 재기수사명령 또는 공소제기명령을 내리는 건수가 많아졌는데, 이로 인하여 일부 검사들로부터 불평을 들었다. 지엽적인 문제점을 들어 재기수사명령을 하는 것 아니냐는 게 그들의 불만 이유였다.

그러나 재기수사명령을 내린 사건의 항고인들은 내 방에 찾아와 고맙다는 인사를 하기도 하고 장문의 편지를 보내오기도 했다. 그럴 때면 골프 몇 번 치고 좋은 음식 여러 번 먹은 것보다도 훨씬 기분이 좋았다. 그리고 그러한 일이 많아지면 많아질수록 내 몸은 점점 좋아지고 있음을 느낄 수 있었다.

이러한 생활이 계속되어 먹던 약도 끊고 단전호흡으로 몸에 힘을 길러 업무처리에도 자신감이 생겼으므로 이제는 예전의 내 위치로 돌아가고 싶었다. 그래서 1993년 6월 초순, 큰마음을 먹고 총장을 만나러 대검에 갔다. 차장실을 거쳐 총장을 만나 뵙고 내 인사에 관하여 간곡한 부탁의 말씀을 드렸다. 내가 광주에서 초임검사로 일할 때 상석검사로 계시던 총장과는 사적으로나 공적으로 가깝다고 생각하여 내 마음속 이야기를 전부 털어놓았다.

한참을 말없이 내 말을 듣고 계시던 총장께서는 명쾌한 답변을 하시지 않으시고 "이진강이면 한 번 생각해 볼 수도 있지. … 그런데 인사는 나 혼자 하는 것이 아니라 위에는 장관님이 계시고 또 다른 요인도 있으니 두고 보자"고 애매모호한 말씀으로 끝내 버리는 것이었다.

다음 날에는 과천으로 장관을 뵈러 갔다. 장관께서는 "그동안 고생 많이 했다"면서 위로해 주셨다. 장관께 내가 당돌하게 "장관님, 제가 그동안 몸이 불편했던 것은 공무를 수행하다 그렇게 되었다는 것을 인정해 주실 수 있으십니까?" 하고 물었더니 장관께서는 "물론이지요"라고 긍정적인 답을 주셨다. 그래서 나는 얼른 "그러시다면, 저를 구제해 주십시오. 저 개인을 위해서가 아니라 지금도 자기 몸을 돌보지 않고 열심히 일하는 후배검사들에게 용기를 주기 위해서라도 저에게 다시 기회를 주셔야 합니다"라고 내 진심을 말씀드렸다.

정말이지 나는 검사장이 되고 싶었다. 그것은 내가 권력의 자리에 앉고 싶다거나 검사장 자리가 빛나는 자리라고 생각했기 때문만이 아니었다. 쓰러졌다가 다시 일어서서 당당하게 걷는 선배검사의 모습을 후배들에게 보여 주고 싶었고, 검찰조직을 위해서 열심히 일하면 무슨 일이 있어도 우리 조직에서 그를 도와준다는 것을 보여 주고 싶었다. 장관께서는 내 진심을 알아차리셨는지 "그럼요. 잘 고려해 보겠으니 총장, 고검장들에게 건강하다는 모습을 보이세요"라고 대답하셨다.

그해 9월 23일 나는 성남지청장 발령을 받고 일선에 복귀했다. 그리고 1년이 지난 어느 날 "성남지청장 자리를 실세로 채운다"는 이상한 인사기준에 따라 그토록 애정과 정열을 쏟은 검찰을 떠났다.

23년간 정열을 쏟은 검찰에서 몸이 아파 인사시기를 놓쳤다는 이

유만으로 퇴직하여야 하는 당사자의 마음이 아프지 않다고 이야기
할 수는 없는 노릇이지만 누구를 원망할 일이 아닌 것도 분명하다.

　나는 내가 검찰을 떠나게 된 것은 내가 쌓아 온 업(業) 때문임을
잘 알고 있다. 그래서 "세상에는 이것도 있고 그것도 있으며 또 저것
도 있는데, 이것에만 그렇게 집착하여야 하는 이유가 있을까"라는
어느 노 시인의 말씀을 되새기며 검찰을 떠났고 지금도 그러한 생각
에 변함이 없다.

아내 자랑

지금까지 내 이야기를 많이 했으니 이제는 내 아내 이야기를 좀 해
야겠다. '마누라 자랑하는 사내는 팔불출'이라고 한다지만 나는 팔
불출이 되는 한이 있더라도 기꺼이 내 아내 자랑을 하고 싶다. 5년
동안 비틀거리는 남편을 쓰러지지 않도록 붙잡아 주고 대학입시를
앞둔 연년생 3남매를 위해서 온 정성을 다 쏟은 아내를 자랑하지 않
고 누구를 좋게 말할 수 있으랴!

　나와 내 아내는 대학교 동기동창 한 반 친구 사이다. 내 아내는
1962년 법과대학 법학과에 입학한 학생 중 한 사람밖에 없는 여학생
으로 남학생들 사이에 선망의 대상이 되었고, 별명이 '나 판사'로 불
릴 정도로 예지적 인물이었다. 나는 아내를 보고 첫눈에 반해서 대
학 1학년 때 과감하게 프러포즈를 하고 8년 만에 결혼했다.

내 아내는 키 150센티미터에 몸무게 45킬로그램 정도밖에 나가지 않는 아주 가냘픈 사람이다. 내가 부모님께 아내를 선보일 때 부모님께서 "애, 몸도 작고 튼튼해 보이지 않는데 괜찮겠니 …" 하시면서 우려를 표하셨을 정도로 아내의 체구는 아주 작다. 그런데 이 체구 작은 아내가 작은 거인처럼 큰일을 해냈다. 장모님께서 결혼 전에 "우리 그 애 말이야, 체구는 작아도 마음은 사내대장부보다 더 크니 그리 알게나" 하시던 말씀 그대로다.

내 아내가 대학 졸업 후 잠시 다니던 '어문각'에서 국어사전 편찬 일을 지도해 주시던 아동문학가 어효선 선생께서 1966년에 내 아내를 보고 수필을 쓰셔서 〈사상계〉 잡지에 기고하신 것을 읽은 적이 있다.

… 대학을 졸업한 사람으로는 볼 수 없을 정도로 해맑고 천진난만한 소녀 한 사람이 들어왔다. 초등학교 학생 같다고나 할까. 그녀는 사무실에서 제일 큰 책상을 차지하고는 만년필도 큰 것을 가지고 글을 쓰는 것이었다. 그리고 "이 다음에 남편도 큰 사람을 구할 생각인가?"라는 물음에 서슴없이 "네! 저는 큰 사람이 좋아요"라고 대답하는 것이었다. …

나는 내 아내가 말한 것처럼 키가 큰 사람이다. 그런데 이 키 큰 사내가 체구 작은 아내와 만나 말썽도 많이 일으켰나 보다. 건강할 때는 친구들을 집에 데리고 와서 밤새도록 일시오락을 즐기면서 오이소박이 등 맛있는 반찬에 식사를 대접하도록 한 일 하며, 사무실에서 신명나게 일할 때면 도가 지나치다 싶어 제동을 걸어도 혼자서 국가와 검찰의 장래를 짊어진 듯이 아내의 말을 귓전으로도 듣지 않더니만 급기야는 "예견된 실수"를 저질러 5년 동안 아내에게 고생을 시켰다.

내가 아내를 자랑하고자 하는 것은 법과대학을 나오고 체구가 작은데도 큰 것을 좋아한다는 점이 아니라, 어려운 일을 당했을 때 흔들림 없는 마음자세를 가지고 있었다는 점 때문이다. 내가 골프장에서 쓰러져 5년간 고생하는 동안 아내가 나에게 보여 준 것은 '내 남편은 다시 일어서서 당당히 걷는다'는 확신이었고 나에게 항상 "당신, 지금은 어둠 속에서 헤매고 있지만, 내가 당신이 밝은 세상에서 힘껏 활개치고 일할 수 있도록 도와드릴게요"라고 격려해 주었다. 이러한 용기로 내 아내는 정신과 과장님과 싸움을 하면서까지 나를 병원에서 구출해 냈다.

그리고 아내는 내가 아플 때 나를 데리고 안 가본 데가 없을 정도로 많은 곳을 다녔다. 순천 송광사를 비롯해서 남원 실상사, 합천 해인사, 무주구천동 백련사, 예산 수덕사, 공주 동학사·갑사, 충주 자광사, 설악산 백담사, 오대산 상원사·월정사, 철원 심원사 등 수많은 산사를 찾아다녔고, 서울 근교에 있는 절에는 수없이 다녔다.

이렇게 다니면서 아내는 나에게 고속도로변에 핀 코스모스가 아름답게 보일 수 있도록 마음 컨트롤하는 방법을 알려 주었고, 봄에

물을 머금고 푸릇푸릇 싹이 나는 나무 한 잎, 풀 한 포기의 존재 의미를 설명해 주기도 했다.

절에 가서는 부처님과 교제하는 방법도 가르쳐 주었다. 부처님과 조용히 마주 앉아서 거래해 보라는 것이었다. 부처님께서는 큰 거래를 하시는 분이므로 마음을 터놓고 대화를 하다 보면 분명히 답을 얻을 수 있다는 것이었다. 그래서 나는 절에 가면 가만히 법당에 앉아 부처님과 대화를 나누다가 나온다. 그리고 내가 생각한 만큼의 상담료를 슬그머니 복전함에 넣고 나오는데 이러한 것도 모두 아내로부터 배운 것이다.

또 내 아내는 아이들에 대한 정성이 대단하다. 어느 어머니인들 자식들에 대한 사랑과 정성이 모자란다고 할 수 있겠냐만, 내가 본 아내의 아이들에게 대한 정성은 정말로 지극하다. 매일 새벽에 촛불을 켜고 염불을 하는데 항상 "… 장남 신해생 이문한, 장녀 임자생 이세인, 차남 계축생 이명한 보체 …"로 시작한다. 특히 멀리 떨어져 있는 딸에게는 더 정성을 쏟았다.

나와 함께 어디를 나갔다가도 아이들이 돌아올 시간에 맞추어 돌아오고 항상 따뜻한 밥상을 정성스럽게 차린다. 식탁을 차릴 때면 아이들이 먼 곳을 가서 들어오지 않는 경우에도 그 아이 숟가락을 반드시 식탁에 놓는다.

이런 가운데서도 아내는 과천 국립현대미술관 미술강좌, 국립극장 예술학교, 사랑의 전화 카운슬링 강좌를 수강하며 마음의 힘을 키워 나갔다. 또 한편으로는 모교인 고대 여자교우회 활동에 적극 참여하여, 부회장을 거쳐 2008년 2월부터 2년간 회장으로 봉사하였다. 아내에게 다시금 고마운 마음을 전한다.

나가는 말

〈검찰동우회지〉 제9호에 이 글이 실린 후 주위의 많은 사람들로부터 인사를 받았다. 그들은 거의 예외 없이 "투병기를 읽어 보았는데 정말로 깊은 감명을 받았다. 그렇게 고생한 줄은 몰랐다"고 위로 겸 격려를 했다. 나에게 전화를 주거나 직접 격려해 준 분들에게 이 기회를 빌려 감사의 마음을 전하는 바이다.

나는 결코 '병과 싸운 경험담'을 이야기한 것이 아니라 나 스스로 병과 함께한 생활을 기록한 것임을 밝히면서 이 글을 마무리하고자 한다.

나도 처음에는 병은 싸워서 이겨 내야 하는 것으로 생각하고 싸울 상대를 찾아내려고 무진 애를 썼다. 그러나 병이란 싸워서 이겨 내는 것이 아니라 잘 다스려 나가야 하는 것임을 깨닫고 나서부터는 병의 정체는 무엇이며 그것이 생기는 원인이 무엇인지 관찰하고 명상해 보는 일에 열중했다.

그리고 내린 결론은 병이란 몸과 마음이 균형을 잃은 상태를 말하는 것일 뿐 실체는 없다는 것이었다. 따라서 내 몸에는 싸워서 이겨 내고 쫓아내야 할 병이라는 실체는 없으므로, 다만 아픔과 하나가

되어 생활해 나가면 건강한 몸과 마음을 유지할 수 있다는 확신을 가지게 되었다.

　내가 대학 다닐 때 교수로 계시던 시인 조지훈 선생께서 "병은 나의 다정한 친구"라고 하신 시구가 새삼스레 머릿속에 떠오르고, 도올 김용옥이 그의 저서 《노자와 21세기》에서 오랫동안 자신을 괴롭히던 관절염이야말로 오늘의 자신을 있게 해준 은인이라고 고백한 글에 깊은 공감을 갖게 된 것도 바로 그러한 확신 때문이라고 생각한다.

제 3 장

변호사의 길을 가다

전관예우를 포기하다

1994년 9월 하순, 수원지방검찰청 성남지청장직을 끝으로 23년간의 검사 생활을 마치고 사표를 냈다.

내가 사표를 냈다는 사실이 알려지자 많은 사람들이 전화했고, 어떤 사람은 직접 사무실로 찾아오기도 했다. 많은 사람들이 아쉬워하면서 위로의 말을 전해 왔다.

먼저 변호사 개업을 한 친지들은 이제 새로운 길이 열렸으니 자유인으로 멋있게 생활할 수 있다고 하면서 새 출발을 축복해 주고 격려도 아끼지 않았다. 그러면서 성남에서 개업하면 1, 2년 안에 큰돈을 벌 수 있으니 잘 생각해 보라는 조언도 해주었다.

하지만 내 귀에는 그런 말이 중요하게 들리지 않았다. 나는 검사 생활을 하면서 변호사 개업을 한다는 생각을 해본 적이 거의 없었다. 검사로서 정년이 될 때까지 일하다가 이후에는 법조인으로서 후진들을 위해서 좋은 일을 하면서 지내고자 하는 원칙을 세우고 공직생활을 수행해 왔다.

1년 전 성남지청장으로 발령받고 나올 때에도 이제 건강이 회복되었으니 지청장직을 잘 수행하고 검사장으로 승진할 기회가 있으면 그동안 내가 초석을 쌓았던 보호관찰 제도와 치료감호 제도 등 형사정책 업무에 꽃을 피워 보았으면 하는 바람을 가지고 있었다.

그런 뜻을 가졌던 내가 돈 때문에 얼마 전까지 근무하던 검찰청 바로 앞에 변호사 사무실을 낸다는 것은 자존심 상하는 일이었고, 나의 정체성을 스스로 버리는 일이었다.

그래서 변호사 사무실은 서울 서초동에 나가서 열기로 결심했다. 내가 성남에서 개업하느냐에 대해서 비상한 관심을 가지고 있던 주변 변호사들이 안심하는 눈치였다. 퇴임하는 지청장이 그곳에서 개업하면 기존 변호사들이 사건 수임에 큰 영향을 받게 되니 그들로서는 꽤나 신경을 쓴 것 같았다.

이제 망설일 게 없었다. 1994년 9월 23일 퇴임식을 마치고 검찰청을 떠나 곧 아내와 함께 서초동에 나가 사무실을 물색하였다. 나보다 몇 년 앞서 개업한 반헌수 변호사의 도움으로 영포빌딩 202호를 얻었다. 그리고 4일 후 변호사 등록과 입회 절차를 마치고 사무장 한 명과 여직원 한 명을 채용해서 사무실 면모를 갖추었다.

내친 김에 3주일 후인 10월 15일 개업소연(小宴)도 열었다. 비가 오는 날이었는데도 축하하러 온 사람들이 많았다. 김두희 법무부 장관과 김창국 서울지방변호사회장이 축사와 함께 변호사 배지를 달아 주었다. 법무부 장관이 검사장급이 아닌 검사의 변호사 개업소연에 참석해 축사를 한 것은 전례가 없는 일이었다. 인사권자로서 나를 승진시켜 주지 못하고 검찰을 떠나게 한 미안함을 표하기 위하여 만사 제쳐 놓고 개업소연에 참석해 주신 것이다. 축사 요지에 그런 취지가 담겨 있었다.

법조 출입기자들도 법무부, 대검찰청, 동부지청 등에서 끈끈하게 맺었던 인연으로 나의 개업을 축하해 주었고 관련된 기사도 내보내 주어 변호사 업무에 큰 도움이 되었다. 성남 관내에서 나에게 사건을 의뢰하고자 찾아오는 사람들도 많아서 새 출발을 어렵지 않게 시작했다.

하지만 변호사 사무실을 열면서 내 자신과 한 약속을 지키려고 노력했다. 돈을 쫓아다니지 말고 수임료는 일해 주고 들어오는 대로 받기로 한다는 나와 우리 가족의 생활철학을 실천하자고 다짐한 약속이다.

이를 실현하고자 아침 일찍 출근 전에 집 근처 봉은사에 들러 "오늘도 내 사무실을 찾아오는 사람들이 모든 불안과 근심, 걱정을 놓고 가게 해달라"고 마음을 다잡는 것이 매일 하루 첫 일과가 되었다.

스포트라이트를 받다

12·12, 5·18 사건 재판에 참여하다

바쁜 변호사 생활 속에서 1년이 훌쩍 지나갔다. 1995년 11월 1일 노태우 전 대통령이 비자금 사건으로 구속되고 대통령에게 뇌물을 준 기업인들이 기소되어 재판을 받게 되었다. 그때 정구영 전 검찰총장이 나에게 대호건설의 이건 회장을 맡아 변호해 달라고 부탁했다. 그래서 사회의 이목을 끄는 큰 사건 공판에 참여하는 좋은 기회를 얻게 되었다.

행운이랄까, 뒤이어 12·12, 5·18 사건으로 전두환 전 대통령과 이에 가담한 군부세력이 내란목적살인 등 혐의로 구속기소되어 노태우 전 대통령 사건과 병합하여 재판을 받게 되었다. 이때 불구속으로 기소된 주영복 전 국방부 장관이 대호건설 이건 회장과 사돈지간인 관계로 주영복 장관이 나를 또 변호인으로 선임하여 비자금 사건보다 훨씬 중요한 사건의 재판에 참여하게 되었다.

주영복 전 장관과 함께 불구속으로 기소된 이희성 전 계엄사령관은 서익원 변호사를 선임하였다. 두 피고인 사이에는 이해충돌이 없고 오히려 공동 대응하는 편이 나았으므로 나와 서익원 변호사가 공동 변호인이 되어 변론에 나섰다.

12·12, 5·18 사건은 비자금 사건에 비하여 피고인의 숫자가 많았고 공소사실 내용도 복잡했으며 법률적으로도 다툴 점이 많았다. 재판을 담당한 김영일 부장판사는 꼼꼼하기로 정평이 나 있는 법관으로, 이 사건을 형사소송법 절차규정에 따라 엄격하게 진행했다.

재판이 시작되자 KBS를 비롯한 지상파 방송과 보도채널들이 전후 상황을 하루 종일 중계하였고, 자연스럽게 내 얼굴이 방송화면에 나가게 되었다. 이를 본 많은 사람들이 내게 전화를 걸어 건강을 되찾고 활발하게 활동하는 모습을 보니 기쁘다면서 격려의 말을 전해 왔다. 때로는 사건을 보내 주기도 해서 사무실을 운영하는 데 걱정이 없을 정도 이상으로 수입도 많아 비교적 편한 마음으로 변호사 업무를 수행할 수 있게 되었다.

나의 의뢰인 주영복 전 장관은 공판정에 나가기를 두려워하고 특히 전직 대통령 두 사람 앞에서 진술하는 것 자체를 몹시 꺼려했다. 이희성 전 계엄사령관은 주영복 장관에 비하여 조금 덜한 편이었지만 그분도 역시 크게 부담스러워하면서 불안한 마음을 감추지 못하고 있었다.

그도 그럴 것이 전두환, 노태우 대통령 측에서는 주영복 장관과 이희성 계엄사령관을 배신자라고 매도하면서 우리들 변호인에게도 자기들과 협력해서 변론하자고 은근히 압력을 가해 왔으니, 두 분의 마음이 편안할 리가 없었음은 당연한 일이었다.

그래서 나는 우선 의뢰인들의 평상심을 회복시켜야겠다고 생각하고 그분들에게 변호인으로서 내 생각을 솔직하게 말했다.

"우리 변호인 두 사람은 어떠한 일이 있어도 의뢰인인 장관님이나 총장님의 이익을 위해서 일할 것이니 우리들을 믿으시고 우리들이 하자는 대로 따라와 주십시오. 그리고 공판이 시작되어도 두 분은 한참 뒤에나 진술하게 될 터이니 그때까지는 공판 때마다 눈을 감고 조용히 옛날의 부하들이 진실을 말하는지 거짓을 말하는지 잘 듣고만 있다가 나름대로 평가만 해주시면 됩니다. 12·12, 5·18 당시에는 두 분이 제일 상관이었으니, 그때 입장으로 돌아가 생각하시면 겁낼 일이 하나도 없습니다."

의외로 두 분은 내 말에 공감을 표시하고 잘 따라 주었다. 이렇게 하여 의뢰인과 변호인 간의 신뢰관계는 공고하게 형성되었다.

그때부터 주영복 장관은 공판을 편안하게 받아들이고 재판을 마치면 나와 함께 대포를 마시자고 하여 여러 번 그분과 대작한 일도 있다. 이희성 계엄사령관도 한결 마음이 편해져서 큰 어려움 없이 재판이 잘 진행되었다. 전두환, 노태우 대통령 측으로부터 함께 변론하자는 이야기를 듣고 마음이 흔들릴 뻔했던 서익원 변호사도 다시 중심을 잡고 공판에 임했다.

사실 전두환, 노태우 대통령 측에 부담을 가질 사람은 나였다. 전두환 대통령 측 변호인 대표로 활동한 이양우 변호사는 내가 군법무관 시절에 잘 알고 지낸 사이이고 노태우 대통령 측 변호인 대표는 내가 중앙수사부장으로 모신 한영석 변호사였다. 또 나의 인척 몇 분이 두 대통령 밑에서 부총리, 장관, 한전 사장, 육군대장 등을 지낸 인연도 있었다.

그래서 나에게도 그쪽에서 은근히 협조해 달라는 메시지가 몇 번 왔다. 그러나 변호사에게는 사실관계를 왜곡하거나 불법을 저지르는 일이 아니면 의뢰인과의 신뢰관계가 제일 우선이다. 나는 그 원칙을 지켰다. 1심 재판부터 3심 대법원 최종심까지 의뢰인들과 늘 함께했다.

전두환, 노태우 대통령 측에서도 공판정에서 내가 변론하는 모습과 내용을 보고 듣고 나서는 나를 이해하고 더 이상 무리한 요구를 하지 않았다. 서운해하지도 않았고 오히려 나의 변론내용을 원용하기까지 했다.

이 사건으로 나는 참으로 얻은 것이 많았다. 무엇보다도 큰 소득은 내가 건강을 완전히 되찾아 예전처럼 왕성하게 일하는 모습을 널리 알렸다는 점이다. 부수적으로는 법관들과 주변 사람들로부터 성실하고 변론 잘하는 변호사로 인정받아서 내가 선임하여 수행하던 다른 사건에 좋은 결과가 나오는 일이 많아졌다.

이런 일은 변호사로서 매우 좋은 것이었다. 사건 소개인을 통하지 않고도 사건 수임을 할 수 있었고, 사건이 잘 해결되기도 하는 그야말로 일석이조의 효과를 가져다주었다. 참으로 고마운 일이었다.

12·12, 5·18 사건 재판이 진행 중이거나 끝나고 난 후에 일부 인터넷 포털에 내가 전두환, 노태우 대통령을 변호했다고 잘못된 글

을 올려 나를 5공 잔재세력이라고 낙인찍은 사람들이 있다. 아직까지 그 글이 그대로 실려 있는 곳도 여러 곳 발견된다.

바로잡아 보고 싶은 생각이 없는 것도 아니었지만 그게 나에게 그렇게 중요한 일도 아니고, 또 바로잡아 보아도 크게 달라지는 게 없다. 잘못된 글을 쓴 사람들과 다투어 서로 마음을 아프게 할 필요가 없다고 생각하고 그냥 지내 왔다.

아버지 돌아가시다

12·12, 5·18 사건 1심 재판이 거의 마무리될 무렵인 1996년 6월 6일 나를 낳아 주시고 키워 주신 아버지가 돌아가셨다.

재판에 정신이 없어 병환 중에 계신 아버지를 자주 찾아뵙지 못했는데, 휴일인 그날 아침 아내가 만사 제쳐 놓고 아버님을 뵈러 가자고 하여 차를 몰고 고향으로 내려갔다.

가는 길에 부모님을 모시고 있는 형수에게 부담을 드리지 않으려고 고향 집 얼마 못 미친 지점에 있는 식당에 점심을 먹으러 들어갔다. 점심을 시켜 놓고 음식이 나오기를 기다리는데, 아내가 그냥 가자고 재촉했다. 시켜 놓은 음식을 먹지 않고 그대로 달려 고향 집에 도착했다.

아버지가 누워 계신 2층 방으로 들어가니 아버지께서는 의식이 있는 듯 없는 듯 혼미한 상태로 누워 계셨다. "일으켜 드릴까요?"라고 말씀드리니 눈을 가늘게 뜨시고 그렇게 하라는 듯 끄덕이는 모습을 보이셨다. 내가 두 손을 어깨 밑으로 넣어 일으켜 드리니 나를 꼭 껴안으셨다. 그 껴안으시는 힘은 아주 미세했지만 나에게는 엄청난 힘으로 느껴졌다. 나는 직감했다. 이제껏 나를 기다리시다가 가실 모양이구나.

"아버지! 가시겠어요?"

아버지는 고개를 끄덕이시는 것 같았다. 그리고 무엇인가 말씀하시려고 하시는데 그 말씀을 들을 수가 없었다.

"아버지, 염불해 드릴까요?"

편안한 얼굴로 그렇게 하라는 듯한 표정을 보이셨다.

나와 아내는 준비해 간 《천수경》(千手經)을 독송(讀誦)해 드렸다. 아버지는 우리 내외의 염불소리를 들으시면서 조용하게 가셨다. 어머니와 큰형수가 방으로 들어오셔서 아버지 머리가 북쪽으로 향하도록 다시 뉘어 드리고, 어머니는 다른 방으로 가셨다. 다른 방에 가셔서 많이 우신 것 같았다. 나와 아내는 《천수경》을 계속 독송했다. 우리는 울지 않았다. 아버지가 가시는 길에 편안하게 가시라고 울지 않았다.

그로부터 5일 동안 장례를 치렀다. 우리나라 전통 장례의식에 따라 상여에 드신 아버지는 양조장을 창업하시고 산판을 경영하신 후 조림까지 한 곳을 두루 들르신 후 땅으로 돌아가셨다.

장례를 치르고 정신을 차린 후에 아내에게 물었다.

"아버지가 돌아가시던 날 아침에 만사 제쳐 놓고 아버님을 뵈러 가자고 하고 또 중간에 점심을 시켜 놓고 그냥 가자고 재촉한 것은 아버지가 곧 돌아가실 게 보였던 것이냐?"

아내는 "그렇게 하지 않으면 아버님을 생전에 뵙지 못할 것 같아서 그랬다"고만 대답했다.

아내가 영험한 것인지 아버지께서 아내에게 텔레파시를 보낸 것인지 알 길이 없었다.

아이들에 대한 고마움

아버지가 돌아가시기 전해에 아이들에게 좋은 일이 많이 생겼다.

1995년 9월에 큰아들이 사법시험에 합격하였으며, 딸은 미국 뉴욕대 경영대학(NYU Stern School of Business)을 졸업하고 조지타운대 로스쿨(Georgetown Law School)에 입학했다.

작은아들은 군복무를 마치고 복학하여 대학원 진학을 위하여 공부 중이었는데, 그 후 포항공대 정보통신대학원을 졸업하고 2000년에 삼성전자에 취업하였다. 현재는 분사한 삼성디스플레이에서 역점사업인 전장부문 영업담당그룹장으로 일하고 있다.

사법시험에 합격한 큰아들은 그 후 아버지의 길을 이어받아 검사로 봉직하다가 2021년에 퇴직하여 김·장 법률사무소에서 일하고 있다.

딸은 미국 뉴욕주 변호사 자격을 취득한 후 국내 유수의 로펌에서 미국변호사(국제변호사)로 일하다가 부산대 로스쿨 교수로 영입되어 가서 후배 법조인 양성에 힘을 쏟고 있다.

　세 아들·딸들이 모두 내가 몸이 아플 때 대학입시를 앞둔 수험생들이었는데, 모두 주변의 어려운 사정을 이겨내고 의연하게 잘 자라나 크게 성공했으니 아버지로서 더 이상 고마운 일이 없다. 돌아가신 할아버지에게도 효도했으니 더욱더 고마운 마음이다.

귀인을 만나다

12・12, 5・18 사건 1심 재판도 1996년 8월 26일 끝나고 하계 법정 휴정기여서 한두 달 잘 쉬고 항소심 재판 준비를 하고 있는데 사무실로 불쑥 손님 한 분이 찾아왔다.

정재헌 변호사였다. 나와는 일면식도 없는 분인데, 서로 인사를 나누고 나서 단도직입적으로 자기의 뜻을 말하였다. 당신이 다음 해 1월에 예정된 서울지방변호사회장 선거에 출마하려고 하는데 내가 러닝메이트인 부회장 후보로 나서 달라는 부탁이었다. 매우 당황스러운 제안이었다.

변호사로 개업한 지 2년이 채 되지 않은 데다가 현재 변호를 맡은 사건도 많아서 그런 일에는 관심을 두지 않았기 때문에, 나는 그런 일을 할 만한 사람이 못 된다고 완곡하게 거절했다. 그럼에도 그분은 이미 내 명성을 잘 듣고 왔다면서 그냥 선거캠프에 참여만 해주면 큰 힘이 될 테니 꼭 그렇게 해달라면서 다음에 또 찾아오겠다고 하고 돌아갔다.

며칠 후 이종남 전 법무부 장관한테서 전화가 왔다. 정재헌 변호사를 도와 부회장으로 출마하도록 권유하는 전화였다. 정재헌 변호사가 2년 전에 서울지방변호사회장 선거에 도전했다가 실패하고 이번에 다시 도전하려고 하는데 검찰 출신 변호사들의 표를 얻으려면 내가 꼭 필요하다고 하니 정 변호사의 청을 들어 주라는 것이었다.

이종남 장관의 부탁 전화도 있고 하여 아내와 의논했다. 아내의 대답은 매우 긍정적이었다. 회장으로 출마하는 것도 아니고 부회장으로 출마하는 것이니 부담 없이 구경 삼아 한번 해보라는 것이었다. 그래서 마음을 굳히고 있었는데 며칠 후 정재헌 변호사가 또 찾아왔다. 그렇게 해서 공익활동에 첫발을 내딛게 되고, 이것이 내 앞날에 큰 변화를 가져다주는 계기가 되었다.

12월 초에 후보등록을 마치고 선거운동에 나섰다. 아내는 구경 삼아 한번 해보라고 했으나 내 성격에 그럴 수는 없었다. 내가 직접 회장으로 출마한 것처럼 뛰어 다녔다. 검찰 출신 변호사들은 물론이고, 예전에 인연을 맺었던 많은 원로 변호사님들을 일일이 찾아뵈면서 지지를 호소했다.

1997년 1월 하순, 정재헌 변호사가 이해진 변호사를 누르고 회장으로 당선됐다. 손건웅 변호사가 제1부회장, 내가 제2부회장으로 일하게 되었다.

이를 계기로 내 개인 사무실에도 상당한 변화가 있었다. 함께 일하던 사무장과 운전수를 내보내고 여직원 한 사람만 데리고 내가 직접 당사자들을 면담하고 소송서류도 작성했다. 자동차 운전은 내가 직접 하고 가능하면 지하철이나 대중교통을 이용했다. 그래서 법조기자들 사이에 '나홀로 변호사'로 소문이 나고, 긍정적으로 많은 기사를 써주었다.

이왕 공익활동에 나선 마당에 대법원에서 확대 시행한 국선(國選) 변호사에도 지원하여 서울형사지방법원 형사부 국선변호사로 활동했다.

1997년 10월 1일에는 검찰 선배인 송종의 법제처장의 배려로 국무총리행정심판위원으로 위촉받아 위임 공직업무도 수행하는 기회를 얻었다.

또한 서울지방변호사회에서 발간하는 〈시민변호사〉지와 〈검찰동우회〉지에 시의에 맞는 글을 게재하기도 했다. "검찰총장님, 힘을 빼십시오", "인사유감", "법조인의 덕목", "한국 변호사는 부자", "격동의 중앙 수사부" 등인데, 그중에서 "검찰총장님, 힘을 빼십시오"라는 글은 큰 파장을 일으켰다. 2 변호사가 현직 검찰총장의 실명을 거론하면서 직설적으로 총장의 행태를 비판하고 나섰으니 그럴 만도 했다. 많은 일간지에 요지가 전재되었고, 〈중앙일보〉 "말 말 말" 란에는 내가 쓴 글의 핵심을 따서 게재하기도 했다.

주위에서 칭찬과 격려를 많이 받았지만 검찰총장이나 검찰 측에서 나에게 서운해 한 적은 없다. 오히려 검찰은 나를 어렵게 생각하

---

2 부록 347쪽부터 기고문 "검찰총장님, 힘을 빼십시오", "인사유감", "법조인의 덕목", "한국 변호사는 부자" 수록.

고 '검찰제도개혁위원회' 위원으로 위촉하는 아량까지 베풀었다.

한편 정재헌 회장은 마음이 너그러우신 분으로, 제2부회장 권한을 충분히 보장해 주고 기타 복잡한 일도 맡겨 주어서 주변 사람들이 평한 바와 같이 회장 같은 부회장 역할을 수행할 수 있었다.

서울지방변호사회장 2년

1998년 12월 31일 종무식을 마치고 난 후의 일이다. 서울지방변호사회장 선거에 출사표를 던지고 선거운동 중인 손건웅 제1부회장이 출마를 포기한다고 선언했다. 함께할 러닝메이트를 구할 수 없다는 이유에서였다. 그렇게 되면 상대 후보인 노경래 변호사가 단일후보가 되어 서울지방변호사회장 역사상 처음으로 무투표 당선자가 나올 수밖에 없으니 내가 대타로 나서야 된다는 게 회장을 비롯한 참모들의 의견이었다.

그 자리에서 당장 결정할 일이 아니었다. 연말연시 연휴 동안 가족과 의논하고 숙고한 끝에 다음 해 1월 4일 회장 선거에 출마할 뜻을 공표했다.

그리고 신속히 부회장 후보와 감사 후보를 물색했다. 이진록 변호사와 박동섭 변호사를 부회장 후보로 정하고, 감사는 상대방 노경래 후보가 선정한 반헌수 변호사와 이문재 변호사를 그대로 받기로 하고 후보 등록절차를 밟았다.

선거일이 1월 25일이니 선거운동 기간은 20일밖에 남지 않았다.

게다가 김대중 정부가 출범한 지 얼마 안 되었고 노경래 후보가 호남 출신이라서 매우 어려운 싸움이었다. 그래서 앞뒤 가리지 않고 뛰었다. 그즈음 발생한 의정부 법조비리 사건과 대전 법조비리 사건으로 인하여 추락한 재야법조계의 신뢰를 회복하겠다는 강한 메시지를 던졌다.

선거운동을 하다 보니 2년 전에 정재헌 회장을 도와 발 벗고 나서서 선거운동을 한 게 크게 도움이 되었고, 나를 아끼고 아쉬워했던 검찰의 선후배 법조인들이 힘을 합해서 도와주는 모습을 확인할 수 있었다. 3년 전 사법시험에 합격한 큰아들과 아내 또한 앞장서서 도와주었다.

그리고 결전의 날인 1999년 1월 25일, 많은 사람들의 예상을 깨고 내가 62표의 근소한 차이로 노경래 후보를 누르고 제85대 서울지방변호사회장으로 당선됐다.

2년 동안의 부회장 경험으로 새롭게 추진해야 할 일과 전임 회장들이 이룩해 놓은 일들 중 계승 발전시켜야 할 일이 무엇인지 잘 알 수 있었다.

무엇보다도 먼저 변호사회관 현관을 깨끗하게 뜯어고쳐서 드나드는 사람으로 하여금 밝고 상쾌한 기분을 느끼게 하고, 민원인들이 친근감을 가지고 공간을 이용할 수 있도록 했다. 부회장 때 느낀 바이지만, 어두컴컴한 채로 조흥은행 현금자동지급기 두 대만 별 이용자 없이 덩그러니 놓여 있던 1층을 언젠가는 밝은 공간으로 만들어야겠다고 생각했다. 이를 개조하여 종합법률센터를 만들어 무료법률상담실과 여성변호사상담실로 활용하였다.

몇 개월 후에는 서울지방변호사회 동·서·남·북 지소에 종합법률센터를 만들어 무료법률상담에 나서는 한편 이웃돕기활동에 적극적으로 나섰다.

서울지방변호사회 홈페이지도 새롭게 만들었다. 또한 전임 정재헌 회장 때 새로 도입한 '변호사 안내제도'를 더욱 발전시켜 나갔으며, '중소기업 고문변호사단'도 확대 발전시켜 나갔다.

일본 도쿄변호사회, 오사카변호사회 그리고 중국의 베이징율사협회 등과 해외교류도 활발하게 전개했다. 중국 변호사들이 한국을 방문했을 때 당시 삼성전자 부사장으로 있던 처남의 배려로 첨단 전자제품인 '보이스 펜'과 '디지털 카메라' 수십 개를 방문자들에게 선물로 주었다. 이를 받은 사람들이 모두 환호했고 한국의 첨단 전자기술을 중국인들에게 알릴 수 있었다.

이렇게 바쁜 와중에도 부회장 때부터 개인적으로 봉사하던 국선변호 활동은 계속했다. 김이수 부장판사가 담당하는 형사부에 배정되어 국선변호 사건을 맡아 수행했다.

크게 보람된 일이었다. 이로 말미암아 항상 마음으로 큰 부자가 된 기분으로 생활할 수 있었고, 그때 맺은 김이수 판사와의 인연은 그가 헌법재판관이 된 이후에도 가족·친지간의 모임으로 확대되어 즐겁고 유익한 시간을 함께했다.

그렇게 눈코 뜰 사이 없이 업무를 처리하던 초겨울 어느 날, 오성환 변호사, 김석휘 변호사 등 몇 분이 동기생인 이회창 한나라당 총재와 함께하는 점심 모임에 나를 서울지방변호사회장 자격으로 초청했다.

시청 앞 플라자호텔 음식점에서 점심을 했는데, 서로 친구끼리 덕담을 나누면서 나에게는 격려와 칭찬의 말씀을 해주었다. 오성환 변호사는 내가 서울지방검찰청 공판부에 있을 때 그분의 재판부에서 공소유지를 담당한 인연으로 잘 알게 된 분이고, 김석휘 변호사는 검찰총장과 법무부 장관으로 모신 인연으로 나를 많이 아껴 주시고 인사에서도 큰 도움을 주신 분이었지만, 이회창 총재와 개인적 인연은 없었다. 그날 점심은 메뉴도 좋았고 대선배들의 좋은 말씀을 들을 수 있어서 무척 의미 있는 자리였다.

점심을 마치고 그분들과 헤어지려고 하는데 이회창 총재를 수행하던 맹형규 비서실장이 잠깐 보자고 하여 함께 커피를 한잔하기로 했다. 커피를 시켜 놓고 맹형규 실장은 이회창 총재가 다가오는 총선에서 나에게 고향이나 서울에 공천을 주려고 생각하고 있는데 정치권으로 들어올 의향이 없느냐고 물었다.

전혀 예상하지 못한 제의였지만 나는 그 자리에서 망설이지 않고 그럴 뜻이 없다고 대답했다. 아직 서울지방변호사회장 임기 2년의 반도 채우지 못했고, 회원들의 지지를 받고 당선된 자리이니 중간에 사퇴할 수 없다고 했다.

그때 내가 그 제의를 받아들이고 정치인으로 나섰다면 성공할 수 있었을까? 가정이라 알 수 없는 일이지만, 지금의 내 입장보다 더 나은 결과는 없었을 것이라는 생각이 든다. 나는 '창조적 보수'로 대화와 타협, 그리고 독임제 공직자보다도 위원회 업무에 필요한 조정과 합의를 잘 이끌어 내는 사람이다. 정치를 해도 잘해 낼 능력과 소질이 없다고는 할 수 없지만, 정치라는 것이 그렇게 간단한 일이 아니므로 그때 단호하게 거절한 게 잘한 일이라고 생각한다.

그렇게 정치 입문 제의를 거절하고 본연의 업무에 매진했다. 특히 아내의 아이디어로 소년·소녀 가장(家長) 돕기운동을 전개했다. 변호사가 소년·소녀 가장과 1 대 1로 결연을 맺어 계속적으로 도와서 건전한 사회인으로 활동할 수 있는 기틀을 마련해 주자는 뜻으로, 이준범 사업이사가 세부계획을 기획한 작품이다.

뜻이 있는 참여 변호사가 1인당 1구좌에 월 최소 10만 원씩 변호사회에 기부금을 납부하고, 사단법인 '먹거리 나누기 운동본부'는 소년·소녀 가장을 선정하여 지원하는 일을 맡아 하기로 양자가 협정을 맺고 2000년 새해에 정식으로 사업에 착수했다. 300여 명의 회원이 적극적으로 이 사업에 동참했다. 이때 〈조선일보〉가 많이 도와주었다. 1999년 12월 31일 자 조간 사회면에 10단 기사로 이 선행사업을 사진과 함께 크게 실어 주었다.

이렇게 시작한 소년·소녀 가장 돕기운동은 지금까지 계속되고 있다. 나도 1구좌를 가입하여 22년 동안 매월 10만 원씩 서울지방변호사회에 기부하고 있는데, 참여자들이 기부한 총액은 50여억 원이 넘는다고 한다. 참으로 보람된 일이고 그 성과가 큰 사업이다. 지금까지 이 사업에 참여해 준 변호사 여러분께 감사드린다.

한편, 이 사업을 기획하고 출범시키는 동안 '밀레니엄 버그'라는 예상치 못한 사태를 맞았다. 온 세계가 똑같이 당한 어려움이었지만 회장 취임 초에 처음으로 개설한 홈페이지에 영향을 받지 않을까 걱정이 되어 예비비를 투입하여 버그를 차단하는 예방조치를 선제적으로 취해 희망찬 2000년 새해를 큰 혼란 없이 맞이할 수 있었다.

그러나 회장 임기 1년간 좋고 신나는 일만 있었던 것은 아니다. 연초에 대전 법조비리 사건의 와중에 '항명파동'으로 면직처분을 받고 검찰을 떠난 심재륜 대구고검장이 변호사로서 서울지방변호사회에 입회 및 개업신고를 해와서 한바탕 소란이 일어났다.

심재륜 고검장은 사법대학원을 수료하고 곧바로 변호사 등록을 했으므로 재차 변호사 등록절차를 밟을 필요는 없었으나, 서울지방변호사회에 입회 및 개업신고를 해왔기 때문에 변호사법과 회 규칙에 따라 심사절차를 진행하기로 했다.

심재륜 고검장은 검사 면직처분에 불복하고 행정소송을 제기하여 소송이 계류 중에 있었다. 서울지방변호사회에는 그 면직처분의 당부를 판단할 권한은 없었으나 검사가 재직 중의 사유로 면직처분을 받았을 때 입회 여부를 심사할 권한이 있었으므로 절차에 따라 심사위원회에 회부한 것이다.

그러자 당사자인 심재륜과 그와 사법시험 7회 동기생인 노경래,

김정수 등이 회장실로 찾아와 나의 처사가 부당하다며 항의하였다. 검사 재직 중의 비위사실로 면직처분을 받은 변호사에 대하여 입회의 적격 여부를 판단하기 위하여 적법하게 설치된 심사위원회에 안건을 상정한 것이 부당하다고 항의하는 이유를 알 수 없었다.

심사위원회에서 안건을 심사하던 중 김창국 대한변호사협회장이 그 안건을 협회로 보내 주면 자기들이 결정하겠다고 했다. 대한변호사협회에는 규정상 그런 권한이 없는데 그렇게 요청해 왔다. 입회심사위원회 위원장과 논의한즉, 그분도 논란이 있을 수 있는 사안이니 대한변호사협회로 보내는 게 좋겠다고 해서 협회로 보냈다.

얼마 후 협회에서 심재륜 변호사의 입회와 개업신고를 받아 주라는 연락이 와서 그렇게 조치하고 끝냈다.

2000년, 2년 임기의 마지막 해가 시작되었다. 새롭게 시작한 사업을 더욱 발전시키고 기존의 계속 사업은 좀 더 내실을 다져 나가는 방향으로 1년의 잔여임기 업무계획을 수립했다.

회원들의 복지증진에도 힘쓰고, 우리 회의 해외방문 차례가 되었으므로 해외교류도 임원들의 견문을 넓혀 주는 기회로 삼아 더욱 활발하게 전개하기로 방침을 세웠다.

회원들의 복지증진 차원으로 매년 봄가을에 실시하는 야유회 및 산행 행사 때는 큰형이 운영하는 양조장에서 막걸리와 약주를 충분히 공급하여 회원들을 즐겁게 해주었다. 바둑대회도 열어 바둑 애호 회원들이 승부를 겨루는 즐거운 시간을 보낼 수 있게 했다.

2000년 후반에 들어서자 다음 해에 있을 임원선거 열기가 달아오르기 시작했다.

대한변호사협회장 선거에는 나에게 큰 길을 열어 주었던 전임 서울지방변호사회장 정재헌 변호사와 김성기 변호사가 나설 뜻을 굳힌 것 같았다. 서울지방변호사회장 후보로는 진보개혁 진영의 박재승 변호사가 음으로 양으로 선거운동을 하고 있었는데 보수 진영에서는 이렇다 할 인물이 나서지 않고 있었다. 그래서 이진록 부회장에게 넌지시 의사를 떠보니 반대는 하지 않아서 출마할 것을 권하여 응낙을 받아 냈다.

회장직을 수행 중인 내가 내놓고 선거운동을 해줄 수는 없었으나 정재헌 변호사는 나의 은인이기도 하니 도와주어야 할 입장이었고, 이진록 변호사는 내가 권한 일이니 결과가 좋아야 하는 입장이었다.

선거 결과 정재헌 변호사는 성공을 거두었지만, 이진록 변호사는 뜻을 이루지 못했다. 이렇게 하여 제85대 서울지방변호사회장직을 잘 마치고 2001년 1월 27일 박재승 후임 회장에게 자리를 넘겼다.

휴식기와 국가인권위원회 참여

서울지방변호사회 부회장 2년, 회장 2년, 도합 4년간 공적 업무를 수행하다 보니 개인 변호사 사무실이 잘 돌아가지 않았다. 여직원 한 사람만 두고 있으니 큰 비용이 들지 않아서 사무실 운영에는 지장이 없었으나 활기가 나지 않아 다소 침체되는 분위기가 느껴졌다. 그래서 사건 수임에 좀 더 신경을 쓰고 아직 미해결 상태에 있는 사건에 힘을 쏟았다.

이때 용인 이씨 사맹공파 종중(宗中)에서 위임한 여성종중확인소송의 피고 대리인으로 수원지방법원과 서울고등법원을 오가면서 수송을 수행했다.

이 소송은 용인 이씨 사맹공파 출가 여성들이 여성들에게도 종중원 자격을 인정해 달라고 낸 것이다. 그동안 관습법상으로 성년 남성에게만 종중원 자격을 인정해 온 대법원 판결에 배치되는 것이었다. 그래서 1심과 2심은 피고 측에서 쉽게 승소할 수 있었다. 나와 민경식 변호사가 공동으로 수행했는데 힘들이지 않고 승소하였다.

하지만 5년 후 대법원에서 종중이 패소했다. 기존 대법원 판결을 뒤집고 여성들에게도 종중원 자격을 인정하여 사회적으로 크게 이목을 끈 판결이었다.

2001년 9월 2일에는 호주에서 열리는 제6차 국제검사협회 총회에 참가하는 법무부·검찰 대표단에 개인 자격으로 합류했다. 김각영 대검 차장검사가 대표단장이 되고 한부환 검사장, 이동오 검사, 우병우 검사, 박은석 검사 등이 수행했는데 나와 주광일 변호사가 개인 자격으로 참가했다.

세계 각국에서 대표로 온 검사들이 모여 개최하는 회의이니 규모가 엄청나게 컸는데 그 짜임새는 세련되고 품격이 있었다. 일본변호사회와 중국변호사회를 오가며 경험한 교류회의와는 차원이 달랐다. 많은 것을 배웠다. 개인 자격이었지만 대한민국 검사 대표단의 일원으로 대우도 잘 받았다.

호주 일정을 마치고 뉴질랜드 오클랜드에 있는 인권위원회를 방문하여 서로 자료를 주고받으며 환담했다. 마침 국내 정치권에서 인권위원회 설치 여부에 관하여 논의 중에 있었으므로 뉴질랜드 인권위원회 방문은 법무부가 미리 일정에 포함시킨 것 같았다. 공식일정 중간중간에 시드니 오페라하우스, 골드코스트 해변, 오클랜드 에덴동산을 관광하고 골프도 즐겼다.

호주 국제검사협회 총회에 다녀와서 얼마 지나지 않았는데 법무부에서 연락이 왔다. 정부에서 국가인권위원회를 설치하려고 하는

데 대통령 임명의 비상임위원을 맡아 달라는 요청이었다. 비상임위원이니 변호사로서 활동하는 데 아무런 지장이 없고, 새로 창설하는 국가인권위원회의 위상을 고려하여 서울지방변호사회장 출신인 나를 예우하려는 것이라고 했다. 위원장으로는 내가 서울회장 때 대한변호사협회장이었던 김창국 변호사가 내정되었으니 호흡이 잘 맞을 것이라고 하면서 매월 일정한 수당도 지급한다고 했다.

뉴질랜드 인권위원회 방문을 계기로 인권업무에 큰 관심을 가지고 공부하던 차에 이런 제의가 왔으므로 별 생각 없이 선뜻 응낙하고 2001년 10월 1일 김대중 대통령으로부터 임명장을 받았다.

그런데 나중에 안 일이지만 국가인권위원회법에 상임, 비상임을 불문하고 인권위원직에 있었던 자는 교육공무원을 제외하고는 다른 공직에 취임할 수 없다는 독소 조항이 있어, 나는 그로 인해서 몇 번 공직 취임 기회를 잃고 말았다. 그 독소 조항은 후에 법 개정으로 삭제되어 다행이지만, 처음에 이를 알지 못하고 덥석 인권위원 임명에 동의해 준 잘못은 내게 있었다.

하지만 1년 동안 많은 것을 배우고 새로운 인물과 좋은 관계를 맺을 수 있어 후회는 없었다. 김창국 위원장을 비롯하여 박경서, 유현, 유시춘 상임위원과 곽노현, 정강자, 신동운, 김오섭 비상임위원 그리고 최영애 사무총장과 직원들의 열정에 배우는 바가 많았다.

아쉽게도 내 개인적 선택이었지만 임기를 다 마치지 못하고 중도에 사임했다. 대한변호사협회장 선거에 출마하고자 사의를 표한 것이다. 김창국 위원장의 만류가 있었으나 보수진영 변호사들의 강력한 요청이 있었고 내 마음도 그 방향으로 기울어져 있었으므로 뜻을 굽히지 않았다. 하지만 결과적으로 그 선택은 옳지 못했다. 2003년 1월 실시한 대한변호사협회장 선거에서 박재승 후보에게 패하여 낙선한 것이다.

재충전과 기다림

패인 분석

2003년 1월 27일 대한변호사협회장 선거에서 박재승 후보에게 패배한 원인을 분석해 보면 여러 가지가 있다.

첫째, 내가 당시 정치상황을 제대로 읽지 못한 잘못이 있다. 노무현 후보가 이회창 후보를 누르고 대통령에 당선되리라고 예측하지 못했던 것이다. 나뿐만 아니라 보수진영 사람들 모두가 이회창이 당선되리라고 생각하고 있었다. 나만의 잘못이라고 할 수 없겠으나 스스로 결정한 진로이니 나의 잘못이었다.

둘째, 박재승 후보가 서울지방변호사회장에서 바로 출마하리라고 생각하지 못한 잘못이 있다. 그때까지는 관례상 서울회장에서 퇴임한 후 2년 정도 기다렸다가 협회장에 출마하는 것이 불문율로 되어 있었다. 나도 그렇고 전임 회장들도 그 관례를 지켜 왔다. 그런데 박재승 회장은 그 관례를 깨고 바로 협회장에 출마했다. 그 결과 협회장 선거가 불공정 쪽으로 기울어졌다.

셋째, 내가 너무 자만하여 선거운동에 소홀한 점이 많았다. 서울지방변호사회 부회장, 회장의 길이 쉽게 열리고 회장 재임 시 회원들로부터 과분한 찬사를 받다 보니 회장 퇴임 후 2년이 지나고 출마해도 계속해서 나를 지지해 줄 것이라는 안이한 생각에서 그 전의 선거만큼 열정을 쏟지 않았다.

넷째, 선거 당일의 일기와 대통령선거 투표함 재검표 기일 지정이 내 선거에 큰 영향을 미쳤다.

선거일 전날 밤부터 내린 눈이 강추위로 녹지 않아 서울 시내 교통이 거의 마비되었다. 총회 장소인 남산 힐튼호텔에는 승용차 접근이 매우 어려웠다. 연세 드신 원로 회원들께서 선거에 참여하기가 거의 불가능했다. 나중에 들은 이야기이지만 나를 지지하는 많은 장년 회원들이 중도에서 포기하고 되돌아갔다고 한다.

또 한 가지 안타까운 일은 그날이 대통령선거 투표함 재검표 기일로 지정되어 보수 성향의 변호사들이 그곳으로 대거 몰려가는 바람에 나에게 투표해 줄 인원수가 크게 줄어든 것이다.

그러나 이런 패인 분석을 해보아야 무슨 소용이 있으랴! 나에게 시절 인연이 없어서 그렇게 된 것뿐이니 좀 더 겸손해지고 공부와 수행을 하면서 때를 기다리자고 마음먹었다.

평상심으로 되돌아가 재충전하다

박재승 변호사에게 패배하여 낙선했지만 의기소침하여 낙심할 일은 아니었다. 그래서 그동안 소홀했던 개인 사무실 운영에 좀 더 신경을 쓰면서 가정사에도 관심을 가지는 한편 육체적, 정신적 건강 증진에 힘썼다.

서울지방변호사회 부회장, 회장, 그리고 인권위원회 비상임위원을 역임하면서 이름이 알려져서 그런지 사건 의뢰인들이 많이 찾아와 사건을 맡겼다. 쌍용건설, 크라운제과, 남원건설, 대신증권, 부영건설, 진흥기업 등 회사 임직원들의 형사사건을 비롯하여, 국방부 전 품질관리소장의 납품 관련 비리 사건 등 중요한 사건들이 심심치 않게 들어온 것이다. 사건의 성공률도 높아서 생활의 활력을 되찾았다.

변호사 사무실 수입도 괜찮고 시간 여유도 생겨 아내와 패키지 해외여행도 수차례 다녀왔다. 2003년 11월에는 싱가포르를 거쳐 캄보디아 앙코르와트, 프놈펜 여행을, 2004년 봄에는 동유럽 6개국(독일, 폴란드, 체코, 슬로바키아, 헝가리, 오스트리아) 여행을 다녀왔다. 2005년에는 큰아들이 검사 해외연수차 나가 있는 미국 로스앤젤레스에 들러 라스베이거스, 그랜드캐니언 등을 관광하였으며, 2006년 가을에는 북유럽 4개국(덴마크, 핀란드, 스웨덴, 노르웨이) 여행을 다녀왔다.

집에도 경사가 있었다. 미국 뉴욕주 변호사 자격을 소지하고 국내 로펌에서 근무하다가 내 사무실에서 삼성반도체 가격담합 사건 해외 업무를 담당하던 딸이 로스쿨 출범에 대비하여 교수요원을 초빙하고자 하는 부산대 법과대학에 2006년 3월에 조교수로 영입되어 갔다. 3개월 후에는 삼성전자에 다니는 작은아들이 결혼했다.

사무실 운영도 잘되고 가정사도 원만하게 돌아가니 마음에 여유가 생겨 변호사 공실에 나가 바둑에 취미를 붙이기도 하고, 그동안 하지 못했던 독서로 유익한 시간을 보냈다.

니체를 연구하고 괴테의 《파우스트》를 여러 차례 보았고, 《서유기》, 《로마인 이야기》 등 많은 책을 읽었다. 특히 《도덕경》, 《장자》, 《노자》, 《논어》 등 동양 고전을 접하게 되었는데, 도올 김용옥 선생의 방송강의가 많은 도움이 되었다.

기다림의 묘리

이렇게 재충전의 시간을 보내던 나에게 평정심을 갖고 기다릴 줄 아는 마음을 더욱더 다지게 하는 일이 생겼다.

2004년 10월 하순이었다. 서울지방변호사회장 천기흥 변호사가 내 방으로 찾아왔다. 자리에 앉자마자 단도직입적으로 말했다.

"내년 협회장 선거에 또 출마할 것이냐?"

천기흥다운 질문이었다. 내가 웃으면서 아무런 대답을 하지 않으니 "내가 협회장 선거에 나오려고 하는데 김성기 변호사와 대결할 것 같다. 이 회장이 나오면 3등이나 할지 모르겠다. 또 떨어지는 선거에 나오지 않으면 좋겠다"고 자못 당당하고 자기중심적인 말을 쏟아 냈다.

서울지방변호사회장에서 곧바로 협회장에 출마하려는 심산이었다. 거기에다가 예전에 자기가 회장으로 모시던 김성기 변호사와 대결한다는 것이었다. 참으로 그 의지와 용기가 대단했다.

나와 김성기 변호사, 천기흥 변호사가 출마하여 3자가 대결할 경우 누가 당선될 것인지 가늠하기 어렵고 서로 마음만 상하는 결과가 나올 것만 같았다.

내가 포기하고 기다리면 양자가 싸워서 한 사람의 경쟁자는 없어질 것이고 그렇게 되면 2년 후에는 내게 탄탄대로가 열릴 수도 있다는 생각이 들었다. 그래서 천기흥 회장의 말이 다소 모욕적으로 들렸으나 그게 좋은 약이라고 생각하고 출마를 포기했다.

출마를 포기하고 나니 좋은 일이 많이 생겼다. 변호사 사무실 업무는 순조롭게 잘 풀려 나갔고, 집안에 경사도 생겼으며, 가족과 해외여행의 즐거움도 맛볼 수 있었다.

후일에 큰일을 할 수 있는 능력을 배양한 것이 제일 큰 소득이었다. 이것이 바로 기다림의 미덕에서 오는 결과라고 생각하고 나에게 섭섭한 말까지 해가면서 큰 가르침을 준 천기흥 회장께 감사한 마음을 전한다.

대한변호사협회장 2년

드디어 기회가 오다

2006년 가을 북유럽 패키지 여행을 다녀와서 편안히 쉬고 있는데, 사무실로 또 귀인 한 사람이 찾아왔다. 김현 변호사였다. 워낙 부지런한 사람이라 공식석상에서 여러 번 얼굴을 본 일은 있으나 가까이 사적 만남은 없었던 사이였다. 서로 인사를 나누고 자리에 앉자 김변호사가 깍듯이 예의를 갖추고 조심스럽게 말을 꺼냈다.

"내년 협회장 선거가 다가왔는데 서초동을 비롯한 재야법조계 주변에 변호사님이 나서시면 당선 가능성이 제일 높다고 합니다. 변호사님께서 뜻이 있으시다면 제가 앞장서서 당선에 도움을 드리겠습니다. 저를 총무이사나 사무총장으로 써주시면 견마지로를 다하여 보필하겠습니다. 저는 추후에 서울지방변호사회장에도 뜻이 있는데 저를 지지하는 변호사들이 많습니다."

사적 대면이 처음인데도 자기의 의사를 분명히 표시하므로 무척 호감이 갔다. 김현 변호사로부터 뜻하지 않은 제의를 받고 며칠 동안 이리저리 알아보았다. 김현 변호사의 신상과 주변 평판을 알아보니 아주 괜찮은 편이었고 나에 대한 회원들의 기대와 여론도 김 변호사 말대로 매우 호의적이었다.

그래서 출마를 결심하고 김현 변호사를 사무실로 불렀다. 출마 결심을 알리고 함께 선거계획을 짰다. 부협회장 등의 임원구성 문제를 비롯해서 세세한 선거운동 계획을 세우고 내 사무실에 캠프를 차렸다. 마침 1년 전에 옆방에 사무실을 낸 김진수 변호사가 비서 겸 수행자를 자임하고 나서서 크게 도움이 되었다.

모든 일이 순조롭게 진행되었다. 아내와 두 아들, 딸이 나서서 도와주고 친인척들도 힘을 보태 주었다.

아내는 "대한변협이 법조 3륜의 중추적 역할을 하겠다!"는 선거 '캐치프레이즈'를 창안해 주는 한편, 선거공보를 비롯한 팸플릿과 의상에 일일이 신경을 써주었다.

마침 미국 연수를 마치고 귀국하여 법무부 인권국에서 근무하던 큰아들이 큰 도움을 주었고, 미국에서 오랫동안 공부하고 변호사 자격을 가진 딸은 미국의 'Young Lawyers Division'의 아이디어를 제공하여 '청년변호사 특별위원회 창설!'이라는 획기적인 선거공약도 만들 수 있었다.

거기에 더하여 운도 따랐다. 종전까지는 서울지방변호사회 총회 당일에 회원들이 모여 한 번에 투표하던 방식이었으나, 사전투표제를 실시하여 이틀간 더 투표할 수 있는 제도로 바뀌었다.

또 상대방 후보는 민변의 지원을 받고 있었지만, 회무 경험이 없는 임동진 변호사였으므로 내가 상대적으로 우위에 있었다. 예상대로 김성기 변호사는 출마를 포기했다.

임동진 변호사는 예전부터 소문난 대로 젠틀맨이었다. 선거운동도 클린하고 페어하게 했다. 역대 어느 선거보다도 말썽이 없고 갈등이 없는 선거였다.

2007년 1월 29일 선거에서 내가 총투표수 3,500표 중 과반수를 훨씬 넘긴 2,407표를 득표하여 협회장 후보추천자로 선출되었다.

이어서 한 달 후에 치러진 대한변호사협회장 선거에서 유효투표수 206표 중 159표를 득표하여 수원지방변호사회 강창웅 변호사를 누르고 제44대 협회장으로 당선되었다. 2003년에 도전하였다가 뜻을 이루지 못했던 꿈을 4년 만에 이루었으니 감개가 무량했다.

곧 집행부를 구성했다. 부협회장 소순무, 유원석, 임정수, 허노목, 김태우 변호사, 총무이사 겸 사무총장 김현, 재무이사 이찬희, 법제이사 권오창, 인권이사 이상석, 교육이사 최현희, 회원이사 채근직, 공보이사 윤상일, 국제이사 김범수, 기획이사 이정한, 사업이사 이영재, 감사 이진록, 반헌수, 황봉환 변호사 등이었다. 널리 자랑할 만한 호화멤버로, 아직도 이들과 교분을 유지하고 있다.

법조 3륜의 협력과 체제 정비

선거운동 직전부터 재야법조계와 대법원 사이에 예전에 보지 못하던 긴장관계가 형성되고 있었다. 이용훈 대법원장이 변호사를 비하한 발언으로 말미암아 대한변호사협회와 서울지방변호사회에서 대법원장의 사과를 요구하고 나섰다. 만일 사과하지 않으면 대법원장 퇴진운동을 벌이겠다고 강경발언을 쏟아 내는 상황이었다. 그러한 긴장상태는 선거가 끝나고도 해소되지 못하고 답보상태에 놓여 있었다.

협회장으로 취임한 후 내게 주어진 첫 임무는 대법원과의 긴장관계를 해소하고 법조 3륜이 국민을 위하여 합심해 나가는 일이라고 생각하고 3월 6일 대법원장을 예방해 변협과 대법원의 껄끄러운 관계를 정리했다.

그 자리에서 이 대법원장이 "내부 직원들과 허심탄회하게 이야기하다 보니 여과되지 않은 말이 있었다"며 유감을 표명했고, 양측이 앞으로 법조 발전을 위하여 공동의 노력을 한다는 양해각서를 작성하고 사태를 마무리 지었다.

그리고 그다음 날부터 이틀간 김성호 법무부 장관, 정상명 검찰총장, 이강국 헌법재판소장을 차례로 예방하여 함께 성의를 다해 국민의 신뢰를 받을 수 있도록 노력하자고 다짐했다.

곧이어 지방을 순회하며 지방변호사회장협의회를 만들어 협회와 지방회가 유기적으로 협조해 나갈 방안을 제시했다. 그 결과 매 분

기마다 지방변호사회가 돌아가면서 지방변호사회장협의회를 개최하여 현안 문제를 논의하고 친목 모임을 갖자는 데 합의했다. 이렇게 탄생한 전국지방변호사회장협의회는 2년간 지속되었고, 지금까지 계속 유지되고 있다.

선거공약으로 내걸었던 '청년변호사 특별위원회' 창설 준비작업은 김현 사무총장 책임하에 착수하여 6개월 만인 8월 27일 '제 18회 법의 지배를 위한 변호사 대회'에서 화려하게 출범식을 거행했다. 올해로 15살이 된 '청년변호사 특별위원회'는 대한변협의 중심축이 되었다. 세계 청년변호사단체와도 폭넓은 교류를 하고 있으니 가슴 뿌듯하고 자랑스럽다.

그리고 10대 대형 로펌과 중소 로펌 대표들과의 연쇄간담회를 통하여 대외경쟁력을 강화하는 한편 개인 변호사들과의 상생 방안에 대하여 심도 있는 논의를 계속함으로써 상부상조하는 재야법조계의 분위기를 만들어 나갔다.

이런 새로운 업무를 효율적으로 수행하기 위하여 변호사 사무차장제를 신설하고 이동원, 김민조 변호사를 새로 채용하여 여러 가지 과제를 부여하였다. 이 두 젊은 변호사는 성실하고 유능한 인재로, 2년간 협회장을 보좌하여 많은 일을 해냈다.

이동원 차장은 내가 협회장 재임 시에 검사를 지원했는데, 대한변협 사무차장 경력을 크게 평가받고 검사로 임명되어 지금은 검찰 중간간부로 소임을 다하고 있다. 김민조 차장은 임기 만료 후에 김·장 법률사무소로 자리를 옮겨 중요한 업무를 맡고 있다. 두 사람 모두 큰 발전이 있기 바란다.

한편 이상석 인권이사로 하여금 '어린이 법교육 프로그램'과 '브런치 시민법률학교', '찾아가는 시민법률학교' 제도를 만들어 생활 인권을 실천하도록 했다. 이 세 가지 프로그램은 1년 6개월 동안 시행하여 각계각층으로부터 찬사를 받은 사업으로 큰 보람을 느낀다.

또한 매년 발간하는 인권보고서를 내실 있게 보완하는 한편 〈북한인권보고서〉를 영문으로 발간하여 유엔을 비롯한 세계 각국의 법조 및 인권단체에 배포하고 〈법률가를 위한 국제인권법 매뉴얼〉 책자를 만들어 회원들에게 무료로 배부해 주었다.

현안 문제에 적극적인 대처

로스쿨 제도 도입 문제

전임 협회장 때부터 현안으로 대두된 로스쿨 제도 도입이 목전에 와 있었으므로 협회 산하에 '로스쿨대책 특별위원회'를 설치하고 소순무 부협회장이 위원장을 맡아 이에 적극 대처하도록 했다.

로스쿨 도입 자체를 저지하는 일이 일차 목표이지만, 로스쿨법이 제정되어 제도가 도입되는 경우에 대비하여 그 후속 대응책까지 광범위하게 논의토록 하였다.

불행하게도 재야법조계의 바람과 달리 국회에서 로스쿨법이 통과되자 바람직한 로스쿨 정착을 위하여 대한변협이 발 벗고 나섰다.

로스쿨 인가, 정원 및 변호사시험법 제정과 그 시행에 관한 후속 법령 정비 등 로스쿨 제도 정착에 적극적으로 협력하기로 했다. 그 결과 '로스쿨평가위원회'를 대한변협 산하에 설치하여 사후 감독기관으로 역할을 담당케 하는 성과를 거두었다.

국제교류 활성화

법률시장 개방 압력에 대처하기 위하여 대형 로펌과 유기적으로 협력하는 한편 세계 각국 법조단체와의 국제교류도 활성화해 나갔다. 2007년 6월 5일부터 3일간 홍콩에서 개최된 홍콩변호사회 100주년 기념행사 겸 로 아시아(LAW ASIA) 대회에 한국 대표단을 이끌고 참가하여 국제회의에 첫발을 뗀 것을 시작으로 2년간 싱가포르, 말레이시아, 영국, 네덜란드, 미국, 홍콩, 일본, 중국, 베트남 등지에서 개최되는 국제회의 또는 법률 개시년도 행사에 참가하여 대한변협의 위상을 세계에 알렸다.

홍콩과 영국의 법률 개시년도 행사(The opening of the legal year)는 역사와 전통을 자랑하는 연례행사이다. 매년 1월(홍콩)과 10월(영국)에 열리는 이 행사는 웅대하고 품격이 있어서 법조인이면 누구나 한 번 참석해 보고 싶은 축제의 장이다. 이들 나라에서는 그때부터 법정이 개시된다. 내가 협회장으로 취임한 후 대한변호사협회장으로서는 처음으로 홍콩과 영국의 법률 개시년도 행사에 정식으로 초청받아 참석했다. 이후 매년 대한변호사협회장이 고정 초청인사로 참석하고 있다.

2008년 영국변호사협회의 초청을 받아 법률 개시년도 행사 참석 후 환담

    이러한 국제교류 업무는 영어가 유창하고 국제경험이 풍부한 김범수 국제이사가 모두 기획하고 수행하였는데, 그의 노력으로 우리나라 법률시장 개방은 단계적 개방으로 가닥이 잡혔으며, 제20회 아시아변호사단체장 회의(POLA)와 2019 세계변호사협회 서울총회(IBA)를 서울에 유치하는 초석을 쌓았다.

변호사법 개정과 법조윤리협의회 설립

대법원에서 추진하는 공판중심주의 정착에 적극적으로 호응하고 전관예우를 방지하기 위한 변호사법 개정과 이에 따른 법조윤리협의회 설립에 발맞추기 위하여 변협이 선제적으로 나섰다.

    권오창 법제이사를 중심으로 연구단을 만들어 대법원과 법무부 그리고 국회와 긴밀히 협조하여 변호사법을 개정하고 대한변협 산하에 '법조윤리협의회'를 설치하였다. 이화여대 법과대학 이재상 교수를 초대 위원장으로 위촉하여 업무를 개시하였으며, 법조윤리협의회는 지금까지 그 역할을 잘해 왔다.

또한 〈변호사법 축조해설집〉을 발간, 회원들에게 배포하여 업무에 참고토록 하고 '변호사 광고규정 개정'과 '변호사 윤리장전 전면 개정'을 장기과제로 선정하고 실무위원회를 구성하였다. 이 장기과제는 2기 후임 신영무 협회장 재임 시에 결실을 맺었다.

직역단체 간 갈등 해결 노력

직역(職域) 수호, 직역 확대 그리고 더 나아가 직역 통폐합 문제는 재야법조계의 오래된 숙제였다. 법무사, 세무사, 변리사, 행정사 등 법조유사 직역은 부단히 변호사 업무영역을 침범해 오고 있었고, 이로 인해 변호사단체와 유사 직역단체 간에 갈등이 오랫동안 지속되어 왔다. 변호사단체장 선거 때마다 후보자들이 제1공약으로 내세우는 것이 직역 수호였다.

유원석 부협회장 책임하에 이정한 기획이사가 총괄한 직역 수호 과제는 종전의 수동적인 방어적 태도에서 벗어나 좀 더 적극적으로 새로운 변호사 업무영역을 개척해 나가는 쪽으로 방향을 잡았다.

블루오션이라고 할 수 있는 중재, 조정 업무를 비롯하여 증여, 상속 등 일상생활에 대한 법률적 조력업무를 새롭게 개발하고, 소송의 변호사 강제주의 확대, 상장회사의 변호사 감사 선임을 비롯한 변호사 공익법무관 제도 확대 실시 및 사내변호사 조직 활성화와 이에 대한 지원 등 새로운 차원의 길을 모색해 나가기로 했다.

이에 더하여 유사직역 단체장들과 대화를 통하여 장차 유사직역을 통폐합하여 변호사로 일원화하는 대변혁을 이루어 내겠다는 의지와 노력도 게을리하지 않았다.

법무사회, 세무사회, 변리사회 등과 심포지엄을 열어 이 문제에 대하여 진지한 토론을 하고 그 결과를 자료로 축적해 후임 집행부에 인계했는데 그 후 더 이상의 논의가 진전되지 않고 갈등만 더해진 데 대해 많은 아쉬움이 남는다.

법의 지배를 위한 변호사대회 개최

대한변호사협회에서 매년 개최하는 '법의 지배를 위한 변호사대회'는 그 규모와 성격에 비추어 볼 때 재야법조계 최고 권위의 연례행사이다. 전국의 변호사들이 한자리에 모여 법치주의 실현 의지를 다지고, 현안 문제에 대한 토론과 아울러 회원들에 대한 윤리교육과 직무교육을 실시하고, '한국법률문화상'을 시상한다. 때로는 정치권력자에 대한 비판의 목소리도 낸다. 이 연례행사에는 대법원장, 헌법재판소장, 법무부 장관, 검찰총장 등 법조계 수장들이 모두 참석, 축사를 하여 그 자리를 더욱 빛나게 한다.

내 임기 전반부 '법의 지배를 위한 변호사대회'는 노무현 대통령 임기 마지막 해인 2007년에 개최되었다. 그즈음 대통령이 선거에 개입하는 듯한 발언을 하여 선거관리위원회로부터 경고를 받은 바

있고 또 "그놈의 헌법 때문에 못 해먹겠다"는 등 헌법을 폄하하는 발언을 하여 협회장인 내가 기조연설을 통해서 이를 강력하게 비판하였다. **3**

임기 후반부 대회는 건국 60주년을 맞이하는 해이므로 그 규모를 대폭 확대하여 판사, 검사, 대학교수, 법조 유사직역까지 참가범위를 넓히고 명칭도 '건국 60주년 기념 한국 법률가대회'로 정했다. 1,200여 명의 법률가들이 모인 자리에 이명박 대통령이 참석하여 축사를 하고, 뒤이어 김용준 전 헌법재판소장이 기조연설을 하는 등 축제 분위기 속에서 이틀간의 행사를 진행했다.

최연희 교육이사, 채근직 회원이사, 윤상일 공보이사, 최태영 대변인과 김덕규 사무국장을 비롯한 사무국 직원들의 헌신적인 노력이 없었던들 이렇게 품격 있고 권위 있는 행사를 치를 수는 없었을 것이라고 생각한다.

법률구조 및 사회지원사업

이영재 사업이사가 관장하는 법률구조사업은 대한변협의 고유한 목적사업이기도 하다. 대한변협에 설립된 법률구조재단은 기금이 빈약하고 구조업무 영역도 제한되어 있어서 그 기능을 제대로 발휘하지 못하고 있었다. 그래서 재단을 획기적으로 개혁하기로 했다.

우선 기금 확충작업에 나섰다. 10대 로펌 대표들과 만나 취지를

---

3 부록 372쪽에 이날 기조연설문 "변화, 갈등 그리고 법의 지배" 수록.

설명하고 협조를 부탁하여 14억 7천만 원의 기금을 마련했다. 구조기금이 확충되었으므로 그 대상을 대폭 넓히고 많은 변호사들을 구조사업에 적극 참여케 했다.

또 불우이웃돕기와 불우노인 법률지원사업도 별도로 진행하면서 태안 기름유출사고와 중국 쓰촨성 지진 시 이재민들에게 신속히 구호금품을 전달하였다. 특히 실의에 빠져 있는 태안 기름유출 피해 어민들에게는 〈피해구제 매뉴얼〉 책자를 만들어 배부해 줌으로써 실질적인 도움이 되도록 했다.

공개서한 및 성명서 발표

대한변호사협회는 오랜 역사와 전통을 지닌 재야법조인 단체로서 국가에 어려운 일이 있을 때면 대통령이 협회장을 만나 의견을 들어온 일이 종종 있었다. 그렇지 못할 때에는 협회가 스스로 나서서 성명서나 의견을 발표하여 잘못된 국정을 바로잡아 나갈 수 있도록 방향을 제시한 일도 많았다.

내 임기 중에도 대통령과 정부에 대하여 수차례 공개서한 및 성명서를 발표한 바 있다. 첫 번째로, 2007년 5월 23일 "정부의 취재 지원 시스템 선진화 방안은 재고되어야 한다"는 성명서를 발표하였고, 두 번째로, 2008년 6월 5일 "미국산 쇠고기 수입문제로 인한 민심분열과 시위사태를 우려하는 공개서한"을 청와대에 발송하였으며, 세 번째로, 2008년 7월 3일 "흔들리는 촛불 너머 길 잃은 법치주의를 우려한다"는 성명서를 발표하였다.

첫 번째는 노무현 정부에 대한 성명서, 나머지 두 건은 이명박 정부에 대한 공개서한 및 성명서였다. 이 세 건의 성명서 및 공개서한은 필력과 정치 감각이 뛰어난 윤상일 공보이사와 최태형 대변인 그리고 이동원, 김민조 차장이 머리를 짜내어 만들어 낸 작품이다.

이찬희 재무이사

대한변협은 전국 지방변호사회에서 납부하는 분담금으로 운영하므로 재정이 빠듯했다. 그럼에도 불구하고 이찬희 재무이사는 예산을 합리적으로 편성하고 지출도 적재적소에 규모 있게 집행함으로써 2년간 흑자 재정을 이어 갈 수 있었다. 이찬희 이사는 임기 말에 김현 사무총장이 서울지방변호사회장 출마를 위하여 사직한 자리를 이어받아 사무총장직을 훌륭히 수행했다.

이찬희 이사는 또한 성실하고 열정 있는 변호사로서 후에 서울지방변호사회장, 대한변호사협회장 자리에 올랐다. 요즈음에는 법무법인 율촌에서 고문으로 왕성하게 활동하면서 삼성준법감시위원회 위원장으로 공익업무도 수행하고 있다.

특별검사 후보자 추천

요즈음에는 특별검사 후보자 추천권을 국회의장이 가지고 있으나 내가 협회장으로 재임 중에는 대한변호사협회장에게 특별검사 후보자 추천권이 있었다.

2007년 말 '삼성특검' 당시 후보자로는 전국 지방변호사회와 각계각층의 의견을 수렴하여 조준웅, 정홍원, 고영주 변호사 3명을 대통령에게 추천했다. 그중에서 노무현 대통령이 조준웅 변호사를 특별검사로 임명하였다.

후보자 추천 과정에서 민변, 정의구현사제단, 여당, 야당 등 정치권으로부터 많은 압력이 있었으나 대한변협은 이에 굴하지 않고 중립적이고 독립적인 입장에서 변호사 3명을 후보자로 추천했다.

대한변협 2년의 마무리

짧지도 길지도 않은 2년의 시간이 지나갔다. 임기 중에 할 일도 많았고 또 한 일도 많았다. 한 일 중에는 큰 성과를 이룬 일이 있는가 하면 아직까지 진행 중에 있거나 성과가 미미하여 아쉬움이 남는 일도 있다.

대한변협 제44대 집행부는 농부가 농사를 지으려고 봄에 씨앗을 뿌리는 심정으로 업무를 시작했고, 임기 2년 동안은 피어난 새싹을 정성껏 돌보는 마음으로 스스로 창안하거나 우리 앞에 부여된 과제를 열과 성을 다하여 수행했다.

임기를 마치고 떠날 때가 되었으니 가을에 수확물을 거두고 문을 닫은 후에 다시 봄이 오기를 기다리는 희망적인 밝은 메시지를 후임자에게 남기고자 몇 가지 일을 계획하고 실천에 옮겼다.

첫 번째로, 오래전부터 계획된 일이지만, 세계 각국의 청년변호사단체 대표들을 서울로 초청하여 "글로벌 법률시장에서 청년변호사들의 기회와 도전"이라는 제목으로 포럼을 개최했다.

2009년 2월 9일, JW메리어트호텔에서 열린 포럼에는 영국, 일본, 홍콩, 한국의 청년변호사들 170여 명이 모여 열띤 토론을 벌였다. 이귀남 법무부 차관, 마틴 유든 주한 영국대사 등 귀빈이 참석하여 격려와 찬사를 보내 주었으며, 내 후임자로 당선된 김평우 변호사도 참석하여 자리를 빛내 주었다.

이 자리에 참석한 청년변호사단체 대표들은 글로벌 법률시장에서 기회와 도전에 대한 비전을 공유할 것을 결의하였다. **4**

두 번째로, 2009년 1월 20일 발생한 용산참사로 사회가 혼란에 휩싸여 있고 정치상황도 경색국면에 처하여 대화의 물꼬를 트기 어려운 지경에 있었으므로, 대한변호사협회장이 공인의 입장에서 대통령을 면담하여 타개책을 건의하여야겠다고 생각했다.

정동기 민정수석비서관을 통하여 의사를 전달하였더니 곧바로 연락이 왔다. 20여 분간의 독대가 가능하니 대화와 건의 자료를 준비하라는 전갈이었다. 그래서 임기 10여 일을 남긴 날 오후 청와대에 들어갔다.

대통령께서 자신의 빌딩인 영포빌딩 5층에 사무실을 가지고 있었

---

4 부록 382쪽에 이날 기조강연문 "글로벌 시대 한국 변호사의 사명과 역할" 수록.

을 때 내가 그 빌딩 2층에 변호사 사무실을 내고 있었으므로 사적으로 몇 번 만난 일이 있어서 격의가 없었지만, 대통령을 단독으로 면담하는 자리는 만만치 않았다. 다행히 대통령께서 편안하게 대해 주시고 배석자 없이 시간도 50분 정도를 할애해 주셔서 마음 놓고 내 생각과 시중 여론을 가감 없이 말씀드렸다.

용산참사로 책임을 져야 할 김석기 서울지방경찰청장을 경찰청장으로 임명하려는 움직임에 대하여, 그 인사를 강행할 때에는 더 큰 혼란이 올 수 있으니 인사를 재고함이 타당하다는 의견을 드렸다. 그리고 용산참사에 대한 후속대책은 대검찰청에서 마련하여 보고하는 내용을 참고로 함이 좋다는 의견도 말씀드렸다. 대통령께서는 김석기 서울지방경찰청장 인사에 관하여 몇 번이나 아쉽다고 말씀하셨으나 종국에는 대한변협 회장의 의견을 받아들이셨다.

법조계 개혁과 법질서 확립 대책 등 몇 가지 건의사항은 유인물로 준비해 드렸는데 이후 정책에 많이 참고하신 것 같았다.

제 4 장

영예로운 외출

방송통신심의위원회 2년

의외의 제안

대한변호사협회장 임기만료를 20여 일 앞둔 2009년 2월 초순, 정동기 청와대 민정수석비서관으로부터 전화가 왔다. "방송통신심의위원장이 사표를 내서 공석이 될 것 같은데, 협회장 임기가 끝나면 그 후임자로 갈 의향이 있느냐? 내일까지 답을 주었으면 좋겠다"는 게 전화 요지였다.

전혀 예상치 못했던 제안이라 즉석에서 답을 줄 수 없었다. 퇴근하여 가족들과 의논했다. 아내는 찬성하는 편이 아니었으나 공직에 있는 큰아들과 딸은 찬성이었다.

"아버지가 공익활동을 하신다는 생각으로 가신다면 우리들은 반대하지 않습니다. 아버지는 변협 회장을 하시면서도 사건 수임을 하지 않으셨으니 계속해서 사회에 봉사하시는 것으로 생각하고 새로운 분야의 일을 한번 해보시는 것도 나쁘지 않다고 생각합니다."

공직 경험이 많으신 큰처남께 상의 드렸더니 그분도 찬성 의견이었다. 아내를 설득하여 찬성 의견을 받고, 다음 날 정동기 수석에게 수락 의사를 전했다.

새로운 공부와 기다림

방송통신심의위원회 위원장직을 수락했으니 그 직을 수행하는 데 필요한 전문지식을 배워야 했다. 그래서 위원회와 관련된 법률과 규정들을 찾아보고 방송·통신에 관한 전문서적과 자료를 구해서 공부하기 시작했다. 젊어서부터 공부에는 일가견이 있는 터라 진도가 빨랐다.

더구나 검사와 변호사 생활을 하면서 언론의 자유에 관한 서적이나 논문을 많이 보아 왔고, 언론인들과 친숙한 관계를 맺는 과정에서 자연스럽게 언론, 특히 방송이 추구하는 기본가치를 알고 있었기 때문에 방송통신심의위원회의 조직과 임무를 비교적 빨리 파악할 수 있었다.

조금 성급하긴 했으나 이렇게 공부하는 동안 틈틈이 취임사를 준비해 나갔다. 그런데 예상치 않은 사태가 벌어졌다. 박명진 위원장이 사퇴 의사를 번복하고 자리를 지키면서 버티고 있었던 것이다.

청와대와 최시중 방송통신위원장이 난처한 입장에 빠졌고 나도 불안정한 상태에서 내 입장을 정리해야 할 처지에 놓이게 되었다. 모든 것을 포기하고 아내와 약속했던 해외여행이나 다녀올까도 생각했으나 공직 취임 승낙을 그렇게 쉽사리 거두어들일 수도 없는 노릇이었다.

이왕 공부를 시작한 것이니 정말로 방송·통신의 전문가가 되어보자는 심산으로 열심히 공부했다. 끈기를 가지고 취임사를 고치고 또 고치면서 전문지식을 배워 나갔다.

이런 어정쩡한 상태로 7월이 다 가고 8월이 다가왔다. 언론과 지인을 통하여 들려오는 정보에 의하면 방송통신심의위원회 노조원들이 파업에 돌입하고 위원장이 직원들로부터 폭행을 당하여 병원에 입원하는 등 위원회 기능이 마비상태에 빠져 있다고 했다.

이런 상태라면 그곳에 가더라도 고생길만 열릴 것 같았다. 그래서 마음을 정리하고 내 의사를 전달할 기회를 엿보고 있는데 박명진 위원장이 위원들로부터 불신임을 받고 정식으로 퇴임하게 되었다는 소식이 들려왔다. 이와 동시에 내가 위원으로 정식 위촉되었으니 8월 7일에 위원회에 출근하여 호선절차를 밟으라는 통보를 받았다.

위원장 취임

방송통신심의위원회는 9인의 위원으로 구성되고, 위원장은 위원들의 호선절차를 거쳐 선출된다. 위원회는 여 6, 야 3의 구도로 구성되어 있었기 때문에 위원장 선출에는 특별히 문제 될 게 없었지만 그래도 위원 전원의 만장일치로 선출되기를 바랐다.

그래서 8월 7일 출근길에 〈동아일보〉 황호택 수석논설위원이 나를 인터뷰하여 〈신동아〉에 실었던 기사를 묶어 별책으로 펴낸 《황호택의 리딩피플》 10여 권을 준비하여 위원들에게 나누어 주었다. 내가 어떤 사람인지 미리 알려서 위원장 호선절차에서 협조를 받기 위해서였다. 다행히 위원장 선출 호선절차에서 야당 추천 위원 3명이 모두 찬성해 주어서 만장일치로 위원장에 선출되었다.

취임식을 거행할 시간이 되었다.

노조 복장을 하고 파업 중인 직원들을 집합시켜 취임식을 하기란 쉬운 일이 아니었다. 사무총장이 노조위원장과 대화를 통하여 일단 직원 전원이 참석하여 새로 취임하는 위원장의 말을 들어 보되 복장은 평상 복장을 하기로 합의를 보았다.

위원 전원과 직원들이 참석한 취임식 자리에서 6개월 동안 준비한 취임사를 했다. 20여 분 동안 취임사를 하면서 직원들의 표정을 살펴보니 자못 진지한 모습이었고 긍정의 사인을 보내는 직원들도 상당수 있었다. 전체적으로 보면 기대와 우려가 교차되고 있기는 했지만, 그래도 신임 위원장에 거는 기대가 훨씬 크다는 점을 확인할수 있었다.

다음은 이날의 취임사 전문이다.

방송통신심의위원장 취임사

존경하는 위원님, 그리고 친애하는 직원 여러분!

매스미디어와 1인 미디어가 혼재하고 있는 방송통신융합시대에 우리 나라 방송의 공정성을 실현하고 건전한 인터넷 문화를 정착시키는 중책 을 맡게 된 것을 영광으로 생각하며 아울러 강한 자부심을 느낍니다.

여러분 모두 잘 알고 계시는 바와 같이, 방송통신심의위원회의 설치 목적은 "방송내용의 공정성 및 공공성을 보장하고 정보통신 거래에서의 건전한 문화를 창달하여 정보통신의 올바른 이용환경을 조성함"에 있습 니다.

인간의 기본생활수단인 방송과 통신은 국민들의 정치적 의사형성에 도움을 주고 시청자 및 이용자에게 즐거움과 교육 그리고 유익한 대화의 장을 마련해 줌으로써 문화 창달에 기여하고 있습니다. 방송과 통신의 이러한 순기능으로 말미암아 민주주의가 발전하고 인류문화가 꽃을 피워 온 사실은 역사가 증명해 주고 있습니다.

하지만 방송·통신에는 이러한 순기능만 있는 것이 아닙니다. 역기능 또한 무시할 수 없는 암적 존재로 우리들을 괴롭히고 있습니다. 특히 초 고속인터넷이 발달하고 방송과 통신의 경계가 없어진 방송통신융합시대 를 살아가는 현대인들이 그 역기능 때문에 겪는 고통과 부작용은 이루 다 말로 표현하기 어렵습니다.

민주주의의 기본가치인 대화와 타협이 부정되고 가상공간에서 익명성 이라는 보호막 아래 인간의 존엄성을 훼손하는 악플이 난무하여 개인의 명예가 침해되고 그로 인하여 피해자가 목숨을 끊는 일이 빈번히 발생되어 큰 사회문제가 되고 있음을 우리들은 잘 알고 있습니다.

여기에 방송과 통신에 윤리와 책임을 요구하는 이유가 있는 것입니다. 그 윤리와 책임은 국가에 따라 정도의 차이는 있으나 일정한 형식으로 사업자 또는 이용자를 규제하는 것으로 나타나고 있습니다. 우리나라에서는 과거 방송위원회, 정보통신윤리위원회를 설치하여 방송·통신의 역기능을 바로잡아 왔으나 이 정부에 들어서서 두 기관을 통합하여 방송통신심의위원회로 하여금 그 규제업무를 담당 처리하도록 하였습니다.

방송통신심의위원회의 존재의의는 바로 여기에 있습니다. 하지만 방송통신심의위원회가 단순히 규제기관으로 존재한다는 사실 자체가 중요한 것은 아닙니다. 우리들이 항상 마음속 깊이 새겨야 할 것은 방송·통신에 대한 규제는 정치권력에 의하여 자의적으로 행사되어서는 안 되고 독립기관에서 정당한 법절차에 따라 합리적으로 심의 결정되어야 한다는 규범적 의미에 더 큰 뜻이 있다는 점입니다.

이러한 인식하에 저는 오늘 위원장직에 취임함에 즈음하여 여러분과 함께 위원회를 이끌어 갈 몇 가지 기본적인 운영방침을 밝히고자 합니다.

첫째, 방송통신심의위원회가 명실상부 독립기관으로 자리매김할 수 있도록 노력하겠습니다.

방송통신위원회의 설치 및 운영에 관한 법률은 방송통신심의위원회를 민간 독립기구로 규정하고 있습니다. 위원 9인을 추천하고 위촉하는 위원회의 구성절차에 국회의장이 국회교섭단체 대표의원과 협의하여 3인을 추천하거나 소관 상임위원회에서 역시 3인을 추천하도록 함으로써 위원회 구성에 정치적 의미를 부여하였으나 심의업무의 중립성을 보장하기 위하여 위원회 성격을 민간 독립기구로 규정하였습니다.

이런 입법정신에 따라 저는 심의위원들이 직무를 수행함에 있어서 외부의 어떠한 부당한 지시나 간섭을 받지 않고 일할 수 있는 분위기를 만들어 내겠습니다. 정부나 정당은 물론이고 사업자 등 이해관계자 또는 시민단체 등으로부터도 자유롭게 일할 수 있는 힘을 키워 나가겠습니다.

저와 함께 일하실 심의위원님들은 모두 방송·통신 전문가 또는 법률 전문가로서 학식과 덕망이 깊고 높으실 뿐만 아니라 학문적 소신 또한 일가견을 이루신 분들이라고 믿기 때문에 우리 위원회의 독립성을 확보하는 데 크게 기여해 주시리라고 확신합니다.

둘째, 위원회를 그 성격에 맞게 합의제로 운영하도록 하겠습니다.

우리 위원회가 독임제 기관이 아니라 위원회 형태의 기관임을 깊이 인식하고 심의위원님들에게 충분한 의견 진술과 토론 기회를 드림으로써 합리적인 결론이 도출될 수 있도록 노력하겠습니다.

저는 대한변호사협회장, 서울지방변호사회장의 직을 수행한 경험이 있고 또 국가인권위원회 비상임위원, 국무총리 행정심판위원회 위원으로 일하면서 건전한 대화와 토론이야말로 민주주의 발전에 기본 초석이라는 진리를 직접 체득하기도 했습니다. 그러한 경험과 체험을 바탕으로 위원회를 잘 이끌어 나가겠습니다.

셋째, 위원님들이 마음 놓고 일할 수 있도록 업무 시스템을 개선하겠습니다.

초고속인터넷 보급, IPTV 방송망 확충, DMB 방송 및 인터넷전화 개발, 인터넷 포털과 관련된 여러 가지 문제점 등 변화되고 있는 방송·통신 주변 환경은 위원들을 보좌할 전문적인 인력을 필요로 하고 있습니다. 위원님들과 의논하여 위원보좌관 제도를 도입해 볼까 합니다.

물론 이 문제는 조직개편과 이에 따른 예산이 확보되어야 할 것으로 생각되지만 현재 운영되고 있는 특별위원회를 개편하면 무리 없이 진행시킬 수 있다고 생각합니다. 아울러 상임위원들로 구성된 상임위원회를 설치하여 위원회 업무를 효율적으로 처리하도록 하겠습니다.

넷째, 심의위원회가 국민들로부터 신뢰를 받을 수 있도록 가급적 심의회의를 공개하고 심의결정서를 판결문 수준으로 작성하여 보존하도록 하겠습니다.

이것은 위원회를 투명하게 운영한다는 의미이기도 합니다만 그만한 자신감이 있다는 뜻이기도 합니다. 자신감은 용기이고 용기는 사람이나 사물에 대하여 두려움이 없다는 말입니다. 우리들이 올바르게 일할 때에는 어떠한 두려움도 있을 수 없습니다. 저는 이것을 실천해 보이도록 하겠습니다.

다섯째, 심의는 엄정하게 이루어질 수 있도록 노력하겠습니다.

엄정은 엄격과 다릅니다. 심의는 엄하면서도 공정해야 합니다. 그래야만 심의를 받는 당사자가 승복하고 국민들이 공감할 수 있습니다. 또한 심의할 내용을 신속·정확하게 파악함으로써 시의에 맞는 심의결과가 나올 수 있도록 하겠습니다.

심의 내용에 따라 완급을 조절하는 것도 필요한 일입니다. 아무리 좋은 내용의 심의결과라 하더라도 시의성을 결여한 심의는 생명력을 잃을 수 있다는 사실은 우리들이 최근 몇 개의 사안에서 얻은 교훈입니다.

여섯째, 심의위원회는 언론의 자유, 방송의 자유, 표현의 자유, 통신 비밀의 보장 등 헌법적 가치를 최대한 보호하여야 함은 물론이지만, 그 헌법적 권리에 내재하는 한계를 명확히 하고 인간의 존엄성이 훼손되지 않도록 균형감각 있는 판단을 내리도록 하겠습니다.

규제는 가급적 자율적으로 이루어질 수 있도록 대화와 교육 또는 지도 위주로 업무를 수행할 것입니다. 위원회 업무가 기본적으로 사후규제 성격을 지니고 있지만 방송·통신사업자, 기타 이해관계자들과 대화를 통하여 쌍방이 모두 받아들일 수 있는 합리적 심의기준을 마련함으로써 자율적인 사전심의 풍토를 조성해 나가겠습니다. 가급적 빠른 시일 안에 사업자단체, 방송학회, 언론학회, 통신학회, 시민단체의 대표들을 만나 격의 없는 대화를 나누어 보도록 하겠습니다.

우리 위원회에 〈방송의 공정성 심의를 위한 연구〉 결과가 이미 납품되어 있고, 2009년 3월 29일에 개최된 위원 워크숍에서 도출된 많은 쟁점사항이 있는바, 이러한 여러 가지 문제들에 대해서도 이해당사자들을 참여시켜 민주적으로 해결해 나가도록 하겠습니다.

끝으로, 우리 위원회가 국민들로부터 권위 있는 심의기관으로 신뢰를 받으려면 무엇보다 우리 위원회의 주인인 직원 여러분의 헌신적인 노력과 사명감이 있어야 된다고 생각합니다.

직원 여러분은 방송·통신업무의 전문가들입니다. 방송위원회, 정보통신윤리위원회에서 풍부한 경험을 쌓았고, 또 방송통신심의위원회 창설에 산파역을 담당한 사실을 잘 알고 있습니다. 직원 여러분의 그동안의 노고를 치하하며 앞으로 더욱 열심히 일해 주기를 기대합니다.

저는 위원장으로서 직원 여러분이 신명나게 일할 수 있는 직장 분위기를 만들어 주는 것이 제 소명이라고 생각하고 있습니다. 신속하게 업무를 파악한 후 조직을 개편하고 적재적소에 인원을 재배치함으로써 직원각자가 자기 능력을 마음껏 발휘할 수 있도록 최대한 노력하겠습니다. 이에 필요한 예산도 확보할 자신이 있습니다.

저는 위원장으로 취임하기에 앞서 몇몇 관계자들로부터 방송과 통신이 업무상으로 융합되고 조직은 통합되었으나 직원들이 완전히 융합되지 못하였다는 보고를 받았습니다. 그리고 이 문제로 인하여 최근에 직원상호 간에 불화가 생기고 급기야는 파업이라는 바람직하지 못한 사태가발생되었다는 사실도 알게 되었습니다.

하지만 우리들이 방송통신심의위원회라는 조직에 함께 모인 목적은바로 국민들의 정치적 의사형성에 도움을 주고 시청자와 이용자에게 즐거움과 교육 그리고 유익한 대화의 장을 마련해 주는 차원 높은 일을 함께하고자 함에 있다는 점을 인식한다면 우리들은 모든 문제를 대화와 예지로서 풀어 나갈 수 있다고 확신합니다.

저는 빠른 시일 안에 여론을 수렴하여 우리 모두가 하나가 되어 신명나게 일할 수 있는 직장 분위기를 만들겠습니다.

존경하는 위원님, 그리고 사랑하는 직원 여러분!

과거는 역사요, 현재는 선물이며, 미래는 비밀이라는 명구가 있습니다. 지난 1년 3개월간 박명진 위원장님을 비롯한 위원님과 직원들이 이루어 놓으신 업적은 우리들이 앞으로 써내려갈 방송통신심의위원회 역사의 한 페이지에 새겨져 오래오래 기억될 것입니다. 이제 오늘부터 새롭게 일을 시작하는 우리들은 국가와 사회가 우리에게 맡기고 국민들이 바라는 과제들을 매일매일의 선물이며 보물이라는 생각으로 최선을 다하여 처리해 나가도록 합시다. 그리고 겸허한 마음으로 신비스러운 내일을 기다립시다.

감사합니다.

파업 종식

취임식을 마치고 의례적으로 하는 직원들의 신고는 받지 않았다. 그 대신 각자 자기 자리로 돌아가 있으면 위원장이 곧바로 실·국을 순시하면서 직원들과 직접 인사를 나누겠다고 했다.

내심으로는 그렇게 하면 직원들이 파업을 풀고 각자 자기 사무실로 돌아와서 위원장을 맞이하여 줄 것이라는 생각이 들었기 때문이다. 그러나 그러한 내 생각은 빗나갔다. 각 실·국을 순시해 보니 노조원들은 다시 농성장소로 돌아가서 노래를 부르면서 자기들의 뜻을 관철하려고 힘을 모으고 있었다.

나는 간부 직원들의 만류에도 불구하고 노조원들의 농성장소로 들어갔다. "이 방에서 힘차고 좋은 노래 소리가 들려서 들어왔다"고 친숙함을 나타내 보였다. 그러자 큰 박수 소리가 났고 노조위원장이 들고 있던 메가폰을 나에게 건네면서 연단으로 안내했다. 한마디 해 달라는 표시였다.

그 자리에서 나는 30분 동안 즉석연설을 했다. 미리 원고를 준비 했던 것도 아닌 즉흥연설이었는데, 내가 평소 생각하고 느낀 바를 아무런 가식 없이 솔직 담백하게 스토리텔링 형식으로 이야기했다.

연설의 요지는 위원장은 직원들의 입장을 이해하는 배려의 마음 을 가지고 위원회를 운영해 나갈 테니 서로 마음을 열고 함께 일해 나가자는 것이었다. 연설을 마쳤을 때 직원들이 나에게 보내 준 박 수와 열렬한 함성 소리는 지금까지도 내 귓전에 남아 있다.

다음 날 노조위원장이 위원장 방으로 찾아왔다. 노조원들이 위원 장의 취임사와 농성 장소에서의 연설을 듣고 농성을 풀기로 했으니 위원장이 약속한 것을 실천에 옮겨 달라고 했다. 그렇게 해서 파업 은 종식되었다.

위원회 정상화

직원들의 파업이 종식되었으니 원상으로 돌아가는 일만 남았다. 우 선 여6, 야3 구조로 된 위원회의 성격에서 비롯되는 갈등을 해소하 고 대화와 토론으로 합리적 결론을 도출하는 회의 방식을 유지하기 로 했다.

위원회 회의는 전체위원회는 물론 소위원회도 위원들에게 충분한 의견 진술과 토론의 기회를 줌으로써 합리적 결론이 도출될 수 있도록 했다. 또한 소위원회 위원장 자리를 야당 추천 위원들에게 적정하게 배분하여 그들의 능력을 인정해 주는 한편 참여와 책임의식을 갖도록 했다.

위원회 회의 방식을 이렇게 바꾸자 야당 추천 위원들이 회의를 보이콧하고 나가는 일이 없어졌다. 회의는 항상 대화와 토론 끝에 가급적 만장일치로 결론을 내렸다. 표결은 협의 마지막 단계에서 야당 추천 위원들이 동의하는 경우에 한해서 실시했다. 내 임기 중에 위원회 회의가 파행된 적은 한 번도 없었다.

엄주웅 상임위원, 백미숙 위원, 이윤덕 위원 세 분의 야당 추천 위원이 잘 협조하여 주었다. 여당 추천 위원 5명이 적극적으로 도와준 것은 물론이었다. 전용진, 손태규 부위원장, 김유정, 이재진, 권오창 위원의 도움과 응원에 깊은 감사를 드린다.

직원들의 갈등은 방송위원회와 정보통신윤리위원회를 통합하여 방송통신심의위원회를 창설하는 과정에서 직급과 봉급의 차별로 인하여 발생된 것이었다. 그래서 이를 바로잡는 것이 급선무였다.

신속하게 기구 조직을 개편하고 인사를 단행했다. 봉급체계도 불합리한 점은 과감하게 고쳤다. 인사는 일하는 사람 중심으로, 능력 본위로 적재적소에 인물을 배치했다. 여성 2명을 실장, 국장으로 승진하여 보임하였다. 처음에는 직원들이 놀라고 일부 불만 섞인 말들이 나왔으나 시간이 지날수록 안정을 되찾고 위원장의 방침에 순

응해 주었다.

위원회 회의는 국민들로부터 신뢰를 받을 수 있도록 원칙적으로 공개하고 심의결정서를 판결문 수준으로 작성하여 보존토록 했다. 회의록도 상세하게 기재하여 매회 위원장이 직접 확인하고 서명한 후 보존하였다.

시민단체 회원들이 전체회의를 방청하고 심의 의결서와 회의록을 열람하는 일이 많아졌다. 자연히 '자판기 심의'니 '정치 심의'니 하는 비난과 오명에서 벗어났다. 위원들, 특히 야당 추천 위원들이 자부심을 느끼고 점차로 주인의식을 갖는 것처럼 느껴졌다.

내부적으로 조직을 안정시킨 후 대외 활동에 나섰다. 지상파방송사 사장들과 상견례를 겸하여 간담회를 개최하고 케이블방송사 사장단과 네이버 등 플랫폼사업자와 통신사업자들을 만났고, 방송학회, 언론학회 간부를 비롯한 학자들과의 교류를 확대하였다.

지방사무소 순시 기회에 지방방송사 임원들과 간담회를 개최하여 교류 폭을 넓히고 해외 방송·통신 기관과 유대관계를 맺었다. 일본 방송윤리 프로그램 향상기구, 싱가포르 미디어 개발청, 호주 통신미디어청을 방문하고 국제 컨퍼런스도 열었다.

오해를 받다

이렇게 위원회의 상황이 호전되고 직원들이 신명 나는 분위기에서 열심히 일하게 되자 주변에서 찬사의 말이 들려왔다. "어떻게 했기에 다 죽어 가던 조직을 이렇게 살려 놓았느냐! 청와대에서도 대통령이 기자들 앞에서 방송통신심의위원장만큼만 일해 주었으면 좋겠다고 칭찬했다"라는 등 나의 마음을 들뜨게 하는 이야기가 내 귀에 들어왔다.

나쁘지 않은 소문이어서 괜히 어깨가 으쓱해지곤 했다. 그러나 그것이 독이 되는 말이라는 것을 나중에야 알게 되었다. 다른 한편에서는 나에 대한 악의적인 허위 정보가 만들어지고 있었다.

임기 후반기 어느 날 권재진 민정수석비서관이 점심을 하자고 해서 만났다. 식사를 마치고 나서 권 비서관이 나보고 조심하라고 하면서 이야기를 꺼냈다. 권 비서관은 검찰 후배이고 작은형수의 사촌동생이어서 나에 대해 잘 알고 있는 사람이므로 나를 믿고 이야기해 주었다.

"여러 곳에서 청와대로 정보가 들어오는데 위원장님이 좌파라는 악의적인 정보도 있으니 각별히 조심하십시오. 제가 알고 있는 위원장님은 절대로 좌파가 될 수 없는 분인데, 정보기관에서 그렇게 정보를 올리는데 제 손을 거쳐 대통령에 보고되는 것은 제가 막아 드릴 수 있으나 대통령에게 직접 올라가는 정보는 제가 어떻게 할 수가 없으니 조심하셔야 합니다."

매우 충격적인 말이었다. 내가 좌파라니! 누가 그런 악의적인 정보를 만들어 내는 것일까? 심의위원회를 출입하는 국가정보원 직원의 소행인가? 우리 직원들 중 나에게 인사 불만을 가지고 있는 자들이 만들어 내는 말인가? 혹 정보경찰의 소행인가? 별의별 생각이 다 들었다. 나는 그때까지 늘 '창조적 보수' 또는 '아이디어맨'으로 불려 왔는데 어느 정보기관에서 악의적으로 왜곡된 정보를 올리고 있는 것일까?

내가 위원회를 운영함에 있어 야당 추천 위원들에게 충분한 토론의 기회와 시간을 주고 그들과 대화를 많이 한 것을 오해하거나 이것을 악용하여 다른 목적에서 정보를 가짜로 만들어 내는 것이 아닌가 하는 생각도 들었다. 12·12, 5·18 사건 형사재판 때는 내가 전두환, 노태우 대통령을 변호했다면서 나를 '우파' 인물로 만들어 내더니 이제는 '좌파'로 몰아가는 이유가 무엇일까?

내가 박명진 전임 위원장의 잔여 임기를 마치면 그 자리에 연임되거나 방송통신위원장으로 영전되어 갈 것이라는 풍문이 심심치 않게 돌고 있던 터라, 항용 권력기관 주변에서 일어나는 권력암투에서 비롯된 일일 수도 있겠다는 생각이 들었다.

그래서 욕심을 버리고 임기가 끝나면 말없이 떠나기로 결심했다. 내 임무는 구원투수로 등판하여 마무리투수가 되어서 마운드를 떠나는 것으로 만족하기로 했다.

요즈음 정치권에서 크게 문제가 되고 있지만, 국가정보원이 민간인을 사찰한 불법자료가 그대로 보존되어 있다고 하는데 혹시 나에 대한 악의적인 사찰정보가 아직도 존재해 있지 않을까? 한번 정보공개 청구를 해서 열람해 보았으면 하는 생각도 든다.

제자리로 돌아오다

1년 8개월 동안 일하고 뒤돌아보니 당초 생각했던 공익활동 이상으로 배우고 얻은 것이 많았다.

첫째, 내 전공인 법률 업무와 전혀 관계가 없는 것은 아니지만 새롭게 방송·통신 업무를 접하게 되었고, 거기에 종사하는 많은 사람들을 만나 사회생활 관계의 폭을 넓힐 수 있었다.

둘째, 오래 법조인 생활을 한 사람은 어느 분야의 일을 맡겨도 모두 잘해 낼 능력을 가지고 있다는 점을 경험적으로 체득했다.

셋째, 방송통신심의위원회가 민간 독립기구이기는 하지만 정치권력에 의하여 구성되므로 그 주변에는 보통 사람들이 느끼거나 감지하기 어려운 기운이 맴돌고 있었는데, 이를 늦게나마 깨닫게 되었다. 변호사 회원들만의 선거로 선출되는 순수한 민간단체 대표인 대한변호사협회장을 지낸 나로서는 참으로 귀중한 경험을 얻었다.

넷째, 위원회 사무국 조직은 1사무총장, 3실, 3국, 18팀, 5지역 사무소를 둔 전국 조직으로, 위원장은 장관급 대우를 받았다. 운전기사가 딸린 차량이 배정되었고, 집무실과 회의실, 비서실에 비서실장과 수행비서까지 딸리고 봉급 수준도 높았으니 공익활동치고는 아주 괜찮은 편이었다.

그런 자리에서 2011년 4월 16일 임기가 만료되어 퇴임식을 마치고 내 본래의 자리로 돌아왔다.

호암상 심사위원회와 〈동아일보〉 독자위원회

호암상 심사위원회 위원 및 위원장

호암상(湖巖賞)은 삼성 창업주인 호암 이병철 선생의 인재제일과 사회공익 정신을 기려, 사회 각 분야에서 탁월한 업적을 이루어 학술, 예술 및 인류복지 증진에 크게 공헌한 인사들을 현창(顯彰)하기 위하여 1990년 설립 제정된 상이다.

2010년 가을, 호암재단에서 방송통신심의위원장실로 연락이 왔다. 호암상 심사위원회 사회봉사 부문 심사위원으로 위촉하려고 하는데, 승낙해 달라는 요청이었다. 이현재 호암재단 이사장의 추천 말씀이 있었다는 말도 덧붙였다.

이현재 이사장은 당신이 서울대 상대 교수로 계실 때부터 우리 부부를 아껴 주신 분인데 그런 인연으로 나를 심사위원으로 추천하신 것 같았다. 아울러 내가 2008년 〈중앙일보〉사와 행정안전부가 공동으로 주최한 제32회 청백봉사상 심사위원장으로 활동한 경력도 참고하신 것 같았다.

그렇게 해서 호암상 사회봉사 부문 심사위원 및 심사위원장을 6년간 역임했다. 그동안 2011년 법률구조법인 한국가정법률상담소, 2012년 이동한 사회복지법인 춘강 이사장, 2013년 이종만·김현숙 부부, 2014년 김하종 신부, 2015년 백영심 간호사, 2020년 김성수 대주교 등의 개인 또는 단체를 사회봉사 부문 호암상 후보자로 추천했다.

심사위원을 하면서 많은 것을 배우고 큰 감동을 맛보았다. 변호사의 기본 덕목이 사회봉사라고 할진대, 위 여섯 분의 개인 또는 단체 대표들이 행한 봉사활동은 그 양과 깊이를 헤아릴 수 없을 정도로 깊고 넓어서 변호사인 나로서는 그들 앞에서 자연히 머리가 숙여지고 자신이 작아지는 느낌을 받은 적이 한두 번이 아니다.

남을 위하여 좋은 일을 하는 사람은 그 공덕의 70%는 자신이 받는다는 성현의 말씀처럼 이 여섯 분의 수상자들은 참으로 그 무게가 남달랐다.

가정법률상담소는 우리나라 1호 여성 변호사인 이태영 여사께서 설립하신 법률구조단체로서 여성의 인권신장과 가정평화에 기여한 공적이 매우 크다.

이동한 이사장은 제주도에서 어머니의 불심에 힘입어 자신의 신체적 장애를 극복하고 사업에 성공하여 얻은 재물로 장애인들을 위한 사회복지법인을 세워 봉사활동을 하고 있는 모범 사업가이다.

이종만·김현숙 부부는 정신장애자들을 돌보아 오면서, 자신들의 아이는 낳지 않고 이들을 위하여 평생을 살아가겠다는 신념으로 봉사활동을 해온 분들이다.

김하종 신부는 이탈리아 수도원 신부로 한국에 와서 어려운 이웃들을 위하여 봉사활동을 하고 있으며, 백영심 간호사는 아프리카 오지에 가서 의료봉사를 하고 있는 한국판 나이팅게일이다.

김성수 대주교는 대한성공회 대주교를 지내신 분으로, 고향인 강화도에 '우리마을'을 세우고 정신장애자들을 위한 재활시설을 운영하면서 그들이 스스로 일을 할 수 있도록 콩나물공장을 세워 여기서 기른 콩나물을 풀무원에 납품하는 등 생활밀착형 봉사활동을 하고 계신 분이다.

또 하나, 강한 인상으로 기억에 남는 일이 있다. 2012년 이재용 삼성전자 사장의 요청으로 호암상을 수상한 한국가정법률사무소를 동행 방문했을 때의 일이다.

그날 이 사장은 수행원 없이 혼자 여의도에 있는 곽배희 소장실에 들어섰다. 손에는 큰 쇼핑백을 들고 있었는데, 그 안에는 삼성 핸드폰이 가득 들어 있었다. 그 쇼핑백을 곽 소장에게 건네면서 "직원들에게 줄 선물입니다. 그 대신 점심은 소장님이 사세요"라고 했다.

우리들은 소장실에서 간단한 인사를 나누고 난 후 여러 층에 흩어져 있는 상담실을 일일이 둘러보면서 상담원들을 격려하고 사진도 함께 찍었다. 나는 그때 이 사장의 소박하고 소탈한 모습을 보았다.

상담소 방문을 마치고 근처 한식당에서 세 사람이 식사를 할 때에도 마찬가지였다. 서로 간의 배려와 겸손으로 자연스럽고 편안한 분위기에서 담소를 나누었다.

대화 내용은 많은 사람들이 관심을 가지고 있는 일상 이야기였지만, 이 사장은 저출산으로 인한 인구절벽 문제와 글로벌 시장에서 부를 창출할 인재 양성 그리고 다문화 가정에 대해서 특히 깊은 관심을 보였다.

그는 점심식사를 마치고 떠날 때에도 올 때와 같은 모습이었다. 수행자 없이 차를 타고 떠났다.

내 머릿속에 오랫동안 남을 좋은 기억이다. 곽배희 소장도 그렇다고 언젠가 나에게 말한 적이 있다.

호암상 심사위원으로 위촉된 것이 인연이 되어 2012년 5월 31일 삼성생명공익재단 이사로 취임하여 지금까지 10년 동안 재임하고 있다. 삼성생명공익재단은 서울삼성병원, 삼성어린이집, 삼성노블카운티를 운영하는 공익법인으로, 삼성행복대상의 상찬사업도 매년 실시하고 있다.

호암 이병철 선생의 장손인 이재현 CJ그룹 회장은 나의 고려대 법대 18년 후배다. 이재현 회장은 할아버지 호암 선생의 산업보국 뜻을 이어받아 CJ그룹을 세계적인 음식, 문화, 영화예술 기업으로 성장시켰다. 또한 모교인 고려대에 CJ법학관을 건립하여 기증함으로써 법조인을 꿈꾸는 후배들이 편안하게 공부할 수 있는 터전을 마련해 주었으며, 법대교우회와 법조인교우회에 매년 행사비를 지원하고 있다. 참으로 고마운 일이다.

어머니 돌아가시다

호암상 심사위원으로 일하던 중인 2013년 5월 28일 어머니가 세상을 뜨셨다. 1915년생이시니 한국 나이로 99세까지 사시다가 돌아가셨다. 아버지가 돌아가신 지 17년 만에 남편 품으로 가셨는데, 음력으로 아버지와 똑같은 날에 돌아가셨다. 그래서 아버지 어머니 제사는 한날에 지낸다.

아버지와 혼인하셔서 슬하에 7남 2녀 9남매를 두시고 장수하신 어머니시다. 나는 어머니를 많이 닮았는데 특히 기억력은 어머니의 총명함을 이어받았다.

어머니가 돌아가시기 한 달 전 내가 국가로부터 수여받은 국민훈장 무궁화장을 가지고 가서 병석에 누워 계신 어머니께 보여드렸을 때 가물가물한 의식 속에서도 알아들으시고 양쪽 눈가에 눈물을 흘리시던 모습을 잊지 못한다.

어머니 장례는 품격을 갖추어 후하게 치러 드렸다. 서울삼성병원 영안실 큰 방을 빌려 예쁜 꽃으로 장식하고 어머니 시신을 모셨다.

자손들이 많고 잘들 되어서 많은 문상객들이 찾아와서 조의를 표해 주었다. 나와 내 아내는 아버지가 돌아가셨을 때 울지 않았던 것처럼 어머니 죽음 앞에서도 울지 않았다. 어머니의 혼백이 편안하게 가시라고 비는 마음에서였다.

어머니의 시신을 염(殮) 하는 자리에서도 울지 않고 "어머니! 감사합니다"라는 말 한마디만 하고 어머니의 손을 한동안 꼭 잡고 있었다. 그때 염을 주관하던 장례사가 나의 옆구리를 손으로 툭 쳤다. 무슨 뜻이었을까? 그런 자손을 처음 본다는 뜻이었나, 아니면 자기도 감명을 받았다는 표시였나? 알 길이 없었다.

〈동아일보〉 독자위원회 위원장

방송통신심의위원회 위원장직을 마치고 2011년 6월부터 〈동아일보〉사의 위촉을 받아 독자위원회 위원장으로 6년간 일했다.

〈동아일보〉 독자위원회는 신문 발행자와 독자 간 의사소통을 원활히 하여 독자들이 정보를 얻고 배우고 즐기고 비판할 수 있도록 하고자 외부에 개방된 〈동아일보〉사 내부 위원회다.

위원장을 포함하여 6인으로 구성되어 있는데, 외부 위원이 3인 내지 4인, 내부 위원이 2인 내지 3인씩 회의에 참여하고 회의 사회는 미디어연구소 소장이 맡아 진행한다.

나와 함께 외부위원으로 활동한 인사는 1기에 김동율 서강대 교수, 이주향 수원대 교수, 2기에 고희경 홍익대 교수, 김성태 고려대 교수, 3기에 조화순 연세대 교수, 안민호 숙명여대 교수, 신용묵 한국소비자보호원 정책연구원, 강무성 도서출판 루페 대표이고, 내부 위원은 최영훈, 김동철, 박태서, 박원재, 윤영호, 김사중, 박성원 국장이 수고해 주었다.

회의는 평균 2개월에 한 번씩 〈동아일보〉사 편집국 회의실에서 열렸다. 매 회의 때마다 회의록을 작성하고 토론 내용을 정리하여 신문에 게재하는 일은 김동원 차장이 맡아 주었다.

6년간 일하면서 많은 것을 배우고 독자들의 생각을 신문사 측에 잘 전달하여 독자와 함께하는 〈동아일보〉의 이미지를 살렸다. 회의를 마치고 회식하는 시간을 통하여 위원들 간에 인간적 유대관계를 깊게 하고 각기 다른 전문분야에 대한 상식 차원의 지식도 공유할 수 있어 위원들도 모두 좋아했다.

대법원

대법원 사법정책자문위원회 위원

2013년 7월 24일부터 2014년 6월 17일까지 11개월 동안 대법원 사법정책자문위원회 위원으로 활동했다.

사법정책자문위원회는 대법원장의 자문기구로 법조계, 학계, 언론계, 경제계, 여성계, 시민단체 등 다양한 분야를 대표하는 7인의 위원으로 구성되었다. 내가 활동한 2기 위원회에는 오연천 서울대 총장, 곽배희 한국가정법률상담소장, 송재희 중소기업중앙회 상근 부회장, 신현윤 연세대 교학부총장, 이배용 한국학중앙연구소장, 이웅모 SBS 대표이사 등이 함께 참여했다.

11개월 동안 13차에 걸친 회의에 회부된 안건에 대하여 진지한 연구와 토론을 거쳐 상고심 기능 개선, 재판제도 개선, 파산법원 설치, 지식재산권 침해사건 관할 집중, 가정법원의 기능 활성화, 문제해결법원, 소송구조 활성화, 사회적 약자의 사법접근성 제고, 법조(法曹) 일원화를 위한 법관임용 개선, 법조윤리 제고방안 등을 의결하고 이를 대법원장에게 건의하였다.

　사법정책자문위원회 회의를 통하여 대법원이 국민에게 친숙하게 다가가는 사법부를 만들기 위하여 부단히 노력하고 있다는 점을 직접 체험함으로써 개인적으로 배운 바가 많았고 사법부에 많은 도움을 주었다고 자부한다. 각계각층을 대표하여 참여하신 훌륭한 위원님들과 개인적으로 인연을 맺게 된 것도 큰 소득이었다.

　2014년 6월 17일 위원회 제13차 회의에서 의결한 "상고심 기능 개선안"의 결론은 상고법원을 설치하자는 것이었다. 대법관은 법령 해석 통일을 위하여 필요하거나 국민생활에 미치는 영향이 크고 사회적으로 중요한 상고사건을 심리하는 데 집중하고, 일반 상고사건은 경륜 있는 상고심 법관이 담당하되 대법관 아닌 상고심 법관은 별도의 상고법원을 설치하여 배치하자는 개선안이었다.

　이 상고법원 설치안은 2014년 9월 24일 '상고제도 개선 공청회'에 토의 안건으로 회부되었는데, 내가 좌장으로 공청회 회의를 진행했다. 정선주 서울대 법학전문대학원 교수와 한승 대법원 사법정책실장이 주제발표자로 나서고, 서보학 참여연대 사법감시센터 소장, 서봉규 서울중앙지검 형사 6부장검사, 여현호 〈한겨레〉 논설위원, 이인호 중앙대 법학전문대학원 교수, 이재화 변호사, 하명호 고려대 법학전문대학원 교수 등이 지정토론자로서 열띤 토론을 벌였다.

　이어 2014년 12월 19일 상고법원 관련 법률개정안이 홍일표 국회의원 대표발의로 국회에 계류되자 각계각층에서 여러 가지 의견이 쏟아져 나왔고 여론전도 뜨거워졌다.

이런 상황에서 2015년 1월 말경 법원행정처 임종헌 기획조정실장과 한승 사법정책실장이 찾아와서 내가 "사법정책자문위원회 위원으로 상고법원 제도에 대하여 깊이 논의했고, 또 공청회의 좌장까지 맡아 주셨으니 상고법원이 필요한 이유에 관하여 글을 한 편 써주면 중요 일간지에 싣게 할 예정이니 응낙해 달라"고 부탁했다.

그러면서 자기들이 정리해 온 초안을 내밀었다. 그 초안을 읽어 보니 마음에 들지 않아서 내가 글을 직접 써서 주겠다고 하고 그들을 일단 돌려보냈다. 그들과 헤어진 후 하루 동안 머릿속을 정리하고 자료를 찾아 글을 완성하여 두 사람에게 전했다. 그 글이 2015년 2월 6일 자 〈조선일보〉에 내 이름으로 사진과 함께 게재되었다.[5]

그런데 이로부터 3년 반 정도가 지난 2018년 7월경 사법행정권 남용으로 인한 사법농단을 청산한다는 이름하에 이루어진 조사와 검찰 수사과정에서 내 글이 법원행정처 판사들이 대필해 준 것이고, 나는 이름만 빌려 준 사람으로 오인되어 〈한겨레〉 1면 기사로 게재되는 불미스러운 일이 생겼다.

나는 즉각 〈노컷뉴스〉를 비롯한 언론사에 그 글은 내가 직접 쓴 글이라는 사실을 밝혔다. 다행스럽게도 내가 직접 쓴 글과 대법원에서 작성했던 초안이 그대로 법원에 보존되어 있어 내 글이 대필이 아님이 쉽게 밝혀졌다. 참으로 다행한 일이었다.

---

5 부록 418쪽에 이날 기고문 "상고법원이 필요한 이유" 수록.

양형위원회 위원장에 취임하다

2015년 4월 중순 법원행정처 임종헌 기획조정실장이 전화를 걸어왔다. 박병대 법원행정처장이 차나 한잔하자는 전갈이었다. 무슨 일인가 궁금하기도 했지만 나쁜 일은 아닐 것이라는 편안한 생각으로 법원행정처장을 만났다.

박 처장은 나에게 양형위원장직을 맡아 줄 수 있겠느냐고 물었다. 나는 예상하지 못했던 일이라 머뭇거리면서 "대한변협 회장을 한 사람이 그런 자리를 맡을 수 있느냐?"고 긍정도 부정도 아닌 대답을 했다. 그러자 박 처장은 "그 자리가 작아서 그러느냐? 양형위원장은 국무총리, 대법관, 대학총장, 헌법재판관을 역임하신 분들이 맡아 왔던 큰 자리인데 그러느냐!"고 의아한 표정을 지었다.

나는 다시 박 처장에게 "내가 방송통신심의위원장으로 간 것을 두고 일부 변호사 회원들이 비판적인 말을 한 적이 있어서 그런 것이다. 하루 여유를 주면 가족들과 의논한 후에 답을 주겠다"고 하고 그 자리를 떠났다.

집에서 의논해 보니 가족들은 대찬성이었다. 그렇게 해서 권위 있고 명예로운 자리인 대법원 양형위원회 위원장직을 맡게 되었다.

대법원장으로부터 2015년 4월 27일 자로 위촉장을 받고, 5월 1일에 취임했다.

다음은 이날 취임사 전문이다.

양형위원회 위원장 취임사

존경하는 양형위원회 위원님들과 위원회 관계자 여러분!

여러분과 함께 5기 양형위원회의 일원으로 형사사법의 정의를 실현하는 중대한 소임을 맡게 된 것을 매우 기쁘게 생각합니다.

법조계와 학계, 언론계, 사회 각 분야에서 오랫동안 쌓아 오신 전문지식과 사회경험을 통하여 국민의 눈높이에 맞는 양형기준을 세움으로써 사법부의 위상을 높이겠다는 마음으로 양형위원이 되실 것을 흔쾌히 수락해 주신 여러 위원님들께 깊이 감사드립니다.

저는 그동안 우리나라 사법부가 국민들로부터 신뢰받는 형사재판을 정착시키기 위하여 부단히 노력하여 왔음을 잘 알고 있습니다. 그리고 그러한 사법부의 노력으로 형사사법의 여러 분야에서 큰 발전이 있었던 것도 사실입니다.

하지만, 좀 더 객관적이고 설득력 있는 양형을 바라는 국민들의 기대와 관심은 여전히 높습니다. 새로 출범한 5기 양형위원회는 이러한 점을 마음에 새기고 국민들의 눈높이에서 국민들이 진정으로 바라는 양형기준이 무엇인지 깊이 고민해 볼 필요가 있다고 생각합니다.

위원님 여러분!

5기 양형위원회는 1기부터 4기까지 양형위원회가 이룩한 성과를 토대로 더욱 내실 있는 양형기준을 만들어 나가야 할 책무가 있습니다. 86% 이상 많은 범죄군에 대한 양형기준 설정작업이 완료된 현 시점에서, 이미 만들어진 양형기준에 관하여도 합리적인 개선이 필요한 부분은 없는

지 면밀히 검토해야 합니다.

개개인의 이해관계가 복잡하게 얽혀 있는 지금 우리 사회에서, 각계각층의 다양한 요구와 상충되는 이해관계를 적절히 반영하여 국민이 누구나 공감할 수 있는 공정하고 객관적인 양형기준을 설정한다는 것은 몹시 어려운 일일 것입니다.

형(刑)은 무엇보다도 먼저 그 형을 받는 당사자가 승복할 수 있는 것이어야 하고 당사자와 이해관계를 맺고 있는 사람들의 감정과 일반 국민들의 법 감정에도 맞아야 하므로 형을 양정(量定)한다는 것은 매우 어려운 일입니다.

저는 검사와 변호사로서 오랜 기간 법조계에 몸담아 왔고, 사회 각 분야에서 여러 활동을 수행하였지만, 이번에 맡게 된 양형기준 설정작업이야말로 매우 어렵고 중차대한 일이라고 인식하고 있습니다. 그래서 그 중요성을 생각할 때 두렵고 무거운 마음이 드는 것도 사실입니다.

하지만 탁월한 능력과 남다른 열정으로 사회 각 분야에서 맡은 역할을 훌륭하게 수행해 오신 여러분과 함께하기에 우리가 맡은 과업을 충분히 이뤄 낼 것이라고 믿고 있습니다.

저는 독임제가 아닌 위원회의 위원장으로서 위원들 간의 대화와 토론을 통하여 합리적인 결론이 나올 수 있도록 공정하고 투명하게 위원회를 이끌어 나가도록 노력하겠습니다.

위원회 업무를 지원해 주시는 전문위원과 지원단 여러분께도 전과 다름없는 열정과 노력을 당부드립니다. 전문위원 및 지원단과는 가급적 자주 만나 애로를 청취하고 새로운 업무를 개발하는 창조적인 시간도 가져 볼까 합니다.

끝으로 양형위원으로 참여하여 주신 여러 위원님들께 다시 한 번 감사와 경의를 표하며, 5기 양형위원회가 대한민국의 형사사법에 대한 국민의 신뢰를 높이는 데 크게 기여할 수 있기를 진심으로 기원합니다.

감사합니다.

양형위원회 위원장 2년

양형위원회 위원으로서 함께 일할 분들은 법관 위원 4인, 검사 위원 2인, 변호사 위원 2인, 법학교수 위원 2인, 학식과 경험 위원 2인 등 12인이었다.

법관 위원은 심상철 서울고등법원장과 이창형, 박정화, 이규진 서울고등법원 부장판사(상임위원), 검사 위원은 김현웅 서울고등검찰청 검사장과 유상범 대검찰청 공판송무부장, 변호사 위원은 최재혁, 채명성 대한변호사협회 법제이사, 법학교수 위원은 박광민 성균관대 법학전문대학원 교수, 정현미 이화여대 법학전문대학원 교수, 학식과 경험 위원은 김장겸 MBC 보도본부장, 차병직 변호사 등이었다. 이후 검찰 인사이동으로 오세인 광주고등검찰청 검사장, 이득홍, 조은석 서울고등검찰청 검사장과 김해수 검사장이 김현웅, 유상범 대신 보임되었다.

양형위원장직은 비상근이어서 매일 출근하지 않아도 되었지만 대법원 청사 13층에 큰 방이 마련되어 있어서 시간이 날 때마다 사무실에 나갔다.

한 달 반에 한 번씩 열리는 전체회의는 안건이 많았다. 직원들의 통계분석과 전문위원들의 사전검토를 거쳐 전체회의에 올라오는 안건은 복잡하여 논의할 사항이 많았다.

양형위원회에서 의결하는 내용은 판사가 형사재판을 함에 있어서 사실심리를 마치고 유죄 선고를 하는 경우에 그 선고 형량을 범죄유형별로 나누어 기준을 정하는 것이다. 양형기준은 판사에게 법적 구속력을 부과하는 것이 아니고 권고적 효력만을 가지고 있지만 그 준수율은 매우 높았다.

양형위원장의 보좌기관으로는 고등법원 부장판사급 상임위원 1명, 지방법원 부장판사급 운영지원단장 1명과 법관, 검사, 변호사 교수 기타 전문가 13명으로 구성된 전문위원단 및 법학계, 학계, 언론계, 사회 시민단체 인사 12명으로 구성된 자문위원단, 3개 사무과 및 전국 법원의 양형자료 분석관 15명이 배속되어 있었다.

2년간 나를 지근거리에서 보좌해 준 상임위원 이규진 서울고등법원 부장판사는 재조, 재야에서 모두 우수판사로 정평이 나 있는 법관으로 내가 무척 좋아하게 된 사람이다. 운영지원단장으로는 안종렬, 구민경, 송오섭 부장판사가 열성을 가지고 도와주었다.

양형위원장 2년 임기 중에 두 번 해외시찰 기회가 있었다. 전반기에는 프랑스, 이탈리아 대법원을 방문하고, 후반기에는 캐나다 대법원과 미국 항소법원을 방문하고 양형위원회 관계자를 만나 의견을 교환하는 일정이었다.

전반기 일정은 2015년 10월 10일부터 10월 18일까지 심상철 서울
고등법원장, 유상범 검사장, 김상겸 MBC보도본부장, 안종열 부장
판사가 동행하였고, 후반기 일정은 2016년 6월 4일부터 6월 11일까
지 박정화 서울고등법원 부장판사, 정현미 이화여대 법학전문대학
원 교수, 차병직 변호사, 박광민 성균관대 법학전문대학원 교수,
구민경 부장판사가 동행하였다.

두 일정 모두 만족할 만한 성과를 거두었다. 특기할 사항은 프랑
스 파리에서는 그곳에 유학 중인 판사·검사 4명과 특파원 1명을 만
찬에 초대하여 격려하고, 캐나다 토론토에서는 그 나라에서 변호사
자격을 획득하고 실무에 종사하는 한인변호사 10여 명을 오찬에 초
대하여 격려한 일이다.

또 미국 시카고 연방항소법원 방문에 즈음하여 마침 그곳에서 연
례회의를 하고 있는 미국 양형위원회 위원장을 만나 상호 관심사에
관해 이야기를 나누고 연방 판사들을 비롯한 법조인들 앞에서 간단
한 연설을 한 것이 기억에 남는다.

양형위원장으로 재임하는 동안 여러 차례 방송에 출연하고 신문
인터뷰도 했다. 인기 있는 명사초청 대담 프로그램인 TVN 〈고성국
의 빨간 의자〉, MBC 〈이브닝뉴스〉 생방송에 출연하여 양형위원
회와 법조계 전반에 관한 사항을 국민들께 쉽게 알려 드렸으며, 〈동
아일보〉, 〈중앙일보〉, 〈세계일보〉 등 일간지와의 인터뷰를 통하

여 당시의 민감한 현안에 대하여 의견을 피력할 기회도 있었다.

　빠르게 2년이 지나가서 2017년 4월 양형위원장 임기가 만료되었다.　대법원에서는 후임자를 물색 중이었다.　나에게도 상임위원을 통해서 후임자 선정에 관해 의견을 물어 왔다.

　판사 출신을 비롯해서 헌법재판관, 검사, 변호사, 대학교수 출신 몇 분을 거론하면서 의견을 묻기에 검사 출신인 나를 선임한 뜻을 살려 한 번 더 검사 출신을 선정하면 좋겠다고 하면서 정성진 전 법무부 장관을 추천했다.　정 장관은 검사 출신이지만 국민대 교수로 성공하시고 대학총장까지 지내신 분으로 한국형사소송법학회 회장을 역임하셨으니 양형위원장으로서는 그만한 분을 찾기 어려웠다.

　양승태 대법원장은 그분을 선택하여 정성진 전 법무부 장관이 제6기 양형위원장으로 취임하고 나는 영예롭게 임기만료로 물러났다.

고려중앙학원 이사와 그 외 활동들

고려중앙학원 이사와 고려대 총장추천위원회 위원장

나는 2015년부터 고려중앙학원 이사로 재직 중이다. 고려중앙학원 이사는 무보수 명예직이지만 그 무게는 만만치 않다. 나의 모교인 고려대를 비롯하여 고려사이버대, 중앙중·고등학교, 사범대학 부속 중·고등학교 등 많은 교육기관을 관장하고, 민족 언론지 〈동아일보〉와 깊은 관계를 맺고 있는 학교 법인이니만큼 그 법인 이사는 자격요건이 엄격하다.

〈동아일보〉 독자위원회 위원장, 고려대 법학전문대학원 운영자문위원장의 경력에 자랑스러운 고대법대인상 수상, 장학금 기탁 등 학교에 기여한 공적을 참작하여 이사로 선정한 것 같다.

나는 고려중앙학원 이사로 선정된 이후 한 번도 이사회에 빠진 적이 없다. 그만큼 학교에 애정이 깊고 이사회에 관심이 많다. 또한 이사회 구성원이 모두 훌륭한 분들이어서 그들과의 만남은 항상 즐겁고 서로 교환할 정보도 풍부하여 사회생활에 많은 도움이 된다.

학교법인 이사로 2연임하면서 모교 총장추천위원회 위원장직을 맡아서 염재호 총장, 정진택 총장 두 분을 선출하는 데 큰 역할을 담당했다. 총장추천위원회는 교수 대표 15명, 교우회 대표 5명, 법인 대표 4명, 교직원 대표 3명, 학생 대표 3명, 도합 30명으로 구성되는데, 교수 직접선거를 통해 선출된 후보 중 3명을 선별하여 법인에 추천하는 역할을 담당했다.

그 밖의 위원회 활동

그 외에도 나는 변호사 업무가 아닌 여러 종류의 위원회 활동을 해왔다. 시간순으로 대충 훑어보면 대검찰청 검찰제도개혁위원회, 법무부 법무자문위원회, 국가청렴위원회 정책자문단, 헌법재판소 자문위원회, 통일부 통일고문, 대한민국 건국 60주년 기념사업회, 6·25전쟁 60주년 기념사업회, 성균관대 초빙교수, 대한상사중재원 중재인 및 동 협회 고문, 한국후견협회 고문 등이 있다.

그중에서도 제일 기억에 남고 보람되었던 일은 6·25전쟁 60주년 기념사업회 위원 자격으로 16개국 참전용사 가족들을 초청하여 만찬을 베푸는 자리에서 터키 참전용사 가족들을 호스트로 모시고 환담한 일이다.

외출의 마무리

2017년 4월 양형위원장직을 마친 후 대한변호사협회에서 나를 도와서 국제이사로 일하던 김범수 변호사가 자신이 대표로 있는 KL파트너스에 비상임 고문으로 영입하겠다는 의사를 표해 왔다.

보수는 많지 않지만 일주일에 두어 번 사무실에 나와서 젊은 변호사들에게 도움이 되는 말씀을 해주시는 멘토 역할 정도면 된다고 하기에 쾌히 응낙했다. 그래서 3년간 편안하고 즐겁고 유익한 시간을 보낼 수 있었다.

그동안 최경원 전 법무부 장관의 추천으로 ㈜고려아연의 사외이사로 선출되어 4년간 많이 배우고 경제적으로도 도움을 받았다. ㈜고려아연은 세계적인 아연제련소를 가동하고 있는 글로벌기업으로, 세대 간의 위계가 확립되어 있고 형제간의 우애가 매우 돈독하다. 기업의 투명성과 수익성은 단연 상위권이다. 최근에는 2차전지사업과 수소산업에 대한 투자를 늘리고 있어 크게 기대된다.

이후 코로나-19가 심술을 부려 2020년 8월에 KL파트너스 비상임 고문직도 그만두고 외출을 마무리했다.

그 후로는 집에서 독서와 일상생활에 재미를 붙여 지난 삶의 궤적을 돌아보며 자료를 정리하고 있다. 내 삶의 보고서를 작성하는 한편, 내 자손들과 국가와 사회를 위해서 무엇을 해야 할 것인가를 곰곰이 생각하면서 보람 있는 삶을 살아가고 있다.

　또 그동안 좋은 인연을 맺었던 후배와 친지들이 가끔 모임이나 식사에 초대해 주어서 심심치 않게 지낸다. 특히 노환균, 이득홍 전 법무연수원장이 두 달에 한 번 정도 함께 골프를 칠 수 있는 기회를 만들어 주어서 건강증진에도 크게 도움이 된다. 모두 다 고마운 일이다.

이진강협회장님
변호를 아우르는 큰 어르신 되십시오.
2007.10. 이영욱 변호사 拜上

3년 만에 자서전을 완성했다.

이 자서전 내용은 나에 관한 역사적 사실과 기록물을 기초로 기억력을 총동원하여 살려 낸 지나간 이야기에 나의 생각을 덧붙인 내 삶의 총체다.

현대는 정보화 시대, 데이터 만능의 시대라고 할 만큼 국가나 사회 또는 개인에 관한 정보가 인터넷상의 디지털 정보로 잘 보존되어 있어서 나에 관한 자료를 쉽게 얻을 수 있었다.

거기에다가 뇌는 쓰면 쓸수록 더 맑아지고 밝아진다는 말을 증명이나 하듯이 무엇을 하나 기억해 내면 그와 연관된 다른 기억이 샘솟아 나오는 신비스러움으로 말미암아 쉽게 내 삶의 이야기를 풀어 나갈 수 있었다.

생각은 오랜 세월 살아오면서 보고, 듣고, 맛보고, 느끼고, 행동하면서 체득한 지혜에 바탕을 둔 나의 인식작용이므로 내 삶에 대하여 가치를 부여하는 데 큰 어려움이 없었다.

그러나 역사적 사실이나 기록물이 모두 다 전적으로 진실일 수는 없고, 사람의 기억력에도 한계가 있다. 사람들이 흔히 자기가 좋아하거나 원하는 것만 기억해 낸다는 자기애착성에 빠질 위험성도 있다. 또한 사람의 인식작용에는 자기가 아는 만큼만 생각하고 더 이상은 보거나 깨닫지 못하는 약점도 있다. 그래서 이 자서전을 씀에 있어서 이러한 약점이나 위험성에 빠져들지나 않을까 걱정을 많이 했다.

하지만 나는 이런 걱정을 내려놓기로 했다. 자서전이라는 것이 본래 진리를 탐구하는 전문서적이 아니고, 어차피 완전하지 않은 인간의 삶을 주관적인 관점에서 이야기 형식으로 풀어 나가는 것이므로, 주관을 완전히 배제하고 객관적인 것이 되기란 불가능하기 때문이다.

그래도 지킬 것은 지키려고 노력했다. 사심을 버리고 솔직하게 내 직성이 시키는 대로 써내려가되 나와 관계를 맺었던 사람들이 서운해하거나 마음에 상처를 입는 일이 없도록 유의했다.

내가 평생직장으로 생각했던 검찰, 나의 제2의 인생의 출발점이었던 재야법조계, 나에게 최고 영예의 자리를 준 사법부, 그리고 영예로운 외출로 기억될 방송·통신업계에 대해서 어떠한 편향적 생각이나 잘못된 견해를 갖지 않도록 노력했다.

나는 자랑거리를 많이 썼다. 하지만 그것으로만 그치지 않았다.

내가 실수하고 멋쩍어 했던 일, 서운하고 아쉽고 화나는 상황에서 느꼈던 감정, 옛 직장에 대한 애정과 충고 그리고 후배 법조인들에 대한 격려와 바람도 담았다. 군대생활, 특히 월남 파병 당시 겪었던 어려움과 재미난 이야기도 몇 편 실었다. 나의 아팠던 이야기도 과감하게 공개했다.

자서전을 마무리하면서 지금까지 살아온 80 평생을 뒤돌아보니 나의 삶은 변화의 연속이었다.

해방공간에서 태어나 자라면서도 아직은 그 의미와 기쁨을 느껴 보지 못한 채 천진난만한 어린이로 지내던 나는 6·25사변을 겪는 와중에 자칫 문제소년으로 빠져들 뻔한 위기의 순간을 맞기도 했다. 그러나 다행스럽게도 폐결핵이라는 역행보살이 찾아와서 나를 산수 좋은 고향으로 데려가 건강을 회복시키고 공부 잘하는 모범생으로서 서울로 돌아오도록 만들어 주었다. 이것이 내 삶의 첫 번째 변화였다.

두 번째로, 잘못된 대학입학시험 제도가 나의 인생을 바꾸어 놓았다. 이로 인하여 나는 민족대학 고려대 법과대학에 입학하고 내 평생의 반려자인 아내를 만나는 행운을 얻게 되었다. 나는 대학 교정에서 아내를 만난 지 8년 만에 결혼했는데, 이 결혼이야말로 나의 삶을 바꿔 놓은 일대 사건이었다. 이 세상에는 절대적으로 좋다고 정해진 법은 없다는 현인의 말씀이 생각나는 대목이다.

세 번째로, 법과대학생이면 누구나 한 번쯤 도전해 보는 사법시험이지만, 나는 그 어렵다는 시험을 재학 중에 합격하여 남보다 빨리 법조인의 길, 검사의 길로 들어선 것이 또 하나의 변화였다.

검사가 된 후 23년의 긴 세월 동안 열정을 가지고 최선을 다하여 공직자의 본분을 지키려고 노력했다. 그러나 내심을 들여다보면 나도 모르게 욕심이 생겨서 어려움을 겪은 세월이기도 했다. 2, 3년에 한 번꼴로 닥쳐오는 인사이동에서 남들에게 뒤처지지 않으려는 욕심은 물론이고, 무엇인가 남에게 잘 보이려는 공명심으로 내 자신을 살피지 못하고 낭패를 당한 일이 여러 번 있었다.

결국에는 이런 욕심이 쌓이고 쌓여서 내 몸과 마음에 부담이 되고 몸의 균형을 잃는 아픔을 겪었다. 사람들은 이것을 병이라고 하는데, 그 병이 찾아와서 짧지 않은 5년간을 나와 동행했다.

그러나 그 병이 나의 다정한 벗이 되어 주었다. 그 친구가 5년 동안 나로 하여금 욕심을 버리고 평상심으로 돌아가는 방법을 알려 주었다. 그리고는 나도 모르게 슬그머니 어디론가 가 버렸다.

네 번째로, 나의 몸과 마음이 원상으로 돌아오자 귀인들이 나타나서 앞에서 끌어 주고 뒤에서 밀어 주는 신기한 일들이 연이어 생겼다. 나와 일면식도 없었던 분이 어느 날 불현듯 찾아와서 변호사회 임원 자리에 들어서게 만들어 주었고, 검사 시절에 나를 많이 아껴 주셨던 선배들의 배려로 사인으로서 공직 업무를 수행할 수 있는 기회도 주어졌다. 이를 계기로 어려운 이웃을 위하여 좀 더 좋은 일을 해야 하겠다는 동기가 부여되었고, 이를 실천함으로써 나는 마음의 부자가 되었다.

공직생활보다 긴 28년의 세월은 나와 남을 동시에 사랑할 수 있는 자비심을 키워 나가고 이를 실천하는 시간이었다. 지금까지 그래도 비교적 건강하게 잘 먹고 잘 자는 노년의 편안한 삶을 누릴 수 있는 것은 모두 이렇듯 마음을 잘 다스리고 이를 실천해 온 덕분이라고 생각한다.

그 외 변화된 모습을 헤아려 보면 셀 수 없이 많다. 그렇지만 이런 변화는 대부분 외형적인 것이어서 시간이 지나거나 그 원인이 소멸되면 사라져 버리는 것들이었다.

이와 달리 나의 내면에는 진여자성(眞如自性) 또는 자기(自己)라고 할까, 변하지 않는 것이 있었다. 내 가슴 안에 깊숙이 자리 잡은 순수함과 부동의 용기, 먼 조상으로부터 면면히 이어져 내려오는 겸양과 배려 그리고 예의염치의 정신이 그것이었다. 이것은 아마도 내가 이 세상에 올 때부터 가지고 온 것이었고, 또 내가 생을 마치고 본래의 곳으로 되돌아 갈 때 그대로 가지고 갈 것이라고 생각한다.

이제 종심소욕(從心所慾)의 나이를 지나 80에 들어섰다. 무슨 일을 하든 법도에 어긋나지 않고 거칠 것이 없는 단계를 지났다고 하지만 요사이 세상이 어수선하여 보고 듣는 게 모두 내 마음을 흔들고 있다. 나라의 지도자들이 역할을 잘해 주어서 나를 비롯한 많은 사람들이 편안하게 살아갈 수 있게 되기를 바란다.

큰아들이 부탁한 대로 이 자서전이 후배들과 자손들에게 조금이나마 가르침을 주면 좋겠다.

끝으로 자랑스러운 사랑하는 아들, 딸들에게 당부한다.

부모 자식 사이는 지극히 친한 사이이지만 각자 가는 길이 다르니 인연의 도리로 만났다 하여도 서로 대신해 줄 수는 없는 법이다(父子至親 岐路各別 縱然相逢 無肯代受). 그러니 너희들은 이 책에 실린 뜻이 달(月)은 아니지만 그것을 가리키는 손가락임을 명심하고 생활의 지표로 삼고 살아가기 바란다.

────── 부록 1 ──────

기고문 · 연설문 · 인터뷰

검찰총장님, 힘을 빼십시오

김태정 검찰총장님!

한 달 전 서울지방변호사회를 방문하셨을 때 보여 주셨던 총장님의 유연한 모습이 '비자금 수사 유보' 발표를 전후하여 매우 경직되어 보이고 본래의 모습이 아니므로 걱정이 되어서 몇 자 적어 올립니다.

총장님이 대검 차장검사, 중앙수사부장, 중앙수사부 과장 전원을 배석시키고 생중계로 〈비자금 수사 유보〉를 발표하는 장면을 TV를 통하여 보았습니다.

저는 그 장면을 보면서 총장님이 결연한 의지를 나타내 보이시려고 무척 애를 쓰고 계시지만 총장님의 모습을 보는 시청자들의 눈에는 어딘가 모르게 부자연스러운 점이 느껴졌을 것이라는 생각이 들었습니다.

무엇보다도 먼저 시청자들은 왜 검찰총장이 직접 나서서 발표를 할까? 그리고 대검 간부들을 배석시키고 생중계방송으로 기자회견을 하는 이유는 무엇일까? 하는 의문을 가졌을 것입니다.

발표 전날까지만 해도 비자금 고발사건을 대검찰청 중앙수사부에 배당하여 수사하기로 하고 주임검사까지 지정한 상태에서 검찰총장이 직접 나서서 수사유보를 발표하는 이유는 무엇일까?

중앙수사부장과 과장들은 총장과 다른 생각을 가지고 있었는데 검찰총장이 독단으로 결정한 것임을 나타내려고 한 것일까? 아니면 사안의 중대성에 비추어 검찰총장이 직접 발표하는 것이 좋겠다고 판단했기 때문일까?

그리고 수사결과 발표도 아닌 수사유보 발표를 하면서 대검 간부들을 배석시키고 TV 생중계방송으로 기자회견을 하는 이유가 있을까? 검찰총장이 힘이 모자라서 대검 간부들을 배석시켜 힘을 과시하려고 하는 것일까? 차장검사, 중앙수사부장, 중앙수사부 과장 전원이 검찰총장과 뜻을 같이하고 있다는 것을 화면으로 보이고 싶어서일까? 하는 것들이 국민들의 머릿속에 깔려 있는 의문입니다.

검찰총장이란 자리는 어떠한 자리입니까?

공익의 대표자로서 범죄수사와 공소제기에 관련된 직무를 수행하는 검사를 지휘·감독하는 권한을 가지고 있다는 검찰청법 조문을 구태여 인용하지 않더라도 전직 대통령 두 분을 단죄하고 현직 대통령의 아들까지도 구속기소함으로써 국민들은 이제 검찰이 그 어느 국가기관보다도 막강한 권한을 가지고 있는 기관임을 인정하고 있고, 검찰총장은 그러한 검찰의 총사령탑이라는 사실을 모르는 사람이 없습니다.

이렇듯 검찰총장의 권한은 정말로 크고 그 권위는 대단한 것입니다. 그러므로 그 자리는 함부로 내보여서는 안 됩니다. 부득이 외부에 내보일 필요가 있을 때에도 가급적 검사를 통하여 내보여야 합니다.

검찰조직에는 1,070여 명의 검사들이 있습니다. 그들은 모두 독립관청으로 공익의 대표자로서 범죄수사와 공소제기에 관련된 직무를 수행하고 있습니다. 검찰총장의 권위는 독립관청인 검사들의 정당한 힘이 집약되었을 때 그 힘을 발휘할 수 있는 것입니다.

검찰총장님, 제가 총장님의 후임으로 서울지검 동부지청 차장검사로 일할 때 있었던 사건이 생각납니다.

1990년 여름경이라고 기억됩니다만, 법정에서 증언을 하고 나온 증인이 검찰청 정문 앞길에서 폭력배의 칼에 맞아 사망한 사건, 이른바 '법정증인 살해 사건'이 발생하였습니다.

이 사건이 발생하자 그날 저녁 대통령이 특별담화를 발표하고 이어서 법무부 장관이 동부지청을 방문하여 그 사건이 발생된 데 대하여 지청장 이하 간부들을 힐책하고 신속히 범인을 검거하도록 독려하였습니다. 그 후 대검찰청에서는 거의 매시간 수사상황에 대하여 확인하고 서울검사장은 이틀이 멀다 하고 지청장실에 와서 수사 독려를 하였습니다.

저는 정말 이상하게 생각했습니다. 법정증인이 살해되었다고 해서 대통령이 특별담화를 발표하고 법무부 장관, 검찰총장, 서울검사장이 직접 나서서 수사 독려를 하면 일선청인 동부지청의 지청장, 차장검사, 그리고 그 밑에 있는 40여 명의 검사들은 허수아비가 되어야 하는 것인가 하고 말입니다.

그래서 저는 동부지청에 수사 독려차 온 서울검사장에게 "우리 청에는 지청장도 계시고 차장검사 이하 수십 명의 검사와 200여 명의 직원이 있는데 살인범 한 사람 못 잡겠습니까? 저희들에게 맡겨 놓으시고 검사장께서는 이제 그만 오시지요!"라고 항의조의 말을 뱉어 버렸습니다.

서울검사장은 예상치 못한 저의 말에 매우 당황하면서 "내가 뭐 수사 독려하러 왔나. 고생들 하니 점심이나 사주려고 왔지"라고 얼버무렸습니다.

그 이후 서울검사장은 동부지청에 오지 않았고 동부지청 검사들의 끈질긴 수사 끝에 더 이상 피할 길이 없다고 판단한 살인범은 스스로 검사실에 전화를 걸어 자수해 왔습니다.

《삼국지》에 이러한 이야기가 있습니다.

사마중달이 중원에서 제갈공명과 최후의 일전을 벌일 때 부하장수에게 적진의 상황을 염탐하여 오라고 한즉, 그 장수가 정찰을 마치고 돌아와 보고하면서 "대장군님, 이제 우리는 졌습니다. 제갈공명이 최전방까지 나와서 사병들을 일일이 독려하고 있으니 감당하기가 어렵습니다"라고 하자 사마중달은 "이제야말로 우리가 이기게 되었다"고 무릎을 쳤습니다.

사마중달이 대승을 거두고 난 후 염탐을 나갔던 장수가 사마중달에게 어떤 연유로 제갈공명을 이길 수 있다고 판단하였느냐고 물은즉, 중달은 "제갈공명은 군사(軍師)로서 부채를 들고 정자에 앉아 장수들에게 군령을 내릴 때 그 힘을 발휘할 수 있는 것인데 일선에까지 나와 직접 사병들을 독려하고 있다니 촉나라 군사는 지휘체계가 무너져서 아무리 신출귀몰한 제갈공명이라도 더 이상 힘을 쓰지 못하게 된 것이 판명되었기 때문이니라"고 대답해 주었습니다.

검찰총장님, 장수들을 잃고 일선에 나서서 사병들을 직접 독려하는 등 혼자서 고군분투(孤軍奮鬪)한 패전의 제갈공명과 같은 검찰총장이 되어서는 안 됩니다.

검찰총장이 직접 나서게 되면 검찰총장의 권한이 세어지고 권위가 있는 듯이 보이지만 그렇지가 않습니다. 검찰총장은 검사들의 힘이 세어지고 권위가 담보될 때 비로소 그 큰 힘을 발휘할 수 있는 것입니다.

검찰총장님, 힘을 빼십시오. 그리고 그 힘을 부하 검사들에게 주십시오. 그러면 그들에게 주었던 힘이 수십 배, 수백 배가 되어 검찰총장에게 돌아옵니다.

그리고 그 힘을 받아 가지고 계시기만 하십시오. 그 힘이야말로 어느 누구도 얕잡아 볼 수 없는 정당한 권한이고 권위입니다.

끝으로, 지방검사장, 고등검사장을 역임하시고 법무부 장관까지 지내신 검찰의 대선배님께서 하신 말씀을 회상하면서 이 글 마치겠습니다.

"검사장이 뭐 할 일이 있나! 검사장은 검사들에게 일을 맡겨 놓고 신문이나 잡지를 보다가 퇴근하면 되지. …"

농담 같이 들리기도 하지만 검찰간부들이 되새겨 볼 만한 말씀이라고 생각됩니다.

■ 기고문 — 〈시민과 변호사〉 1998년 2월호

인사유감(人事有感)

첫째 이야기: '매도 같이 맞는 것이 낫다'

지금으로부터 꼭 20년 전인 1978년 2월 초순경의 일이다. 서울지검에 근무한 지 2년 반이나 되었으니 인사 대상이 되는 것은 틀림없는데 어느 곳으로 발령이 날 것인지가 큰 관심사였다.

"법무부 요원으로 추천되었으니 기대해 보라"는 등 동기생의 귀띔이 현실로 나타나기를 은근히 바라고 있었으나, 인사발표 전날 오후에 나에게 전해진 발령 내용은 "강릉지청행 열차"를 탔다는 것이었다. 그리고 이 같은 사실을 알게 된 선배·동료 및 후배 검사들이 내 방에 우르르 몰려와서 나를 위로해 주었다.

그중에서도 호방하고 성품 좋기로 이름난 반 검사는 "강릉지청 참 좋은 곳입니다. 산 좋고 물 좋은 곳이니 한 일 년만 있다 온다고 생각하고 너무 섭섭하게 생각하지 마시오"라고 자기 일처럼 진지하게 위로해 주었다.

그러나 그들의 위로의 말은 내 귀에 제대로 들어오지 않았다. 다른 검사들은 모두 법무부, 부산지검, 대구지검 등 상급부서 아니면 대규모 본청으로 발령 났다고 하는데 혼자 벽지(僻地) 지청으로 발령이 났다니 ….

산업쓰레기 부정수입 사건의 수사와 공소유지를 잘했다고 상사와 동료들로부터 칭찬을 받은 일, 수년 동안 모 기업체 사장 형제와 검사들을 상대로 고소와 진정을 일삼던 사람을 무고죄로 인지하여 단죄함으로써 서울지검 민원실을 조용하게 만든 일 등은 아무 소용없는 일이었던가 하는 허탈감에 패배의식마저 들어 몸을 가눌 수가 없었다.

그날 밤 퇴근하여 잠자리에 들었지만 머릿속에는 그 인사내용을 미리 알려 준 사람이 혹시 잘못 본 것은 아닐지, 갑작스럽게 사정이 변경되어 인사를 다시 짜는 일도 있을 수 있겠지 하는 망상이 꼬리를 물 뿐이었다.

거의 뜬눈으로 밤을 새우고 다음 날 피곤한 몸을 이끌고 출근하여 사물(私物)을 챙기고 있는데 전날 나를 위로했던 반 검사가 방문을 열고 들어오면서 큰 소리로 "이 영감, 나도 강릉으로 가게 되었소, 허 참" 하는 것이었다.

반 검사의 이 말을 듣는 순간 나는 구세주를 만난 듯 마음이 가벼워졌다. '나 말고도 벽지지청으로 발령 난 검사가 있구나.' 전날 여러 검사들이 나에게 해주던 어떠한 위로의 말보다도 반 검사의 동행이 이렇게 나의 마음을 안정시켜 줄 줄이야…. '매도 같이 맞는 것이 낫다'는 속담은 사람의 마음을 헤아린 선조들의 지혜인 모양이다.

그 후 반 검사와 나는 2년 반의 벽지근무를 마치고 한 사람은 서울지검으로, 또 한 사람은 법무부로 영전되는 행운을 안고 강릉을 떠났다. 그동안 나는 탄광 막장에 들어가 광부들의 생활을 직접 체험하고 밤과 낮이 뒤바뀐 세상이 있다는 현실을 깨닫게 되었고, 내 아내는 청담스님이 쓰신 《금강경 해설서》를 여러 번 읽어 냄으로써 10년 후 남편이 과로로 쓰러져 어려움을 겪을 때 그를 일으켜 세울 수 있는 부처님의 큰 힘을 받을 수 있었으며, 연년생의 3남매는 푸른 바다와 높은 산을 구경하고 한 길이 넘는 눈 속에서 굴을 파고 놀던 때의 추억을 간직할 수 있는 귀중한 기회를 얻었다.

둘째 이야기: '인사권자와 잘 알아야 한다'

대검찰청 형사1과장으로 있다가 서울지검 동부지청 부장검사 발령을 받았다. 주위에서는 "이번 인사의 '하이라이트'는 이진강"이라고 하면서 부러워하는 사람이 있는가 하면, 한편으로는 사시 5회가 어떻게 시내지청 부장으로 나갈 수 있느냐고 뜨악하게 생각하는 사람들도 있었다.

인사 직전까지 검찰총장으로 모시던 분이 법무부 장관으로 영전하여 가셨고 그분께서 법무부 교정국장으로 계실 때 "이 검사는 언젠가 때가 되면 내가 데려다 써야겠다"고 매우 호의적인 말씀을 해주신 적이 있어서 인사 때 잘해 주실 것이라고 기대하고 있었지만 이렇듯 '하이라이트'의 인사를 받고 보니 과분한 생각도 들었다. 하지만 기분이 좋아서 발걸음이 가볍고 나도 모르게 콧노래가 나오는 것은 숨길 수 없었다.

며칠 후 법무부로 신고하러 갔을 때 예상치 않던 일이 일어났다. 기분이 좋은 사람보다 얼굴이 굳어 있는 사람들이 훨씬 많아서 분위기가 다소 가라앉은 자리에 들어선 장관께서 하시는 말씀이 의외였다.

그 자리에 도열해 있던 검사들 대부분은 신고 때마다 늘 들어 온 바와 같이 "이번 인사는 능력과 서열을 중시하여 적재적소에 배치한 합리적 인사다"라는 내용의 진부한 말이 나오리라고 생각하고 있었는데, 장관께서는 너무나 파격적인 말씀을 하신 것이다.

"이번 인사에서 고려한 사항은 세 가지입니다. 첫째는 인사권자가 인사 대상자를 얼마나 잘 알고 있느냐는 것이고, 둘째는 능력, 그리고 셋째는 시기, 즉 때에 이르렀느냐 하는 것이었습니다. 여러분 중에 조금 섭섭한 인사를 받아 기분이 언짢은 사람이 있는 것 같은데, 다음에 자기를 잘 아는 인사권자가 오면 그 능력을 인정받아 원하는 자리에 갈 수도 있습니다. …"

얼마나 솔직하고 자신에 찬 말씀인가! 인사권자가 인사 대상자를 잘 모르면 그의 능력이나 성품을 제대로 파악할 수 없다는 것이다. 그리고 능력은 결정적으로 중요한 요소가 아니므로 자리를 주면 능력은 개발될 수도 있다는 뜻이 포함되어 있었다. 또 자리는 때가 되어야 앉을 수 있다는 것이다. 장관께서는 이러한 평범한 진리를 말씀하신 것이다.

신고식을 마치고 나오는 검사들의 얼굴을 쳐다보니 들어갈 때 굳어졌던 표정이 모두 풀어져 있었다.

셋째 이야기, '인사 불만은 상대적인 것'

대검찰청 중앙수사부 수사1과장의 임무 중 하나가 검찰 인사 후의 여론을 수집하여 장관과 총장께 보고하는 일이다. 1987년 6월 대규모 인사를 단행한 후 검찰 총장실에 평상업무 보고차 들어가니 총장께서 "이 과장, 그래, 인사불만은 상대적인 것이지 …"라고 웃으면서 이야기를 꺼내셨다. 며칠 전 "인사불만은 상대적인 것"이라는 제목으로 보고서를 제출하였는데 그것을 보고 말씀하시는 것 같았다.

검찰총장께서 보고서 내용에 공감을 표시해 주신 것으로 생각되어 그 내용과 작성 동기를 간략하게 소개하면 이렇다.

인사 내용이 발표되기 며칠 전 총장실에 들어가니 총장께서 "1과장은 나하고 함께 고생하기로 했으니 남아 있고, 과장 두 사람은 바꾸기로 했어" 하면서 두 사람의 발령예정 내용을 미리 알려 주셨다.

중요한 사항을 미리 알게 된 내가 그 당사자들에게 인사 내용을 귀띔해 주자 그중 한 사람은 "그동안 여러 가지 어려운 일이 있어 걱정했는데 시내지청 부장으로 나가게 되었으니 참 잘되었습니다"고 자못 흡족한 표정을 지었다.

그런데 며칠 후 인사내용이 발표되어 그 사람과 동기생인 동료들이 서울지검 제3차장과 특수부 1, 2, 3부장 자리에 보직된 사실이 알려지자 돌연 그 사람 얼굴이 굳어지고 불만스러운 표정이 나타나는 것을 옆에서 볼 수 있었다.

그래서 나는 '아, 그렇구나. 인사는 다른 사람과 비교할 때 잘되고 못되고를 평가할 수 있는 것이구나' 하고 생각하고 예전과는 색다른 내용의 보고서를 올린 것이다.

넷째 이야기, '미안하시면 저를 시켜 주시지요!'

1994년 9월 중순 어느 날, 남한산성에 올라가 점심을 먹고 돌아와 잠깐 눈을 붙였다가 일어나니 부속실 여직원이 들어와 메모지를 내밀었다. 그 메모지에는 "검찰국장님이 전화통화를 원하신답니다"라고 적혀 있었다.

그 메모지를 보는 순간 나는 '23년간 정열을 쏟았던 검찰을 떠나야 되는구나'라는 생각이 들었다. 검사장급 인사가 곧 있을 것이라는 소문을 듣고 장관실에서 전화가 오기를 기다렸는데 검찰국장실에서 전화가 왔다니…. 검사장 승진이 되면 당연히 장관께서 전화하여 격려와 생색을 낼 것인데 검찰국장에게 악역을 맡겼으니 나보고 지청장 자리를 내놓고 나가라는 것이 분명했다.

이때 내 머릿속에는 성남지청장으로 발령받기 전에 장관실에 가서 장관님과 담판을 하던 일이 오버랩되었다.

"장관님, 제가 그동안 몸이 불편했던 것은 공무를 수행하다가 그렇게 되었다는 것을 인정해 주실 수 있으십니까?"

"물론이지요."

"그러시다면, 저를 구제해 주십시오. 저 개인을 위해서가 아니라, 지금도 자기 몸을 돌보지 않고 열심히 일하고 있는 후배검사들에게 용기를 주기 위해서라도 저에게 다시 기회를 주셔야 합니다."

"그럼요. 잘 고려하겠습니다."

그러나 크게 숨을 쉬고 생각하니 그렇게 집착할 일도 아니었다. '세상에는 이것도 있고 그것도 있으며, 저것도 있는데 이것에만 그렇게 집착하여야 하는 이유가 있을까'라는 생각에 미치자 마음이 한결 가벼워져서 검찰국장과 전화를 통한 후 그날로 사직서를 써서 본청으로 보냈다.

그해 9월 23일 퇴임식을 마치고 검찰을 떠난 후 며칠이 지난 일요일, 나보다도 더 실망하고 있는 아내를 위로하고자 조상님 산소에 다녀오는 길에 "맛있는 점심이나 먹자"고 신라호텔 양식당에 갔다.

그곳에 들어가 테이블에 앉아 있는데 검찰총장께서 누군가와 약속이 있는지 식당으로 들어오다가 우리를 보고는 가까이 다가오셨다. 총장께서는 "미안합니다. 장관님께서도 신경을 많이 쓰셨는데 잘해 주지 못해서 정말 미안합니다"라고 말씀하셨지만, 내 입에서는 순간적으로 "미안하시면 저를 시켜 주시지요!"라는 말이 튀어나와 버렸다.

그날 저녁 아내는 며칠 전에 꾼 꿈 이야기를 해주면서 나를 위로했다. 꿈을 꾸니 내가 손목에 차고 있던 큼직한 금시계를 풀어서 아들의 손목에 채워 주면서 "아버지가 차던 것이니 네가 소중히 간직하라"고 당부하더라는 것이었다.

그로부터 1년 후 꿈이 아닌 현실에서 큰아이가 나라로부터 금시계를 받았다.

법조인의 덕목

수년 전에 세상을 떠나신 원로 법조인께서 쓰신 회고록 《법조 반백년》을 서가에서 꺼내 다시 읽을 기회가 있었다.

그분께서는 책의 머리말에 법조생활을 마무리 지으면서 후배들에게 당부하는 간곡한 말씀을 남기셨는데, 특히 "판사는 공정, 검사는 권력의 자제, 변호사는 사회에의 봉사를 염두에 두고 일해서 신뢰받는 법조를 이룩했으면 한다"고 강조하셨다.

법조 삼륜이 국민으로부터 신뢰를 받아야 한다는 것은 법조인 모두의 생각이고 염원일진대, 1985년도에 그분께서 회고록을 쓰시면서 후배들에게 당부하신 말씀이 십수 년이 지난 오늘 법조인의 한 사람인 필자의 가슴을 때리는 이유는 무엇일까?

문민정부 초기부터 법조개혁이라는 이름 아래 불어닥친 검찰·법원의 물갈이 인사와 법조인구 팽창정책으로 말미암아 국민들로부터 신뢰를 잃게 된 데다, 최근 의정부지원 관내 변호사들의 수임비리 사건이 터짐으로써 법조는 그야말로 부정의 온상이 된 것처럼 매도되고 있는 현실이 안타까워 그런 것인지도 모르겠다.

그러나 그보다도 더 필자의 가슴을 아프게 하는 것은 얼마 전에는 법원과 검찰이 구속영장 실질심사에 관하여 팽팽하게 의견이 대립되어 국민들을 불안케 하더니, 최근에는 의정부지원에서 선고한 이순호 변호사에 대한 변호사법 위반사건 판결에 대하여 또다시 성명전을 펼치면서 각자 자기들의 견해가 옳다고 공방을 벌이고 있는 일이다.

돌아가신 원로 법조인께서 이러한 일을 내다보시고 13년 전에 후배들에게 간곡한 당부를 하신 것일까? 우리 후배 법조인들은 그분의 뜻을 헤아리지 못하고 우리들의 목전의 이익에만 급급한 것은 아닌가? 가슴 깊이 생각해 보아야겠다.

판사가 공정해야 한다는 것은 판사는 심판자적 지위에 있으므로 당연히 요구되는 덕목이다. '공정'하다는 것은 공평하고 정대함을 말하므로 법의 상징인 천평(天平)과 같이 치우침이 없이 바르고 커야 한다. 그리고 '공정성'이라는 것은 재판의 결과가 공정해야 함은 물론이고 그 진행과정에서도 절차와 소송지휘 행위가 치우침이 없이 올발라야 한다는 것을 의미한다.

필자가 재조(검찰)에 있을 때에는 판사의 공정성이 얼마나 중요한 것인지 잘 인식하지 못했는데, 재야법조인이 되어 법정에 출석해 보고 당사자나 가족들을 만나 대화를 나누어 보니, 재판의 공정성이야말로 법조가 국민으로부터 신뢰를 받을 수 있느냐 없느냐를 가르는 가장 중요한 요소임을 깨닫게 되었다.

재판의 당사자들은 항상 법관을 존경하는 마음을 가지고 법정에 들어간다. 그러므로 법관이 법정에 들어오고 나갈 때마다 일어나서 경의를 표한다. 이러한 존경과 경의의 표시는 법관이 심판관의 입장에서 자신들의 사건에 관하여 공정한 판단을 내려 주기를 바라는 마음에서 우러나오는 것이다.

법관이 당사자들로부터 존경을 받으려면 재판이 치우침 없이 올바르게 진행되고 있음을 보여 주어야 한다. "판사는 판결로서 말한다"는 법언(法諺)이 있듯이 종국적으로는 공정한 판결을 내림으로써 이해당사자들을 승복시킬 수 있는 것이지만, 소송진행 과정에서의 법관의 언동 역시 판결 못지않게 공정성의 중요한 요소가 된다는 것을 잊어서는 안 된다.

법관은 우선 자신이 맡고 있는 사건의 내용을 잘 알고 소송지휘를 하여야 한다. 소송의 당사자가 누구인지, 그들이 주장하는 내용이 무엇인지 제대로 파악하지 못하고 재판을 진행하다가는 실수만 연발하고 당사자들로부터 공정성을 의심받게 된다.

만일 특별한 사정이 있어 사건내용을 잘 파악하지 못했으면 검사나 변호인에게 충분한 주장을 할 수 있도록 기회를 주어 그들로 하여금 주장사실을 정리토록 함이 좋을 듯하다. 필자는 변호사 경력이 일천하여 많은 경험을 하지 못해 비판할 입장이 되지 못하지만 법정에 들어갔다 나올 때 실망감을 안고 나온 적이 몇 번인가 있음을 솔직하게 털어놓고 싶다.

내 나름대로 열심히 변론 준비를 해서 법정에 출석했는데 재판장이 "신문사항이 너무 긴 것 같으니 다음 기일에 하시지요"라고 딱 잘라 버리거나, 수인의 공동피고인을 재판함에 있어 피고인을 혼동하고 있거나, 재판결과에 예단을 주는 듯한 말을 들은 적이 있다. 그럴 때면 더 이상 피고인을 위하여 변론을 하고 싶은 의욕이 없어지고 다리에 힘이 쭉 빠져 버린다.

바라건대, 재판은 재판관과 함께 양 당사자가 합심해서 실체 진실을 발견해 가는 하나의 과정이라는 사실을 깊이 인식해 주었으면 한다.

검사가 권력을 자제해야 한다는 것은 당연한 일이다. 범죄수사와 공소제기 업무를 담당하고 있는 검사는 국민의 신체의 자유에 직접적으로 영향을 미치는 인신구속권을 갖고 있기 때문이다(인신구속권이 법원의 권한이냐 하는 문제를 떠나서 현상적인 사항만을 말한 것임).

국민의 입장에서 볼 때 검사가 범죄수사의 주재자로서 국민의 생명과 신체, 그리고 재산을 보호하는 보호자적 역할을 수행해 줄 때에는 '고마운 존재'이지만, 인신을 구속하고 공소를 제기하여 단죄를 요청하는 당사자적 역할을 수행할 때에는 '두려운 존재'가 되는 것이다. 따라서 검사는 국민들이 자신을 '두려운 존재'로 생각할 수도 있다는 것을 인식하고 검찰권을 행사하여야 한다.

가령 매일 평상업무로 처리하는 구속영장청구서 및 공소장에의 서명·날인이 어떠한 의미를 갖고 있는지 명상해 볼 일이다. 검사들은 평상업무로 하는 일이지만 이를 당하는 당사자는 일생에 단 한 번 있는 일일 수도 있고, 그로 인하여 당사자 본인은 물론 그에 딸린 가족 등 주위 사람에게 엄청난 파급효과를 줄 수도 있는 일이다.

또한 검사는 피의자 또는 피고인의 단죄만이 최상의 목적이라는 생각을 버려야 한다. 검사는 공익의 대표자로서 피의자 또는 피고인의 인권을 보호하는 데 큰 몫을 담당하여야 하는 것이다. 검사가 수사의 주재자 및 공소관의 입장만을 강조하다 보면 자칫 독선에 빠지기 쉽다.

검사는 전국적으로 거대한 조직을 가지고 있고, 검사동일체의 원칙에 따라 일사불란하게 조직의 역량을 가동시킬 수도 있다. 이에 비하면 피의자 또는 피고인은 검사와 대등한 입장에서 싸울 수 있는 힘이 절대적으로 부족하고, 변호인의 조력을 받는다 하더라도 그 역시 미미한 힘에 불과하다. 그러므로 검사는 스스로 권한을 자제해 주어야 한다.

가령 야간 밤샘수사나 변호인 접견 요청에 대한 소극적 반응 등 그동안 관행적으로 해오던 권한의 남용을 털어 버려야 한다. 수사단계에서 변호인이 피의자의 접견을 요청할 경우에 변호사에게 큰 인심이나 쓰는 것처럼 생색을 내는 일이 있어서는 안 되고, 변호인이 조사에 입회하고자 할 때에도 용기 있게 이를 허용해 주어야 할 것이다.

검사는 상대적으로 힘이 약한 피의자나 피고인 및 그들의 변호인들이 검사와 대등한 입장에서 공정한 게임을 할 수 있도록 최대한 자신들에게 주어진 권력과 권한을 자제하여야 한다. 이러한 원칙이 확립되면 검사가 강압수사를 하였느니 편파적으로 수사를 하였느니 하는 소리가 들리지 않게 된다.

변호사가 사회에의 봉사를 염두에 두고 일하라는 뜻은 변호사는 법률지식이 부족하여 도움이 필요한 의뢰인에게 법률적 조언을 해주는 '법률상의 조력자'라는 개념에서 비롯되는 덕목이다.

당사자나 그 가족들로부터 '변호사를 산다'는 말을 자주 듣는 것이 안타까운 현실이기는 하지만, 변호사는 결코 사고파는 대상이 되는 직업이 아니고, 그 법률지식 역시 돈으로 평가할 수 있는 용역이 아니다. 변호사는 법률지식이 부족하여 그 실체적 내용이나 절차를 잘 몰라서 불이익을 받을지도 모를 당사자에게 도움을 주고 그에 따른 정당한 보수를 받는 '조력자'이다. 그러므로 변호사는 항상 남에게 도움을 주고 좋은 일을 하고 있다는 자부심과 사명감을 가지고 있어야 한다.

원래 봉사한다는 말은 자신의 이해를 돌보지 아니하고 몸과 마음을 다해서 일한다는 것을 의미하므로 봉사를 실천하기 위해서는 봉사자 스스로가 마음가짐을 확고히 가져야 한다.

변호사 업무를 의뢰인을 돕는 일이라고 생각하고 항상 기쁜 마음으로 법정에 나가고 당사자들을 면담하는 마음의 자세를 가짐이 중요하다. 그렇게 되면 보수로 따라오는 돈은 부차적인 것이요, 더 큰 희열을 우리들에게 가져다줄 것이다. 돈이 자연스럽게 변호사를 따라와야지 변호사가 돈을 쫓아다니다 보면 여러 가지 부작용이 생길 수 있고 변호사 자신의 마음도 황폐해지기 쉽다.

필자 역시 개업 초기에 돈 때문에 혹시 내 중심을 잃지 않을까 걱정했던 일도 있었으나, 독서와 명상으로 내 스스로가 돈을 제어할 힘을 얻을 수 있었고 당사자들을 위하여 봉사하는 행동을 실천에 옮겼다.

우선 당사자 상담은 변호사인 내가 직접 하고 변론요지서, 준비서면 등 모든 소송서류 역시 변호사가 직접 작성하는 일부터 시작했다. 그리고 시간에 구애됨 없이 당사자와 충분한 대화를 나누어 주고, 대화 방법에 있어서도 서로 마주 앉아서 편안하게 사생활에 관한 사항까지도 들어주었다.

구치소로 의뢰인을 접견 갈 때면 청계산의 좋은 경치를 구경하고 맑은 공기를 마실 수 있으니 얼마나 좋은 일인가 하는 긍정적인 생각을 가지고 가고, 법정에 출석하여 내 차례를 기다리고 있을 때면 다른 변호사들의 변론 솜씨를 배우고 피고인들의 애환이 서린 이야기를 귀담아 들을 수 있는 좋은 기회를 얻었다는 생각으로 기다림의 지루함을 느끼지 않는 생활을 하였다.

　장황하게 필자의 이야기를 털어놓은 것 아닌가 걱정되지만, 부끄러움을 무릅쓰고 이러한 이야기를 한 것은 원로 법조인께서 당부하신 사회에의 봉사를 실천하려는 소박한 뜻에서 나온 것이라고 이해해 주기 바란다.

한국 변호사는 부자

1

서울지방변호사회에서는 1998년 9월 28일 일본 오사카변호사회 임원들을 초청하여 '법조 일원화'라는 주제로 심포지엄을 개최하였다. 서울지방변호사회와 오사카변호사회는 1993년 3월 이래 번갈아 가면서 임원들을 초청하여 공동 관심사에 관하여 심포지엄을 개최하고 있는데 이번이 여섯 번째 교류회의였다.

심포지엄의 주제인 '법조 일원화'는 올해 4월부터 7월 사이에 양측의 섭외이사들이 수차례 서신교환과 전화접촉을 통하여 도출해 낸 것으로서 사법부의 독립과 검찰의 정치적 중립성이 절실히 요구되는 현실에 비추어 매우 시의적절한 주제였다.

일본에서는 오사카변호사회 다카무라 도시히사(高村順久) 부회장, 우리나라에서는 서울지방변호사회 소속 유중원 변호사가 각 50분씩 주제발표를 하고 이어서 30분에 걸쳐 질의응답 등 토론을 하였다.

양측 발표자들의 발표는 사전준비가 충실하여 그 내용이 풍부하였을 뿐 아니라 발표의 기법이나 방법도 간결하고 명쾌하여 심포지엄에 참석

366

한 사람들이 매우 진지한 표정으로 경청하는 모습을 보였다. 특히 발표가 끝난 후 질의응답 시간에는 많은 사람들이 질문을 하는 등 '법조 일원화'에 깊은 관심을 표명하여 시간이 모자랄 지경이었다.

그날 발표하고 토의된 내용의 요점은 독립된 재판, 시민적 기반에 선 재판을 실현하기 위해서는 관료사법제도, 다시 말하면 이른바 커리어 시스템(career system)에 의하여 법관이 양성되고 대법원(최고재판소)을 정점으로 하는 인사통제 시스템하에서 전근, 승진 등이 이루어지는 사법제도를 폐지하고, 법관을 변호사 자격이 있는 자로서 다른 법조직역에서 상당한 경력을 쌓은 사람 중에서 임용하는 제도로 바꾸자는 것이었다.

그런데 이러한 내용의 '법조 일원화'를 토의하는 과정에서 제도 자체의 장·단점과 이를 실현하기 위한 기반이 조성되었느냐 하는 문제점들이 제기되었는데, 그중에서도 제일 중요한 것은 바로 '변호사들에 대한 국민의 신뢰가 결여'되었다는 점임이 지적되었다. 변호사는 직업 경험을 통해서 사회인들과 많은 접촉을 하게 되고 고객관계 내지 업무상 관련으로 인한 친분관계를 맺는 경우도 많으므로 법관으로서의 청렴성과 공정성이라는 측면에서는 문제가 있을 수 있다는 것이었다.

2

필자는 그날 심포지엄의 사회를 본 인연으로 회장이 주최하는 환영만찬에 참석할 기회가 있었다. 옛 삼청각을 개조하여 이름을 바꾼 '예향'(禮香)의 청천당(聽泉堂)에서 국악을 곁들인 한식으로 오사카변호사회 방한단을 접대하였다.

양측 대표들의 공식인사와 선물교환이 끝나고 술이 몇 순배 돌아간 후 폭탄이 여러 발 터지자 마주 앉아 있던 일본 변호사들이 취기에 말을 걸어왔다.

"한국 변호사들은 아주 부자라지요? 차 하면 벤츠고, 열쇠는 3개에다 사무원들도 3~4명씩 두고 있다지요?"

"다음에 일본에 오시는 길이 있으면 꼭 연락을 주십시오. 저희들은 한국 변호사들처럼 돈은 많지 않지만 정성껏 모시겠습니다."

이 말을 듣는 순간 나는 약간 달아오르던 취기가 확 가심을 느꼈다. 문민정부 들어서서 사법개혁이라는 이름 아래 신문과 방송 등을 이용하여 우리 변호사들을 가혹하리만치 매도해 온 결과가 국내는 물론 해외에까지 퍼져 일본 변호사들의 입에서도 이러한 냉소적인 말이 나온다는 것을 생각하니 분하기도 하고 창피스러워 몸 둘 바를 몰랐다.

일본 변호사들은 그냥 지나가는 말로 하는 것이 아닌 듯했다. 그들의 얼굴에는 '당신들은 법조 일원화에 대하여 아무리 이론이 밝다 하더라도 변호사들이 국민들로부터 신뢰를 받을 만한 기반이 조성되지 않았으니 그 제도를 실현시키기는 요원하다. 우리 일본 변호사들은 법관으로서의 청렴성과 공정성에 자신이 있으므로 법조 일원화를 곧 달성할 수 있다'는 표정이 역력하게 나타나는 듯했다. 나는 그들의 말이 끝나기가 무섭게 강하게 반발하듯 우리의 현 실상을 설명해 주었다.

"그래요? 어디서 그런 말을 들었는지 모르지만 우리 변호사들의 실상을 정확하게 알지 못하고 하는 말입니다. 우리나라 변호사들 중 많은 사람들이 자가운전을 하고 사무원도 여직원 한두 명 정도 두고 아주 검소하게 사무실을 운영하고 있습니다. 또 많은 변호사들이 돈과는 거리가 먼

사회봉사활동을 하고 있습니다. 옆에 앉아 있는 섭외이사도 그렇고, 저도 운전사와 사무장 없이 사무실을 운영하고 있습니다."

그러나 그들은 내 말을 실감 있게 듣는 것 같지 않았다.

3

이 세상 부자 중에는 재산이 많아서 부자인 사람, 자식이 많고 잘되어서 부자인 사람, 마음이 넓고 텅 비어서 부자인 사람, 그리고 이러한 여러 가지 조건을 겸비하여 부자인 사람들이 있다. 그중에서도 제일 큰 부자는 마음이 부자인 사람이라는 것은 이를 실천하고 체험한 사람만이 알 수 있다.

필자는 지난 7월 대법원에서 국선(國選) 변호 제도를 확대 실시함에 따라 국선변호인 신청을 하였더니 서울지방법원 형사합의부 전담 국선변호인으로 지정되어서 사선(私選) 변호인을 선임할 경제적 능력이 없는 어려운 사람들을 위하여 변호활동을 할 수 있는 좋은 기회를 얻었다.

변호사 개업 4년 만에 처음 해보는 국선변호라서 성의껏 해보려고 기록을 복사하여 사건내용을 파악하고 구치소로 피고인을 직접 접견하러 가는 수고를 아끼지 않았다. 그 과정에서 나는 정말로 놀라운 사실을 발견하게 되었고, 그것이 우리 변호사들에게 얼마나 큰 마음의 풍족함을 가져다주는 것인지를 깨닫게 되었다.

다른 변호사들은 어떤지 잘 모르겠으나, 나는 그동안 사선변호 사건 당사자들을 구치소로 접견하러 갈 때에는 가끔 마음속으로 부담을 안고 갈 때가 있었다. 특히 면담을 마치고 돌아올 때에는 거의 예외 없이 무거운 마음으로 구치소를 떠나곤 했다.

그것은 사선변호인 경우 당사자들이 변호사에게 지불한 선임료만큼의 일을 시켜야겠다고 생각해서 그런지, "빨리 석방될 수 있도록 힘써 달라"고 요청하거나, 심지어는 "무슨 묘수가 없는가? ○○○ 변호사를 선임한 사람들은 빨리 나가는데 어떻게 일을 하기에 이렇게 오래도록 나가지 못하느냐"는 등, 불만을 털어놓기 십상이었기 때문이다.

그러나 국선변호의 경우에는 이와는 정반대다. 우선 구치소로 갈 때부터 떳떳하고 자신만만하다. 피고인을 접견하는 자리에서 내가 어떻게 해서 국선변호인으로 선정되었는지, 국선변호인이 하는 일이 어떠한 것인지 등에 관하여 설명하고 성심성의껏 변론을 해줄 테니 아무 걱정하지 말고 사실대로 말해 보라고 하면 그들은 대부분 사건의 전모를 사실대로 털어놓으면서 변호인에게 자신의 운명을 맡겨 버린다.

그리고 이러한 신뢰관계는 피고인의 가족들이 변호사의 연락을 받고 사무실로 찾아왔을 때 더욱더 깊어진다. 그들은 국가에서 자신들을 위해서 변호인을 선정해 주는 제도가 있다는 사실에 대해서 깊이 감사해하면서 피고인을 위해서 애쓰는 국선변호인에 대하여 마음에서 우러나오는 감사의 말을 수없이 많이 한다.

개중에는 눈물을 흘리면서 엉엉 소리 내어서 우는 사람들도 있다. 이러한 피고인과 그들의 가족을 대하는 국선변호인의 마음이 어찌 움직이지 않을 수 있으랴! 국선변호인의 가슴은 뭉클해지며 자신도 모르게 큰 보람을 느끼고 이 세상 모든 것이 전부 자신의 것이 된 듯한 기분을 느끼게 된다.

"제사의 공덕 중 3할은 조상에게 가고 7할은 제사를 지내는 자손에게 돌아온다"는 성현의 말씀과 같이 남을 위해서 좋은 일을 많이 하는 사람들은 그 공덕의 7할을 자신들이 받는가 보다. 그래서 남을 위해서 좋은 일 많이 하는 사람들이 이 세상에서 제일 큰 부자라고 하지 않던가!

4

일본 변호사님들이여! 우리 서울지방변호사회는 어려운 사람들을 위해서 봉사활동을 많이 하고 있는 국선변호인 370명, 당직 변호사 350여 명과 중소기업 고문변호사 200여 명이 모여 있는 큰 부자들의 단체입니다. 그리고 전국적으로 국선변호인의 숫자가 800명에 이르고 있습니다. 다음에 기회가 있으면 부자들끼리 다시 한번 만나서 큰 부자가 어려운 사람들을 위해서 무슨 일을 하여야 할 것인가에 대하여 이야기를 나누어 보고 싶습니다.

제 18회 법의 지배를 위한 변호사대회 기조연설 — 2007. 8. 27.

변화, 갈등 그리고 법의 지배

친애하는 회원 여러분, 바쁘신 일정에도 불구하고 이렇게 자리를 함께해 주셔서 진심으로 감사합니다. '법의 지배를 위한 변호사대회'는 오늘로서 열여덟 번째를 맞이하게 되었습니다.

지난 1989년 8월 10일 '올바른 법치주의의 정착'이라는 주제로 제1회 변호사대회를 개최한 이래로 매년 그해 가장 중요한 법조계 주제를 선정하여 각계의 고견을 듣고 법치주의의 의미를 되새겨 보는 자리를 마련해 오고 있습니다. 올해는 '변화하는 법률시장에서의 변호사 역할'이라는 주제로 이렇게 여러분을 모시게 되었습니다.

우리가 지금까지 변호사대회를 통하여 오랫동안 추구해 온 목적은 법의 지배라는 대원칙을 바로 세우고 이 땅에 법치주의를 확립하기 위한 초석을 다지려는 데 있습니다.

그러나 이러한 노력에도 불구하고 우리를 둘러싼 주변 환경은 그 어느 때보다 어려운 상황에 있습니다. 그리고 이러한 어려움은 급격한 법률환경의 변화에서 발원하고 있다고 생각합니다. 이러한 시기일수록 법조인의 중심에는 법치주의에 대한 굳은 신념이 필요합니다. 법의 지배라는 큰 뜻을 되새겨 앞으로 나아갈 바를 찾는 것이 법조인의 올바른 자세라는

372

굳은 의지를 가다듬는 것이 필요합니다.

이에 본인은 변화하는 주변의 현실을 냉철하게 짚어 보고 우리가 그동안 의식 또는 무의식적으로 눈감으려고 했던 계층 간·직역 간의 갈등요인을 찾아내어 이를 해소시키는 노력에 앞장섬으로써 국민들이 바라는 새로운 시대의 변호사상을 회원 여러분께 제시해 보고자 합니다.

회원 여러분, 지금은 변화의 시기입니다.

우리 법조계를 온통 뒤흔들고 있는 변화의 바람 중 중요한 것을 몇 가지 들어 보겠습니다. 첫째, 10년 이상 논의되던 로스쿨 제도가 현실로 다가왔습니다. 둘째, 외국 영화에서나 보던 배심제가 도입되었습니다. 셋째, 지난달 입법 예고된 '외국법자문사법'을 시작으로 5년 후에는 우리나라 법률시장이 사실상 완전 개방되게 되었습니다. 넷째, 형사소송법의 전면적인 개정이 있었습니다.

이제 이 같은 변화의 내용을 하나씩 짚어 보며 회원 여러분과 함께 생각해 보고자 합니다.

먼저, 지난 7월 3일 이른바 로스쿨법이라고 하는 '법학전문대학원 설치·운영에 관한 법률'이 국회의장의 직권상정절차라는 비정상적인 방식으로 국회를 통과한 것입니다.

국회 교육위원회의 의결도 없었고, 법제사법위원회의 검토 한 번 거치지 않았습니다. 이러한 통과 과정에 대해서는 지적하고 싶은 문제점이 한두 가지가 아니었습니다. 하지만 무엇보다도 법조인 양성과 법학교육 개혁이라는 국가의 백년대계를 생각해야 할 법안이 이러한 방식으로밖에 통과될 수 없었는가에 대해 근본적인 회의가 드는 대목이었습니다.

그러나 협회에서는 이를 비난하거나 추궁하는 성명을 발표하지 않았습니다. 이에 대해 일부 회원들께서는 왜 협회에서 강력한 반대 성명을 발표하지 않았는지 의문을 가지고 계신 것으로 알고 있습니다.

하지만 이런 점을 먼저 말씀드리고 싶습니다. 지난 1995년 로스쿨 제도 도입 논의가 처음 나왔을 때만 해도 이 제도가 우리나라 실정에 맞지 않는다는 의견이 지배적이었습니다. 그러나 13년이 지난 2007년에 와서는 마치 우리나라 발전을 위해서는 필수불가결한 제도인 것처럼 논의되고 있습니다.

이렇게 인식이 바뀐 것은 로스쿨 제도 도입을 추진하는 일부 단체나 기관 등에서 적극적인 홍보를 했기 때문이 아닙니다. 로스쿨 제도가 최상의 제도이어서는 더더욱 아닙니다. 대다수의 국민들이 아마도 이번에 통과된 로스쿨 제도의 정확한 내용에 대해 알지 못하는 상황이라고 해도 틀리지는 않을 것입니다.

둘째, 배심제에 대하여 우리 협회에서는 그것이 영국이나 미국의 독특한 역사적, 문화적 배경하에 이루어진 제도이므로 그 도입에는 신중한 검토가 필요함을 수차 강조한 바 있습니다. 우리는 미국이나 영국과는 전혀 다른 법체계와 사법적 전통을 가지고 있을 뿐만 아니라 국민적 정서도 그들과 다르므로 우리나라에서도 배심제가 본래의 역할을 다할 수 있을지에 대하여 충분한 검토가 선행되어야 한다는 것입니다.

또한 배심제는 사법제도 전반과 배심원의 역할에 대한 충분한 인식, 오류 가능성의 최소화, 공정성의 확보 방안 등 제반 여건이 전제되어야 하므로 배심제를 통해 실체적 진실을 발견할 수 있다는 확신이 들 만큼 충분한 여건이 갖추어진 후에 도입해도 늦지 않다고 하였습니다. 그리고 이러한 협회의 생각에는 지금도 변함이 없습니다. 하지만 지난 4월 '국민의 형사재판 참여에 관한 법률'안이 국회를 통과하여 2008년 1월 1일부터 시행될 예정에 있습니다.

셋째, 법률시장 개방문제는 더 이상 회피할 수 없는 대세이고 현실입니다. 외국법자문사법이 제정되면 2년 후에는 일부 사건에 대해 공동처리와 이익분배가 가능해지고, 5년 후에는 우리나라 법률시장이 사실상 완전 개방되어 합작로펌이 설립되고 우리나라 변호사를 고용할 수 있게 되는 등 시장개방 일정이 이미 확정되어 있는 상황입니다.

넷째, 형사소송법의 전면적인 개정 또한 마찬가지입니다. 재정신청이 전면적으로 확대되었고, 구속 전 피의자심문 제도는 필요적 절차로 변경되었으며, 보석 조건이 다양화되었고, 피의자 신문조서의 증거능력 인정요건 등 형사소송법 증거법 관련 규정에 대폭적인 변화가 있었습니다.

향후 대부분의 중요 형사사건은 피의자 신문과정이 모두 녹화될 것으로 예상되고 있습니다. 양형기준 제도도 도입되어 이미 대법원 산하에 양형위원회가 설치되었고, 앞으로 2년 후면 최초의 양형기준이 제시될 예정에 있습니다.

법조를 둘러싼 이러한 변화의 과정을 단순히 사법제도개혁추진위원회나 일부 집단이 주도하는 것으로만 치부하는 것은 지금의 상황을 정확히 진단한 것이라고 할 수 없습니다. 개혁을 주도한 세력은 동서고금을 막론하고 언제나 존재하였습니다. 하지만 대부분 별다른 성과 없이 끝났다는 것 또한 잘 알고 있습니다. 지금과 같은 변화는 어느 특정 정치권이나 개혁추진 세력이 하고자 한다고 해서 이루어질 수 있는 것이 아닙니다.

2007년 제18회 법의 지배를 위한 변호사대회 기조연설

그렇다면 이러한 변화가 가능했던 이유는 무엇이겠습니까? 저는 이러한 변화의 과정 뒤에 국민의 뜻이 존재하기 때문이라고 말씀드리고 싶습니다.

국민들은 변화를 바라고 있었습니다. 현재 제도가 그대로 유지되는 것을 반대했고, 변화 그 자체를 바라고 있었다는 것입니다. 이것을 정확히 알지 못했기 때문에 변화의 방향이 잘못되었다고 지적만 했을 뿐 변화 그 자체는 받아들이지 못했던 것입니다. 변화의 방향이 잘못되었다면 더 나은 변화 방안을 제시했어야 했습니다. 변화를 선택한 국민들 마음속에는 그간 누적된 불신, 법조 전체에 대한 불신이 있었기 때문입니다.

로스쿨 제도 도입은 그동안의 법조인 양성 시스템에 대한 불신이 누적된 결과이며, 배심제나 양형기준 제도의 도입은 그동안 누적된 형사재판에 대한 불신의 결과였습니다.

변호사에 대해 법조윤리협의회를 통하여 사건 수임과정을 상시적으로 감시하는 체계를 구축하고, 의무연수 제도를 도입하여 충실한 법률지식과 윤리의식 함양을 강제적으로 요구한 것도 변호사에 대한 불신, 변호사가 제공하는 법률서비스에 대한 불신이 그 바탕에 있었던 것입니다.

그렇기 때문에 지금은 변화 과정 하나하나의 옳고 그름을 따지기에 앞서 먼저 변화 자체를 받아들이고 국민들이 변화를 선택하게 된 이유에 대해 우리 자신을 돌이켜보며 거듭 성찰해야 하는 것입니다.

회원 여러분, 지금은 갈등의 시기이기도 합니다. 현재 진행되고 있는 여러 가지 변화 과정이 국민의 바람에 근거한 것이라고 하더라도 그 내용은 수많은 갈등을 야기할 수 있는 문제들을 포함하고 있습니다.

국회는 로스쿨 법안을 통과시키면서 2009년 3월부터 신입생을 선발할 수 있도록 부칙규정을 두었습니다. 교육부에서는 2009년 로스쿨 개원이 차질 없이 진행되도록 숨 가쁜 일정표를 내놓았습니다. 대학들은 로스쿨 인가를 받기 위해 이전투구(泥田鬪狗)하는 양상까지 보이고 있습니다. 변호사단체를 향해 변호사 3천 명 배출이 국민의 뜻이라는 식의 근거 없는 주장까지 해가며 자신들이 로스쿨 인가를 받기 위해서는 총입학정원 몇 명이 필요한지 저울질을 하는 데 여념이 없습니다. 또한 일부 사설학원에서는 로스쿨 입시시장의 규모가 천문학적일 것으로 예상하고 마치 대목을 맞은 상인처럼 들떠 있다고 합니다.

이제는 우리나라의 제도가 된 로스쿨 제도가 진정으로 법학교육 정상화에 기여하고 바람직한 법조인 양성 제도로 기능할 수 있도록 법조계와 교육계가 지혜를 모아야 할 때이지만, 각자의 이익이 앞선 작금의 상황을 보고 있자면 대화보다는 선동이, 타협보다는 혼란과 갈등이 만연해 있어 답답한 심정을 금할 길이 없습니다.

다른 제도들도 상황은 다르지 않습니다. 배심제가 본격적으로 시행되면 배심원 보호 문제나 배심원 평결의 공정성 시비 문제, 배심원 부패 문제뿐만 아니라 지금까지 예상하지 못했던 문제점들이 노출될 것입니다.

법조윤리협의회의 경우에도 협의회가 본격적으로 활발한 활동을 하게 되면 변호사의 직업수행의 자유 침해 등을 이유로 위헌 문제가 발생할 가능성이 큰 상황이며, 활동이 미미할 경우에는 '개업지 제한 방안'이나 '수임 사건 제한 방안' 등과 같이 위헌성이 더욱 큰 방안들이 목소리를 높이게 될 것입니다.

변호사 의무연수 제도와 관련하여 협회에서는 회원 여러분의 편의를 위해 다양한 프로그램을 준비하고 있습니다만, 편의만을 위한 프로그램은 자칫 외부 비판에 직면할 수 있다는 점을 고려하지 않을 수 없습니다.

양형기준 제도 역시 법조 3륜의 견해가 첨예하게 대립하고 있는 부분이어서 의미 있는 성과를 만들어 내는 것이 쉽지 않은 상황입니다.

법률시장 개방의 경우 외국 변호사들의 대거 유입으로 인해 우리나라 법률서비스 시장과 법조인력 시장에 어떠한 변화가 생길지, 어떤 예상치 못한 문제가 발생할지 알 수 없는 상황입니다.

2007년에 시작된 변화의 바람이 국가 발전의 원동력이 되어 제대로 된 기능과 역할을 할 때까지는 법조 전체를 둘러싼 혼란과 갈등이 사회 곳곳에서 일어나게 될 것입니다.

회원 여러분, 지금이야말로 우리의 역할이 중요한 시기입니다.

지금까지의 변화 과정에서 법조계는 잘못된 점을 지적하는 소극적인 역할을 수행하는 데 그쳤습니다. 현 정부가 추진한 '사법개혁'이 어떠한 점에서 문제가 있는지, 어떠한 방향으로 나아가야 하는지 문제 제기를 하는 정도에 그쳤던 것입니다. 어쩌면 이것이 법조인에게 주어진 가장 기본적인 역할이었는지도 모릅니다.

하지만 앞으로의 변화 과정에서 국민들은 보다 적극적으로 행동하는 법조인을 원하고 있습니다. 종전과 같이 단점이나 문제점을 지적하는 정도에 그쳐서는 주어진 역할을 다했다고 할 수 없는 상황이 된 것입니다.

로스쿨의 경우만 해도 그렇습니다. 협회는 법학교육위원회의 구성에 참여하여 설립인가기준을 검토하고, 대학별 심사기준이나 개별 입학정원 배정, 교육과정 심사기준 등 핵심적인 사항들이 올바로 정립될 수 있도록 노력할 의무가 부과되어 있을 뿐만 아니라, 협회 산하에 평가위원회를 구성하여 로스쿨 제도가 바람직한 방향으로 운영될 수 있도록 최종 단계를 책임져야 하는 상황입니다. 더불어 회원 여러분께서 가장 관심을 가지고 계시는 총입학정원에 대한 의견도 제출하도록 되어 있습니다.

로스쿨 총입학정원과 관련하여 항간에는 협회가 지나치게 소극적으로 대응하는 것 아니냐는 우려의 목소리도 있는 것으로 알고 있습니다. 하지만 회원 여러분께서 걱정하시는 부분에 대해 협회보다 더 고민하면서 대응방안을 마련하는 곳은 없을 것이라고 감히 말씀드리고자 합니다.

변화된 법조인의 역할을 요구하는 것은 로스쿨 제도뿐만이 아닙니다. 이미 시작된 변호사 의무연수 제도나 법조윤리협의회 역시 그 목적과 기대에 부응할 수 있도록 과거와는 다른 적극적 역할이 요구되고 있습니다.

그렇다면 이렇게 변화된 환경 속에서 새로운 임무가 주어진 법조인이 갖추어야 할 가장 근본적인 덕목은 무엇이겠습니까? 그것은 우리 내면에 자리하고 있는 '법의 지배에 대한 확신', '정의에 대한 확신', 바로 이것인 것입니다. 법조인에게 굽히지 않는 용기를 주고, 법조인을 법조인답고 당당하게 만들어 주는 근원은 바로 여기에 있는 것입니다.

오늘 제18회 '법의 지배를 위한 변호사대회'를 준비하는 과정에서 일부 회원님들께서 '법의 지배'라는 말이 주는 어감이 좋지 않으니 다른 것으로 바꾸면 어떻겠느냐고 조언해 주신 적이 있었습니다.

그간 우리 사회에서 '법'이 주는 느낌이나 '지배'라는 단어가 주는 어감이 그리 좋지 않았던 것은 사실입니다. 일부에서는 그것을 과거의 정치경험 탓으로 돌리고 있습니다. 하지만 그것이 우리의 과거 정치사에서 비롯된 것만은 아니라고 생각합니다.

이러한 생각을 거슬러 올라가다 보면 중국의 법가사상(法家思想)과 만나게 됩니다. 법가에서 내세운 법치란 일정한 목적을 달성하기 위하여 만들어진 규칙이었습니다. 그 내용이 정당한 것인지 법의 본질에 부합하는 것인지는 중요시되지 않았습니다. 통치자의 통치목적 달성을 위한 수단으로서의 성격만 강조된 것이 과거 중국의 법가사상이었던 것입니다.

그런데 수천 년이 지난 지금도 일부 국민들이 가지고 있는 '법치'에 대한 생각이 이러한 범주를 벗어나지 못하고 있는 것은 참으로 안타까운 일입니다. 법을 지키면 손해 본다고 생각하고 있고, 탈법행위를 지혜롭다고 말하고 있으며, 심지어는 민주화 운동과 불법행위를 혼동하기까지 하고 있습니다. 이 나라의 정치지도자마저 '그놈의 헌법'을 탓하고 있는 현실을 보고 있노라면 법조인의 한 사람으로서 무거운 책임감마저 느끼게 됩니다.

이럴 때일수록 법조인은 '법치주의'에 대한 신념이 흔들려서는 안 될 것입니다. 옛 성현의 말씀 중 "스스로 반성하여 올바르지 못하면 상대방이 설령 비천한 사람이라 하더라도 그를 두렵게 할 수 없을 것이요, 스스로 반성하여 곧으면 상대방이 설령 천만 명이라 하더라도 그 앞에 나아가 당당히 맞설 수 있다"(自反而不縮, 雖褐寬博 吾不惴焉, 自反而縮 雖千萬人 吾往矣) 고 하였습니다. 그리고 이러한 자세를 '큰 용기'(大勇) 라고 하였습니다.

법조인의 한 사람으로서 저는 여기에 하나를 추가하고자 합니다. 그것은 바로 '법과 정의에 대한 신념'입니다. 법조인은 먼저 법치주의라는 거울에 스스로를 비추어 냉철하게 반성하여야 합니다. 그 결과 옳다는 신념이 섰을 경우에는 어떠한 위협에도 굴하지 않고 신념에 따라 행동해야 합니다. 이것이 오늘을 사는 '법조인이 가져야 할 큰 용기'라고 말씀드리고자 합니다.

지금 벌어지고 있는 변화와 갈등이 또 다른 갈등으로 번져 법치주의가 훼손되고 궁극적으로 국민들이 고통받는 상황을 만들지 않기 위해서는 법조인이 용기를 가지고 법치주의 수호의 최후의 보루라는 막중한 임무를 수행하는 데 주저함이 없어야 하겠습니다.

무더위가 한창인 시기에 이렇게 참석해 주신 회원 여러분께 다시 한 번 감사의 인사를 드리며 하시는 일마다 좋은 성과 거두시기를 기원합니다.

감사합니다.

글로벌 시대 한국 변호사의 사명과 역할

오늘 이처럼 추억이 가득한 모교의 캠퍼스에서 안암법학회 회원 여러분을 모시고 기조강연을 하게 된 것을 진심으로 기쁘고도 영광스럽게 생각합니다.

다만 한편으로는 법을 전공하고 법률가라는 이름으로 같은 길을 걸어가는 동반자들 앞에 선 이 자리가 다른 어떤 자리보다 훨씬 어렵고 조심스럽다는 생각을 해봅니다. 때문에 오늘의 기조연설을 제안받은 후, 주제 선정에서부터 이야기를 풀어 나가는 방식까지 여러 가지 고민을 하지 않을 수 없었습니다. 그리고 결국, 강연의 테마를 글로벌 시대 한국 변호사의 사명과 역할로 정하였습니다.

이는 최근 2년간 제가 대한변호사협회 협회장으로서 해외 법조단체와 활발한 접촉을 가지고 다양한 회의에 참여하면서 몸소 느끼고 부딪힌 새로운 현장의 경험들이 여러분께 조금이나마 색다르고 넓은 시야를 제공할 수 있지 않을까 하는 바람에서입니다. 저 역시 지난 2년간의 경험을 통해 마치 알을 깨고 새가 부화하듯이 국내를 넘어 다양한 가능성으로 넘쳐흐르는 세계무대를 발견하고 가슴이 벅차 옴을 느꼈기 때문입니다.

저는 검사로서 23년, 변호사로서 14년, 총 37년을 법조인으로서 살아왔습니다. 그리고 지난 37년간 제 개인적인 행보는 차치하고 법조계, 더 나아가 대한민국 전체가 얼마나 눈부시게 발전했는지는 여러분 모두 너무나 잘 알고 계시리라 생각됩니다.

제가 사법시험에 합격했던 1965년도 사법시험 총합격생 수는 16명으로, 그때는 사시 합격이 곧 입신양명과 이어지는 시절이기도 했던 것 같습니다. 당시 사시에 합격한 이들의 대다수는 판사나 검사로서 법조인의 첫발을 시작하였으며, 후에 변호사로 개업한다 할지라도 수임에 대한 스트레스는 특별히 존재하지 않던 시절이었습니다.

변호사로 개업하면 의뢰인들이 알아서 찾아와 주고, 때문에 변호사의 업무가 법률 서비스의 제공이라는 인식도 미미하였습니다. 수임 사건의 대부분은 간단한 민·형사 사건으로 변호사 개인이 모든 송무(訟務)를 해결하는 구멍가게식 운영으로 충분한 때였습니다.

우리 법조계 현황의 바로미터인 대법원의 〈사법연감〉이 처음으로 발간된 1976년 당시 통계에 따르면, 1975년 전국 민사 본안사건 총수는 약 9만 1천 건에 불과했습니다. 그에 비해 2007년 한 해 전국의 민사 본안사건 총수는 약 167만 건에 달합니다. 이에 더하여 2008년 현재, 매해 배출되는 사법시험 합격자 수가 몇인지는 여러분 모두 알고 계시리라 생각합니다. 1천 명 내외입니다. 2008년 현재 활동 중인 등록 변호사 숫자만 해도 1만 명이 넘습니다.

또 하나 흥미로운 것은 첫 여성 변호사로서 고 이태영 변호사가 1954년 변호사 등록을 마친 이래 불과 20년 전인 1988년만 하더라도 전국의 여성 변호사는 11명에 불과하였다는 점입니다. 그런데 2008년 6월 대한

변호사협회에서는 1천 번째 여성 변호사에게 금배지를 달아 주는 조촐한 행사를 마련하였으니 수치로만 보자면 지난 20년간 여성 변호사는 약 100배에 달하는 무서운 성장세를 보였습니다. 가장 보수적이라는 법조계 내에서도 격세지감(隔世之感)이 무엇인지 몸소 느끼는 요즈음입니다.

법조계를 넘어 우리 사회가 직면한 변화는 그 양상이 더욱 드라마틱합니다. 2008년 올해는 대한민국 정부수립 60주년을 맞이하는 의미 깊은 해입니다. 광복을 맞이하고 헌법제정을 통해 대한민국 정부가 수립된 1948년 이후, 6·25 동란이라는 비극을 맞이하고 빈곤과 억압의 세대를 거쳐 우리는 한강의 기적이라는 경제성장을 이룩하였습니다. 이에 대한 부연설명은 더 이상 필요가 없을 것으로 보입니다.

특히 2000년대 들어 인터넷과 PC, 이동통신 등의 광범위한 보급에 따른 정보화 혁명과 과학기술의 진보는 세계화를 실현시켰습니다. '전국이 1일 생활권'이라는 캐치프레이즈를 본 지가 엊그제 같은데, 이제는 실시간으로 이메일, 모바일을 통해 전 세계의 정보가 공유되는 시기에 이른 것입니다.

이러한 세계화 시대에는 영광뿐만 아니라 쓰라린 패배의 아픔도 전 세계가 함께 공유해야 한다는 과제도 뒤따릅니다. 미국에서 발발한 경제위기는 유럽을 타고 아시아, 대한민국의 시장에까지 소용돌이치고 있는 것입니다. 이러한 세계화의 흐름 속에서 유독 법률시장만 굳게 문을 닫는다는 것은 거대한 파도를 손으로 막아 보겠다는 고집스러운 시대착오적 아집(我執)이 아닐까 생각해 봅니다.

여러분, 이제 우리 법조인도 이 작은 한반도를 넘어 더 넓은 세계시장을 향해 활동무대를 넓혀 갈 때가 되었습니다. 법률시장 개방을 단순히 정부가 주도한 FTA 타결에 따른 결과라고 수동적으로 생각하여서는 안 될 것입니다. 또는 미국, 영국 등 선진국의 계속되는 두드림 때문에 어쩔 수 없이 빗장을 열게 되었다는 회의론적 시각으로 바라보아서도 안 될 것입니다.

지난해 6월, 대한변호사협회장으로서의 제 첫 공식 해외일정은 홍콩에서 열린 제 20회 로 아시아(LAW ASIA) 컨퍼런스였습니다. 통상 이 정도의 국제행사는 행사 두 달 전이면 전체 회의의 주제와 각종 세션들이 결정되어 참가국에 이미 통보가 끝나게 됩니다. 그러면 이를 보고 각국의 변호사 및 변호사단체장 등은 참가 여부를 결정하여 개최국에 통보한후, 행사가 시작되면 관심 있는 세션 등에 참석하여 정보를 얻거나 의견을 개진하곤 합니다.

거의 모든 국제행사가 그렇듯이 모든 회의는 영어로 진행되므로, 아시아권 변호사들, 특히 경력이 많은 '바 리더들'일수록 언어 또는 문화의 장벽 때문에 회의 참여에 있어 전통적으로 소극적인 태도를 보여 온 것 역시 사실입니다. '영어'에 관한 한 모국어가 아닌 이상, 여기 앉아 계신 여러분 대다수도 두려움을 느끼고 계실 것이며, 그 두려움이 법률시장 개방 및 국제 법률교류를 주저하게 한 가장 큰 요인 중 하나인 것 또한 부정할 수 없을 것입니다.

저는 여기서 새로운 시도를 해보았습니다. 지난 '로 아시아' 컨퍼런스는 홍콩 변호사회 100주년 기념식과 함께 치러진 큰 행사였으므로, 각국의 변호사단체장들이 그 어느 때보다 많이 참여한다는 정보를 얻고, 행사 당일 오전 각국 변호사단체장을 모아 조찬모임을 연 것입니다. 개최국 변호사단체장도 아닌 대한변호사협회에서 적극적으로 각국의 변호사단체장을 모아 'rule of law'에 관한 조찬 포럼을 가진다는 것은 적지 않은 센세이션이었습니다.

하지만, 결과는 너무나 좋았습니다. 홍콩, 호주, 영국, 일본, 싱가포르의 '바 리더들'이 홍콩 시내의 그랜드하얏트호텔에 모여 통성명을 하고 자연스레 이야기를 풀어 나가기 시작했습니다. 그리고 그 당시 만난 단체장들은 ABA 총회, IBA 총회, POLA 회의 등 국제행사 때마다 다시 마주치면서 이제 둘도 없는 해외 친구들이 되었습니다.

이러한 친분은 단순히 저 개인적인 친교에 머무르는 것이 절대 아닐 것입니다. 조금 거창하게 들릴 수도 있겠으나, 저는 대한민국 변호사의 얼굴이며 더 나아가 대한변호사협회를 대표하는 모습이라는 점을 잊은 적이 없습니다. 때문에 토론 자리에서는 적극적으로 임하였으며, 최근 다녀온 제21차 '로 아시아 컨퍼런스'에는 지난 8월 개최된 2008 한국 법률가대회의 성과물을 영문 책으로 출판하여 각국 변호사들에게 배부하고, 한국 법조계와 법치주의의 현황을 소개하여 좋은 호응을 얻었습니다.

이러한 시도들이 대한민국 변호사들의 이미지를 제고하고 우리의 국제화, 'rule of law'의 발전 정도를 보여 줄 수 있는 큰 홍보의 장(場)임을 저는 몸소 느끼고 있으며, 따라서 되도록 여기 계신 여러분도 다양한 국제 컨퍼런스에 활발히 참여해 주시기를 진심으로 권고 드립니다.

기회가 될수록 자꾸 큰 행사에 참여함으로써 작금의 '리걸 이슈'가 무엇인지에 대한 감각을 제고하고, 세계의 석학들이 주는 메시지들을 자기 것으로 만들어 나가기를 바랍니다. 그리고 혹시 시간과 능력이 허여한다면, 단순한 청중이 아닌 질문자로서 또는 논제자로서 회의에 적극 참여함으로써 대한민국 법조인의 지성과 파워를 알려 주시길 진심으로 바랍니다.

이러한 노력들이 당장의 가시적인 효과를 불러오는 것은 아닙니다. 하지만 결국 세계화의 물결 속에서 법률시장은 개방될 것이고, 그렇다면 아시아, 더 나아가 각국 법조단체와의 긴밀한 커넥션은 성공적인 시장개방을 위해 꼭 필요한 전제조건이 될 것입니다. 모두 아시는 바와 같이 긴밀한 협력관계라는 것은 하루아침에 쌓이는 것이 절대 아니며, 상대방에 대한 신뢰가 반드시 밑바탕이 되어야 합니다. 이를 위해 우리는 전략적이든 아니든, 서서히 그리고 치밀하게 우리의 존재를 알려 갈 필요가 있는 것입니다.

일례로, 저는 지난해 샌프란시스코에서 열린 2007 미국변호사협회 (ABA) 총회에서 영국 변호사회장과 처음 대면하였습니다. 영국의 경우 '한-EU' FTA와 관련하여 한국 법률시장 개방에 많은 관심을 가지고 있는 것이 주지의 사실입니다. 하지만 첫 대면에서는 절대 속내를 이야기하지 않는 것이 협상의 기본이듯이 영국 변호사회장과 저 역시 무거운 주제는 피하되, 친구를 만나듯 가벼운 공통주제의 이야기를 하며 친분을 다졌습니다.

이후 IBA 총회와 IBA '바 리더스 컨퍼런스'에서 다시 만날 때에는 서로에 대해 개인적 호감을 가지고 우정이 깊어짐을 느끼게 되었습니다. 그리고 올해 10월 런던에서 열린 '법률연도 개시의식'에 정식으로 초청받은 우리 대한변협 사절단은 차기 회장이 주재한 정식 세미나를 통해 영국과의 법률시장 개방에 대해 드디어 진지한 논의를 하기에 이르렀습니다.

서로에 대한 충분한 사전 인지와 신뢰가 있기 때문에 논의는 수박 겉핥기식의 멘트가 아니라 내심을 터놓는 진솔한 자리가 될 수 있었습니다.

저는 그 자리에서 우선, 단순히 법률시장 개방을 한국시장을 잠식하는 수단으로만 생각한다면 한국시장이 그리 매력적이지만은 않을 것이라는 점을 솔직히 알렸습니다. 한국의 법률시장은 연간 1조 5천억 원(15억 달러)으로 비교적 소규모이며, 아직도 많이 보수적이라는 점, 그리고 한·미 FTA의 비준이 늦어지는 현 상황에서 미국과의 관계 등을 고려할 때 미국보다 먼저 시장을 개방하기에는 무리가 있다는 점에 대해 이야기하였습니다.

더불어 가장 중요한 것으로, 제가 대한변호사협회장으로서 영국과의 시장 개방에서 절대 놓치고 싶지 않은 키 포인트는, 개방 초기에 영국 로펌의 기술을 이전받는 기회를 반드시 갖고 싶다는 점이며, 이와 같은 소프트랜딩의 시기가 확보된다는 약속이 있어야만 저 역시 회원과 로펌을 설득하고 시장개방 지원체계를 강화하겠다는 점을 분명히 하였습니다.

'협력을 다하겠다'라는 단순한 공언이 아니라 상호 간에 원하는 바를 분명히 하는 진지한 협상을 이끌기 위해서는 물밑의 신뢰와 교류가 바탕이 되어야 함을 다시 한 번 느끼는 순간이었습니다.

이제 구체적으로 법률시장 개방의 진척 정도에 대해 짧게 말씀드리겠습니다. 한미 FTA가 타결되었다고 하고, 곧이어 법률시장이 개방된다고는 하는데 이에 대한 정확한 정보는 법조인 당사자들도 잘 모르는 것이 현실인 듯합니다.

우선 지난 2007년 4월 2일 타결된 한미 FTA는, 아직까지 양국 국회의 비준 동의가 없어 발효되지 못한 상황입니다. 주지하시는 바와 같이 미국의 경우 지난 11월 대선이라는 큰 정치적 이슈 때문에 한미 FTA 비준이 늦어지고 있습니다. 다만 이미 타결된 한미 FTA는 양국 간 법률시장을 5년 동안 3단계에 걸쳐 개방한다는 데에 그 골자가 있습니다.

그 첫 단계로 FTA가 국회 비준을 거쳐 발효되는 즉시, 본국에서 3년 이상 법률 전문가로 종사한 외국 변호사는 대한변협에 외국법 자문사로 등록한 후, 외국법에 관한 법률자문을 할 수 있습니다. 2단계로, 협정 발효 후 2년 내에는 미국 로펌의 국내 분사무소와 한국 로펌 간 업무제휴가 가능합니다. 이때 국내법 사무와 외국법 자문사무가 혼재된 사건에 대하여 공동수임, 수익분배가 허용될 것입니다. 마지막으로 협정 발효 후 5년 내에는 완전개방이 이루어져 미국 로펌과 국내 로펌의 동업사업체 설립이 허용됩니다.

그리고 우리나라의 경우 한미 FTA에 따른 1단계 개방과 동시에 진행되는 외국법 자문사 제도 시행을 위해 외국법 자문사법안이 성안되어 현재 국회 법사위원회에 상정되어 있는 상태입니다. 외국법 자문사는 원자격국에서 3년 이상의 법률사무를 수행한 자로서 법무부 장관의 승인을 받아 대한변호사협회에 등록한 자를 의미합니다. 이들은 원자격국의 법령에 관한 자문 및 국제중재사건의 대리업무를 수행하되, 단계적 시장 개방의 취지에 따라 국내 변호사 등과 업무제휴·동업 및 고용관계는 맺을 수 없습니다.

이에 덧붙여 최근 진행 중인 한-EU FTA는 2007년 7월 협상 출범 후 2008년 5월까지 7차에 걸친 협상이 진행되었습니다. EU 측에서는 한미 FTA의 서비스 개방보다 더 급진적인 개방을 요구하는 입장인 데 반해 우리 외교통상부는 한·미 FTA 수준의 개방으로 주장을 관철하고 있는 입장이며, 향후 양측 간 이견이 상당히 좁혀졌다고 판단되는 시기에 8차 협상을 서울에서 개최하고 협상의 최종타결을 추진하게 될 것입니다.

그렇다면 이처럼 눈앞으로 다가온 법률시장 개방 및 세계화 시대에 있어서 우리 법조인에게 기대되는 사명과 역할은 무엇인지 진지하게 자문해 볼 시점이 되었다는 데 여러분도 이의가 없으시리라 생각됩니다. 저는 이와 관련하여 다음과 같은 덕목을 생각해 보았습니다.

첫째, 법조인 스스로의 인식의 전환입니다.

그동안 우리는 사건을 수임하는 데 있어 법원을 중심으로 사고하는 틀에 머물러 있었습니다. 즉, 민사, 형사, 가사, 행정, 소년 사건 등으로 범위를 정하고, 수임 사건 역시 그 범위를 벗어나지 않으리라는 한계를 스스로 정하고 있었던 것입니다. 그리고 지금까지는 이러한 자세로도 그런대로 변호사라는 위신을 크게 손상시키지 않으며 그럭저럭 수입을 이어 나갈 수 있었던 것 또한 사실입니다.

하지만 이제 시대가 변하였습니다. 내년부터는 로스쿨 제도 도입에 따라 법조인 수의 증가는 피할 수 없는 현실이 되었습니다. 그뿐만 아니라 전체 사건 중 기업 사건이 차지하는 비중은 연일 증가하고 있으며, 절대 다수의 기업은 수출과 수입이라는 국제거래를 하고 있습니다.

그렇다면 이러한 상황에서 미래 법률시장의 승자는 누가 될 것인지 우리는 쉽게 예상할 수 있습니다. 얕은 지식으로 넓은 범위를 아우르는 전방위 해결사보다 해양, 보험, M&A, 지적재산, 국제거래 등 특화된 분야에 고도의 전문성을 갖춘 전문가가 성공적으로 롱런할 수 있습니다.

특히 젊은 법률가일수록 이 점에 대한 인식이 반드시 필요합니다.

재야법조계의 양상 역시 서서히 그러나 거시적으로 보면 빠르게 변화하고 있습니다. 개인변호사사무실에서 합동법률사무소로, 대형화·전문화를 위한 로펌의 조직변경도 활발해지고 있습니다. 이는 모두 단순한 전방위 송무만으로는 승부를 낼 수 없다는 인식에서 비롯된 결과입니다. 로펌은 로펌대로, 개인변호사는 개인변호사대로 본인 스스로 특화된 분야를 찾아 꾸준히 연구하여 전문성을 제고할 필요가 있습니다.

둘째, 국제거래와 관련하여 전통적인 분쟁해결 방식을 벗어나 블루오션의 영역으로 남아 있는 국제 중재·조정 등에 대해 남보다 먼저 연구하고 전문가로서의 경쟁력을 강화하는 노력은 결코 헛되지 않으리라 감히 기대해 봅니다.

조정 및 중재는 아직까지 우리 법조계에서 그다지 활성화되지 않은 것이 사실입니다. 하지만 조정은 이미 유럽과 미국, 홍콩 등에서 가장 간소하고도 효율적인 대체적 분쟁해결 방안으로 각광받고 있습니다. 우리가 흔히 생각하는 이혼 사건뿐만 아니라 고용, 건설, 무역, 의료 분야 등 다양한 분쟁의 해결책으로 사용되고 있으며, 무엇보다 소송절차가 필연적으로 가질 수밖에 없는 '모 아니면 도' 식의 과다출혈을 방지하고, 양측의 합의점을 찾아낼 수 있다는 데에 큰 매력이 있습니다.

이러한 조정 및 중재가 그 취지를 다할 수 있기 위해서는 무엇보다 우리 법률가들이 사건의 핵심을 이해하고 상황을 탄력적으로 받아들일 수 있는 능력을 갖추어야 합니다. 여기에는 물론 예전과 같은 문서작성 기술뿐만 아니라 상대방과 눈을 맞추고 최선의 범위를 찾아 협상할 수 있는 언변, 겸손함, 센스까지도 필요로 하는 것입니다.

셋째, 저는 이제 유능한 법조인들이 국가기관, 기업체, NGO 등 다양한 조직을 향해 새로이 활로를 개척해 나가길 바랍니다.

이는 비단 법조계의 경쟁이 심화되었으니 다른 곳을 찾아야 한다는 소극적 이유 때문만이 아닙니다. 넓게 본인이 관심 있는 분야에서 소신과 역량을 펼쳐 가며 우리 사회 곳곳에 법의 지배라는 기본 원칙을 정립해 가길 바라는 충심에서입니다.

더 나아가 글로벌 시대에 어학(語學) 경쟁력은 우리 법조인에게도 선택이 아니라 필수조건입니다. 특히 젊은 법조인일수록 어학 경쟁력은 전장(戰場)에서 살아남기 위해 반드시 갖추어야 할 무기라고 할 것입니다. 절대다수의 국제거래와 국제회의는 모두 영어로 진행되는 것이 부정할 수 없는 현실입니다. 물론 그동안 우리는 사법시험을 준비하고, 법률가로서의 소임을 다하기 위해 각종 법서를 섭렵하는 데만도 절대적인 시간의 부족을 느껴 왔습니다. 때문에 다른 전공자들보다 유학·해외연수 등을 가질 기회도 그리 많지 않았으며, 그 때문인지 다른 직역에 비해 어학 능력이 부족한 것 역시 사실입니다.

물론 이는 로스쿨 제도의 도입 등으로 점차 개선되리라 보이지만, 지금 활발히 활동하고 있는 법률가 여러분도 멀리 보아 어학을 절대 포기하지 말고 꾸준히 실력을 배양시켜 가길 진심으로 바랍니다.

끝으로, 이 치열한 경쟁의 링 안에서도 '법치주의' 실현을 위한 법률가로서의 소신과 사명은 절대로 변하지 않으리라는 점을 강조하고 싶습니다.

우리는 흔히 법치주의 또는 'rule of law'라는 말을 자주 쓰면서도 그 진정한 뜻에 대해서는 깊이 생각해 보지 않는 경우가 많습니다. 세계 어느 곳을 가든 법률가 단체가 주관하는 주요 컨퍼런스의 세션 제목에는 반드시 'rule of law'가 있습니다. 그만큼 법치주의에 관해서는 시대와 장소를 초월하여 논의하여야 할 바도 많고 배워야 할 바도 많다는 뜻일 것입니다.

오늘 이렇게 법조인 여러분을 모신 자리에서 '법치주의가 무엇이다'라고 단언하는 것은 어쩌면 주제 넘는 언급일 수 있겠습니다. 다만 저는 법치주의를 더 이상 공권력에 대응하는 협의의 법치주의, 즉 국민의 기본권을 제한하려면 성문의 법 규정에 근거한 적법한 절차에 의하라는 소극적 의미에 한하고 싶지 않습니다.

민주화와 시민의식이 어느 정도 성숙된 우리 사회에서 이제는 지나치게 어렵거나 추상적인 법치주의의 개념보다는 시민에게 친근하고 실용적인 법치주의의 전파가 필요한 때가 되었다고 자부합니다.

이러한 맥락에서, 작년 10월부터 대한변협은 매주 화요일 시민을 위한 '브런치 법률학교'를 개설하여 일반 시민들에게 법을 알리는 강의를 실시하고 있습니다. 이는 법의 무지로부터 시민을 보호하고 생활 속의 법치를 실현하고자 하는 취지에서 시작된 것입니다. 강사로는 대한변협 회원 변호사들이 자발적으로 참여하고 있으며, 이혼·상속·교통사고·임대차 등의 각 강좌는 수강생의 큰 호응을 얻어 2008년 11월 현재까지 총 4천 명이 넘는 시민들이 강의에 참여하였습니다. 이러한 성과는 해외 법조단체에까지 좋은 귀감이 되어 주고 있습니다. 법률가라는 직함을 가지고 살아가는 우리는 어떠한 방식으로든 이 사회에서 노블레스 오블리주를 실현해야 하는 사명을 잊어서는 아니 될 것입니다.

서두에도 말씀드린 바와 같이, 법률가 여러분을 모시고 이야기하는 이 자리가 결코 쉽지만은 않았습니다. 오늘 이 자리에서 말씀드린 글로벌 시대 한국 법조인의 사명과 역할이 제 짧은 소견으로 결론지어질 수는 없을 것이며, 다만 보다 넓은 세상으로 주의를 환기시키고 스스로의 역할에 대해 자문해 볼 수 있는 계기가 될 수 있었다면 그 소기의 목적을 다한 것이라 생각합니다. 감사합니다.

검사들이 갖추어야 할 덕성: 책임과 용기, 외로움과 결속력

들어가는 말

전국에서 모이신 초임검사 여러분! 반갑습니다. 1971년 8월 26일 초임검사로 발령받아 23년 동안 검사로 일했던 것을 항상 자랑스럽게 생각하고 있는 여러분의 검찰가족 이진강입니다.

방금 저는 "여러분의 검찰가족"이라는 표현을 썼습니다만 검찰을 떠난 지 17년이나 되는 제가 지금도 "검찰가족"이라는 말을 서슴없이 쓰는 데에는 나름대로 이유가 있습니다.

23년간 검사로 일하면서 검사직이야말로 제가 평생 지켜 내야 할 천직으로 생각했고 또 그렇게 처신해 왔지만 주변상황이 여의치 않아서 중도에 아쉬운 마음으로 검찰을 떠났던 것이 중요한 이유 중 하나입니다.

그리고 거기에 더하여 저와 함께했던 많은 후배들이 지금도 검찰조직 속에서 꿋꿋하게 검찰을 지키고 있어 항상 마음속으로 그들을 자랑스럽게 생각하면서 성원을 보내고자 하는 마음이 제 가슴 속에 남아 있기 때문입니다.

그러므로 오늘 저의 강의는 부모가 자식에게 또는 형이 아우에게 가르쳐 주는 보다 인간적인 의미를 함유한 이야기로 진행해 볼까 합니다.

초임검사 여러분!

어른들은 누구나 처음에는 어린이들이었지만 그걸 기억하는 어른들은 많지 않지요. 그런 것처럼 검사들도 누구나 처음에는 초임검사였지만 그걸 기억하는 선배검사들은 그리 많지 않습니다. 저도 1971년에 초임검사였고 여러분의 교육책임을 맡고 있는 노환균 법무연수원장 역시 1988년도에 초임검사였습니다.

수십 년이 지나고 나서 되돌아보니 초임검사를 어떻게 했는지 등골이 오싹함을 느낄 때가 한두 번이 아닙니다. 그래도 일 년 또 일 년을 지내면서 성숙한 검사로 성장해 왔지요. 사람은 살아오면서 천천히 태어난다고 합니다. 어느 날 갑자기 또 다른 내가 내 안에서 별안간 나타나는 것은 아니라고 합니다. 그래서 사람은 더딘 준비 과정을 거쳐서 비로소 나를 만들어 간다고 합니다.

검사도 마찬가지입니다. 어느 날 갑자기 부장검사가 되고 검사장이 되는 것이 아니지요. 초임검사가 서서히 경륜을 쌓고 성장하여 선배검사가 되어 가는 것입니다.

그러니, 여러분! 초임검사라고 걱정하거나 위축될 필요가 전혀 없습니다. 여러분은 초임검사로부터 시작하여 서서히 준비 과정을 거쳐 성숙한 검사로 발전해 나갈 수 있는 무한한 가능성을 지닌 사람들입니다.

그러므로 여러분은 더욱 행복하고 자랑스러운 것입니다.

오늘의 강의는 제가 초임검사 또는 평검사 때 겪었던 일들을 중심으로

해서 스토리텔링 방식으로 풀어 나가겠습니다.

이런 이야기는 오래된 제 과거의 사실적 경험을 기초로 하여 상당한 시간이 경과된 후에 제가 느낀 생각을 말하는 것이므로 여러분이 느끼는 것과 많은 차이가 있으리라고 생각되어서 조심스럽기도 합니다.

여러분과 저는 40년이라는 큰 시간적 차이를 가지고 있습니다. 40년 전 제가 초임검사로 발령받았을 때와 여러분이 검사로 발령받은 지금의 상황을 비교해 보면 상전벽해(桑田碧海)와 같은 변화를 느끼게 됩니다. 검찰조직의 규모가 방대해졌다는 외형적 변화는 물론이고 그 구성원들의 인식과 검찰을 바라보는 국민들의 시각 역시 달라졌음을 피부로 느낄 수 있습니다. 그렇기에 제가 40여 년 전의 경험을 토대로 여러분에게 강의한다는 것이 시대에 뒤떨어진 일이 아닌가 하는 생각이 들기도 합니다.

하지만 제가 오늘 이야기하고자 하는 바는 과거를 단순히 회상하려는 것이 아니라 과거를 되돌아보면서 앞으로 잘해 볼 길을 찾으려는 데 그 목적이 있고, 아마도 저에게 오늘의 강의를 부탁한 법무연수원 측의 의도도 그러한 것이 아닌가 하는 생각이 들어서 홀가분한 마음으로 이야기를 시작해 볼까 합니다.

또 초임검사 여러분의 입장에서 보면 시간을 덜 들이고 초임검사 또는 평검사의 어려움을 빨리 이해하고 극복하는 데 도움이 되는 매우 유익한 시간이 되리라고도 생각합니다.

본론에 들어가기에 앞서서 먼저 여러분과의 만남의 의미를 짚어 보고자 합니다.

저는 여러분을 만나게 된 것을 '인연'이라고 생각합니다. '인연'이라는 말은 불교에서 많이 쓰이는 말입니다만 우리 일상에서 쉽게 풀어 보면 우리가 사람이나 사물 또는 어떤 상황과 관계를 맺는 것을 의미합니다.

사람이 이 세상에 태어나는 일, 부모님의 몸을 받아 태어나 부모자식 간의 관계가 형성되는 일, 성장해 가면서 친구 또는 이웃과의 관계를 맺거나 학교에 들어가고 사회에 나아가 직장을 얻고 배우자를 만나 결혼을 하고 자식을 낳아 기르는 일들이 모두 인연의 도리로 생겨나는 것이라고 생각하면 될 것입니다.

여러분이 사법시험에 합격하여 검사로 발령받아 오늘 바로 이 자리에 와 있다는 사실 자체가 큰 일대사 인연이고 옆자리에 앉아 있는 동료들을 만나게 된 것도 큰 인연입니다.

기왕 '인연'이라는 말이 나왔으니 여러분과 제가 이렇게 인연을 맺게 된 오래된 인연을 말해 볼까 합니다. 그것은 노환균 원장님을 비롯한 연수원 관계자들과의 인연입니다.

노환균 원장님과의 인연은 1988년으로 거슬러 올라갑니다. 제가 대검찰청 중앙수사부 수사1과장을 마치고 서울지방검찰청 동부지청 차장검사로 부임하였을 때 노환균 원장님은 열정을 가지고 일하던 초임검사였습니다.

그때의 인연이 제가 검사로 재직한 기간과 꼭 맞먹는 23년이 되었습니다. 노 원장님이 초임검사로 시작해서 23년의 세월을 차근차근 쌓아 오면서 검찰의 훌륭한 선배검사로 성장하여 왔음을 저는 가까이서 지켜볼 수 있었습니다. 이렇듯 노환균 원장님과의 오래된 인연이 바로 여러분과 저의 인연으로 연결되었음은 더 이상 말씀을 안 드려도 잘 아실 것으로 믿습니다.

또 연수원 기획부장님을 비롯한 간부들과의 인연에 얽힌 이야기도 많습니다만 차후로 미루기로 합니다.

젊은 검사 여러분!

지금 병마와 싸우고 있는 소설가 최인호 씨의 《인연》이라는 수필집에 이런 글귀가 있습니다.

"인연이란 내가 그 사람에게 다가가서 그 무엇인가 되어 주는 것이다."

인연을 사람과 사람과의 관계로 한정해서 정의하고 음미해 볼 때 최인호 씨만큼 인연이라는 어려운 말을 잘 풀어서 그 참뜻을 쉽게 표현한 분은 없다고 생각합니다.

그렇습니다! 우리가 사람과 관계를 맺을 때 상대방이 나에게 무엇이 되어 주기를 바라기에 앞서 내가 그를 위해서 무엇인가 되어 주는 마음을 가지고 다가갈 때 우리들의 인간관계는 서로 신뢰할 수 있는 관계로 발전되고, 이를 기반으로 하는 사회와 국가는 진정으로 살기 좋은 우리들의 삶의 터전이 되겠지요! 그때 우리들은 그 인연을 좋은 인연이라고 말할 수 있을 것입니다.

젊은 검사 여러분!

이제부터 이 세상을 살아가면서 여러분과 인연 맺는 사람 그리고 앞으로 인연을 맺을 사람들에게 다가가서 그들에게 무엇인가 되어 주는 생활을 실천하기 바랍니다. 저도 여러분과의 오늘의 인연을 여러분에게 다가가서 무엇인가 되어 주는 계기로 삼고자 합니다.

그런 차원에서 여러분이 검사 생활을 함에 있어 가져야 할 덕성 또는 품성에 대하여 몇 가지 말씀드릴까 합니다. 여러 가지가 있을 수 있겠으나 저에게 주어진 시간도 있고 또 듣는 사람들이 각자 느끼는 바가 다를 수 있으므로 중요하다고 생각되는 네 가지만 말씀드리겠습니다.

첫째로 검사의 책임에 관하여 말씀드리고, 다음으로 검사의 용기와 외로움, 그리고 끝으로 검사의 결속력에 대해서 차례로 이야기하도록 하겠습니다.

검사의 책임

사람은 태어날 때 각자 사회에 대하여 무엇인가 수행할 책임을 가지고 나온다고 합니다. 어머니 뱃속으로부터 나와서 성장하는 동안 그 역할이 바뀌어 가기도 하지만 누구나 자기가 살아가는 사회에서 할 일을 가지고 태어나는 것입니다.

여러분은 대한민국 검사로서 국가와 사회를 위하여 책임을 질 사명을 띠고 태어났고 바야흐로 지금 이 시간에 초임검사로 이 자리에 와서 미래의 성숙한 검사로 자리매김할 수 있도록 준비과정을 이수하고 있는 것입니다.

여러분이 검사가 된 것은 여러분의 자유의지에 따른 것으로 생각할 수도 있으나 저는 여러분이 태어날 때 사회에 대하여 책임질 일이 바로 검사의 직무였다고 생각하고 있습니다. 그러므로 여러분은 이 사회에 대하여 책임질 검사의 직무가 무엇인지 정확히 알고 이를 잘 실천해 나가야 하는 것입니다.

사람들이 이 사회에서 책임질 내용이 각자 다르듯이 검사의 책임내용

역시 그 직위와 지위에 따라 다릅니다.

일반적으로 검사는 공익의 대표자로서 국법질서를 확립하고 피고인이나 피의자 또는 피해자의 기본적 인권을 보호하는 책임을 지고 있습니다만, 구체적으로 들어가서 따져보면 검사들 각자가 부담하는 책임내용은 많이 달라질 수 있음을 알 수 있습니다.

그러나 검사들 자신이 그 역할과 책임을 어떻게 인식하고 있는가가 매우 중요합니다. 남들이 생각할 때에는 아주 하찮은 일인 것처럼 보인다 하더라도 자신이 그 일을 해냄으로써 보람이나 행복감을 느낄 수 있는 것이라면 그는 그 일에 대하여 책임을 다하는 것이 되는 것입니다.

제가 초임검사 때 경험한 일 두 가지만 말씀드려 볼까 합니다.

첫 번째로, 1972년 광주지방검찰청 검사로 재직할 때의 일입니다.

검사로 발령받은 다음 해였습니다. 초임검사였기 때문에 공안업무를 담당하는 부의 말석검사 업무를 담당했습니다. 그때 저는 주말에 선배검사님들의 당직을 도맡았는데, 어느 주말 복잡한 공안사건이 현안으로 걸려 있는 상황에서 차장검사, 부장검사, 그리고 공안부 상석검사들이 모두 지리산으로 주말등산을 가면서 저보고 공안당직을 하라고 해서 평소대로 주말에 검찰청에 나가서 대기하고 있었습니다. 그런데 대검찰청 공안부장이 비화기로 전화를 받으라고 해서 내용도 잘 모르면서 난생 처음으로 대검 공안부장과 비화기 통화를 하였는데 그때의 당혹감이란 이루 말로 다 표현할 수가 없는 일이었습니다.

그리고 얼마 지나지 않아 저로부터 연락을 받고 중도에 골프를 중단하고 청으로 들어온 검사장으로부터 꾸지람과 칭찬을 동시에 받은 일이 기억납니다.

그때 제가 청을 지킨 것은 그것이 검사로서 저의 책임이라고 생각했기 때문입니다. 지리산으로 등산을 간 간부, 선배검사들의 입장에서 볼 때 별 일 없을 주말 당직은 아주 하찮은 일로 생각되었을지 모르지만 초임검사인 저에게는 그 일이야말로 제가 책임져야 할 중요한 일이었습니다. 그리고 결과적으로도 그것은 매우 중요한 일이 되었습니다.

두 번째로, 제가 광주 근무를 마치고 목포지청으로 발령받아 가서 1년 정도 되었을 때의 일입니다.

어느 주말에 지청장 상석검사를 비롯한 청의 간부들이 해경 경비함을 타고 홍도(紅島)를 구경 간다고 나섰습니다. 저는 주말에 청을 지킬 검사가 남아 있어야 한다는 고집 아닌 고집으로 청에 남아서 당직업무를 수행하였습니다. 그때도 저는 그것이 제 직무이고 책임이라고 생각하고 청에 남아 있었던 것입니다. 홍도를 잘 다녀온 사람들이 저를 보고 "별 일도 없었는데 괜히 청에 남아서 고생했다"고 하는 말이 위로가 아닌 비아냥거림으로 들려서 가슴이 아팠습니다. 또 그렇게 풍광이 좋다는 홍도를 지금껏 가보지 못한 아쉬움이 남지만 후회는 하지 않고 오히려 큰 보람이 있었다고 생각하고 있습니다.

초임검사 여러분!

국가와 민족을 우리들 양 어깨에 짊어지고 있다는 자부심이나 책임감까지는 아니라 하더라도 63년 대한민국 검찰 역사에 조그만 주춧돌 하나라도 쌓아서 국민들로부터 신뢰받는 검찰을 만들어 내겠다는 사명감 정도는 가지고 여러분의 갈 길을 걸어가야 하지 않을까요?

저는 검사 생활을 하면서 제 아내로부터 핀잔 아닌 핀잔을 여러 번 들은 적이 있습니다. 그것은 바로 이런 말이었습니다.

"당신이 대한민국의 운명을 책임졌어요? 당신은 항상 국가와 민족을 당신 양 어깨에 짊어지고 있는 것처럼 말하고 행동하는데 이제는 당신 몸도 좀 돌보세요!"

종내에는 몸이 불편하여 5년 동안 아내를 고생시켰지만 제가 한 일에 대하여 큰 보람과 긍지를 느끼고 있습니다.

검사의 용기

검사로서 업무를 수행하려면 용기가 있어야 합니다.

검사는 범죄를 수사하고 공소를 유지하며 확정된 형을 집행하는 것이 기본 업무입니다. 그 대상은 포악한 폭력일 수도 있고, 아주 교묘하고 악랄한 화이트칼라 범죄나 정치권력을 등에 업은 권력형 비리일 수도 있습니다. 또 검사들이 형사적 책임을 지우려고 하는 하나의 결정이 개인이나 법인의 운명을 바꾸어 놓을 수도 있는 큰 파괴력을 가지고 있음을 우리들은 잘 알고 있습니다.

그렇기에 검사들에게는 참된 용기, 진정한 용기가 필요합니다. '용기'라는 말은 사물이나 사람에 대하여 겁을 내지 않는 기개(氣槪) 또는 기백(氣魄)을 뜻합니다.

헌법과 법률은 검사에게 악과 싸울 권한을 부여했지만 그 권한을 제대로 행사함에 필요한 용기는 검사들 개개인에게 맡겨 놓았습니다. 그러므로 검사 개개인이 스스로 용기를 가지고 있을 때에만 검찰권은 제대로 행사될 수 있는 것입니다.

'용기'라는 말의 사전적 의미에서 나타나는 바와 같이 '겁을 내지 않는 것'이 용기의 기본요소입니다. 겁을 내지 않는다는 것은 말로 두렵지 않다고 하는 것이 아니라, 두려운 것임을 알면서도 감히 나서서 실천에 옮기는 것을 말합니다.

그리고 겁이나 두려움의 근원은 욕심에서 비롯되는 것이므로 검사들은 업무를 처리함에 있어 욕심을 내어서는 안 됩니다. 무엇을 얻고자 하는 욕심 또는 무엇을 잃지 않으려는 욕심이 마음속에 자리 잡고 있을 때 용기는 들어설 자리가 없어지는 것입니다.

혹 일을 잘못 처리했다고 상사로부터 야단을 맞고 인사고과에 반영되지 않을까 하는 두려움도 욕심이고, 누군가에게 잘 보여서 장래를 보장받고 싶어 하는 마음도 욕심입니다. 그래서 용기는 욕심만 버리면 저절로 생기는 마음작용입니다.

《야간비행》이라는 소설을 쓴 프랑스 작가 생텍쥐페리는 '용기'를 이렇게 표현하고 있습니다.

"용기는 그리 아름다운 감정으로 이루어진 것이 아닙니다. 그저 약간의 분노와 허영심, 지독한 고집과 저속한 스포츠적 쾌락으로 이루어진 것입니다. 육체적인 힘의 발산 따위는 아무 상관도 없는 것입니다."

그렇습니다! 용기 있는 검사가 된다는 것은 그렇게 어려운 일이 아닙니다. 욕심을 버리고 평상심으로 열심히 일하면서 약간의 분노와 허영심 그리고 고집만 있으면 됩니다.

젊은 검사 여러분!

혹시 작고하신 검찰 선배가 번역하여 출간한 《용기 있는 검사들》이라는 책을 보았거나 기억하는 사람이 있습니까? 그 책은 미국의 변호사이자 〈월스트리트저널〉 기자인 제임스 스튜어트가 쓴 *The Prosecutors*라는 책을 성민경 선배가 번역하면서 그 제목을 《용기 있는 검사들》이라고 붙인 것입니다. 그 책을 읽어 보면 검사들에게 요구되는 용기에 특별한 요소들이 필요한 것은 아니라는 것을 알 수 있습니다.

이 책에서 소개되는 사건은 맥도넬 더글러스 항공회사 증뢰(贈賂) 사건, 히타치 컴퓨터회사 함정수사 사건, 모건 스탠리 증권사 내부자거래 사건, CBS 방송사 직원살해 사건, 노바스코샤 은행 탈세음모 사건 등 5건인데, 이들 사건을 수사한 젊은 미국 연방검사들의 집념과 고뇌를 작가가 변호사 겸 법조출입기자의 안목에서 다루었습니다.

제임스 스튜어트는 이 책 말미에서 검사는 다음과 같은 신념을 가지고 있어야 한다고 강조합니다.

"절대적인 정직과 공명정대한 행동이 필요하며, 상대방과의 관계나 법정에서 솔직하고 공정해야 하고 추정을 하지 말아야 하며, 여하한 일도 행운에 맡기지 않고 용의주도하게 준비해야 하며, 어떠한 사건도 피의자의 유죄나 자신의 주장의 정당성에 대해 확신이 설 때까지는 재판에 회부하지 말아야 한다. 그리고 전 세계가 나의 조국이며 모든 인류가 나의 형제이고 선행을 하는 것이 나의 종교다."

'용기'라는 용어에 대하여 이 정도 설명했으니 이제 제가 경험했던 사건에 대하여 이야기해 볼까 합니다.

제가 1978년 여름 강릉지청 검사로 재직할 때의 일입니다. 강원도 태백시에 있는 연화광업소에서 승강기가 추락하여 그 안에 타고 있던 광부 10여 명이 전원 사망한 사건이 발생하여 제가 현장을 보존시킨 후 현장에 임하여 현장검증을 한 이야기입니다.

현장에 도착해 보니 시신은 옮겼으나 추락한 승강기는 지하 300미터 수직갱에 그대로 처박혀 있었는데 사고원인을 찾아내려면 사고가 나지 않은 반대편 승강기를 타고 추락지점까지 내려가야만 했습니다. 언제 또 추락할지 모르는 승강기를 타고 내려가려니 겁이 났습니다.

하지만 저는 경찰서 수사과장, 광업소 소장 등 많은 사람들이 저를 쳐다보면서 짓고 있는 표정을 보는 순간 검사의 직분의식이 발동되어 허풍 떨듯이 그 승강기를 타고 아래로 내려갔습니다. 추락지점까지 내려가서 상황을 살펴보고 다시 그 승강기를 타고 천천히 올라오면서 갱도 벽을 샅샅이 점검해 본 후 승강기를 운전하는 기계의 결함 여부를 검증해 보았습니다.

저의 열정과 기개에 감동한 독일 기술자들이 잘 협조해 주고 또 저의 고집스러운 조사와 추궁에 압도된 승강기 운전자가 자백함으로써 승강기 추락 원인을 단시간에 밝혔음을 자랑스럽게 생각하면서 지금까지 그때의 일을 잊지 않고 있습니다.

그러나 중요한 사실은 용감한 사람들은 훌륭한 사람이 선행을 숨기고 또 사랑하는 사람이 사랑하는 것을 숨기듯 그들의 행동을 숨기며 그 행위를 가장하거나 그것을 미안해 한다는 점입니다. 그들은 그저 평상심으로 묵묵히 일했다고 할 뿐입니다.

우리 검찰가족들 중에 '용기 있는 검사'들이 얼마나 많이 있었는지 알고들 계십니까? 참으로 많습니다. 그러나 그들 스스로 자기가 '용기 있는 검사'라고 말한 적이 없음을 우리는 잘 알고 있습니다.

용기라는 것은 바로 그런 것입니다. 제가 바라는 바는 이 자리에 함께 한 여러분이 언젠가 주위 사람들로부터 '용기 있는 검사'라는 말을 듣고 뒤돌아서서 빙그레 웃는 그런 모습을 보는 것입니다.

검사의 외로움

1980년 봄이라고 기억됩니다. 제가 강릉지청 검사로 재직 중이었는데 그 해 검사교육이 있어 수원교도소 바로 옆에 있던 법무연수원에서 합숙교육을 받은 일이 있습니다.

합숙하는 방에는 2층으로 된 침대가 여러 개 놓여 있었고 교육받는 검사들이 한 방에 여러 명씩 배치되었습니다. 선·후배 검사들을 호봉에 맞추어 적절하게 배치하였는데 그때 저는 호봉이 중간 정도 되어서 침대 2층을 배정받았습니다.

교육 둘째 날 새벽에 잠이 깨어 침대 2층에서 사다리를 타고 아래로 내려오자 아래층에 자리를 잡으신 선배검사님이 느닷없이 "이 검사, 무엇이 그렇게 외로운가?" 하고 호탕한 목소리로 묻는 것이었습니다.

그 소리에 저는 어안이 벙벙해하면서 "무슨 말씀이시지요?" 하고 물었고, 방 안에 있던 선·후배 검사들은 호기심에 가득 찬 표정으로 그 선배님과 저를 번갈아 쳐다보았습니다. 그 선배검사님은 "그래 이 검사 말이 맞아! 검사는 외로운 직업이지 …"라고 하시면서 그 연유를 말씀하시는데 사연은 이렇습니다.

선배검사님이 일찍 잠이 깨어 조용히 명상을 하고 있는데 누군가가 방 안에서 일장연설을 하여 들어 보니 "검사는 외로운 직업이다 …"부터 시작해서 검사들이 갖추어야 할 자세 등에 관하여 막힘없이 줄줄 엮어 나가더라는 것입니다. 그래서 정신을 집중해 보니 바로 위층에서 잠을 자고 있는 제가 잠꼬대를 하는데 아주 조리 있게 검사들이 지켜야 할 자세 등에 대하여 수분 동안 연설을 하더라는 것입니다.

선배검사님께서는 저의 연설 내용이 아주 공감이 가는 말이라고 하시면서 "이 검사가 평소 생각했던 것이 그대로 표현된 것이니 그 생각을 오래오래 마음속에 간직하면서 검사 생활을 하면 훌륭한 검사가 될 수 있다"고 격려해 주셨습니다.

이 자리에 함께하신 초임검사 여러분!

"검사는 외로운 직업이다"라는 저의 잠꼬대와 이 잠꼬대를 들으시고 저를 격려해 주신 선배검사님의 뜻을 여러분이 어떻게 이해하고 받아들일지 잘 모르겠습니다. 시간이 가면 여러분 스스로 직접 느낄 때가 있으리라고 믿습니다만, 여러분이 스스로 검사직을 선택하여 검찰가족이 되었으니 검사직이 어떤 것인지 제대로 알고 시작해야 한다는 생각에서 제 잠꼬대의 의미가 무엇이었는지 좀 더 구체적으로 설명해 드릴까 합니다.

검사는 공익의 대표자로서 범죄수사와 공소유지라는 검사 본연의 업무를 수행하는 독립관청으로, 자기 책임하에 범죄를 수사하고 그 수사결과에 따른 합리적인 결정을 해야 하고, 자기가 기소한 사건의 공소유지도 담당합니다. 그리고 재판집행 업무도 수행해야 하는데, 때로는 흉악범에 대한 사형집행을 하기도 합니다.

상사의 결재 과정을 거치기는 하지만 기본적으로 검사는 독립관청입니다. 독립관청으로서 범죄를 수사하고 사건결정을 해야 하는 검사는 외로울 수밖에 없고 또 외로움을 견디어 내면서 성숙해야 합니다.

여러분이 매일매일 처리하는 업무인 구속영장신청서나 기소장에 서명·날인하는 일, 불기소결정서를 작성하는 일 등은 그 일을 당하는 사람과의 관계에서 보면 참으로 중요한 일이 아닐 수 없습니다. 그들에게는 일생에 한 번밖에 없는 일일 수도 있고, 그로 인하여 개인이나 법인이 파멸되거나 도산되어 버릴지 모르는 일입니다.

이렇듯 중요한 업무를 처리하는 검사는 고독하고 외로워야 합니다. 사사로운 감정이나 청탁 또는 외부 압력에 휘둘리지 않을 정도의 고고한 기상을 갖추어야 합니다.

그런데 요즈음 검사들이 이 외로움이나 고독함의 의미를 오해하여 패배의식과 같은 의미로 받아들이고 있음을 매우 안타깝게 생각합니다.

근자에 국민들의 입에서 "검찰이 정치권력의 시녀 노릇을 하고 있다. 정치적 사건을 조작하는 데 명수다"라는 말이 자주 나오고 언론이나 정치권이 이에 동조하는 움직임을 보이자 일부 검찰 관계자들이 "우리 주위에는 원군(援軍)이 없어 외롭다"는 표현을 자주 쓰는 것을 보았습니다.

하지만 이런 의미의 외로움은 제가 말하는 외로움이 아닙니다. 그것은 패배의식을 표현한 것일 뿐입니다. 제가 말하는 '외로움'이란 고고한 기상을 말하는 것입니다. 오로지 정의에서 출발하여 정의로 끝나는 수사와 사건결정에 필요한 외로움을 말하는 것입니다. 이 외로움에는 투철한 정의관념과 고독한 결단이 내포되어 있는 것입니다.

그래서 외로움은 쓸쓸하고 슬프지만 아름답고 고상합니다. 때문에 검사들은 아무나 만나서도 안 되고 주변에 유약함을 보여서도 안 됩니다.

아마도 제가 강릉지청 검사 시절 교육받으러 왔다가 잠꼬대를 하게 된 것도 검사라는 신분이 쉽게 노출되는 지방에서 검사들은 어떠한 마음가짐과 자세로 행동해야 할 것인가에 대하여 곰곰이 생각하고 실천하려고 했던 바가 무의식 속에서 잠꼬대로 표현되어 나온 것이라고 저 나름대로 생각하고 있습니다.

저는 이날부터 검사의 외로움과 고독함을 검찰조직에 몸담은 동안 간직하고 실천할 좌우명으로 삼고 생활해 왔습니다. 그리고 검찰을 떠나 재야법조인으로 생활하면서도 신문이나 잡지에 인터뷰할 기회가 있을 때마다 이 점을 후배검사들에게 강조해 왔습니다.

오늘 인연을 맺게 된 여러분에게도 똑같이 이 외로움과 고독함을 검사 생활의 생활철학으로 삼기를 권해 봅니다.

검사의 결속력

저는 앞서 '검찰가족'이라는 말을 쓰면서 지금도 제가 검찰가족임을 자랑스럽게 생각한다고 했습니다. 저는 검찰을 좋아하고 사랑합니다. 제가 검찰을 좋아하는 이유는 제가 그 일원이었고 지금도 그 일원이라고 생각하기 때문입니다. 검찰이 제게 많은 것을 주었기 때문이요, 또 제가 검찰에 많은 것을 줄 수도 있기 때문입니다.

섭섭한 마음으로 검찰을 떠났지만 저는 검찰조직을 원망하거나 비난하지 않았습니다. 떠나고 나서도 검찰을 향하여 험담을 하거나 후배검사들을 나무라지 않았습니다. 검찰을 떠난 지 17년이 되었지만 검찰에 대한 애정과 신뢰를 접어 본 적이 없습니다.

그것은 제가 검찰에 근무하는 동안 검찰에 쏟았던 열정이 어느 누구보다도 강했다고 자부할 수 있고, 또 검사 생활을 하면서 사회정의는 무엇이며 공·사 생활을 함에 있어 지켜 나가야 할 도덕적 기준이 무엇인지 배우게 되었기 때문입니다.

제가 그토록 좋아하고 신뢰를 보내는 검찰조직에 여러분이 들어왔으니 제 마음이 얼마나 좋겠습니까! 그리고 오늘 여러분을 만나게 되었으니 어찌 기쁘지 않겠습니까? 저에게 이런 기회를 주신 법무연수원 관계자들에게 심심한 감사의 말씀을 드립니다.

검찰에 처음 발을 들여놓은 젊은 검사 여러분!

검찰은 참으로 멋있고 튼튼하고 건강한 조직입니다. 대한민국은 검사에게 수사주재자의 지위를 부여했습니다. 수사주재자로서 거악과 싸워 국가와 사회를 지키라는 소명을 내린 것이지요!

제가 검찰은 멋있는 조직이라는 표현을 썼습니다만, 그것은 외형적으로 화려하고 근사하게 보인다는 뜻이 아닙니다. 내실이 있고 그래서 누구나 검찰을 동경하고 그 일원이 되었다는 점을 자랑스럽게 생각하고 자부심을 느낀다는 의미를 내포하고 있는 것입니다.

검찰조직을 잘 운영하면 나라의 운명을 바꿀 수 있고 사회를 명랑하고 활기찬 것으로 만들 수도 있습니다. 그러기에 여러분의 선배들은 이러한 사명감과 자부심을 가지고 검찰을 지켜 왔고 또 거악과 싸워 왔습니다. 여기에서 우리들은 검찰조직이야말로 검사들의 단순한 집합체가 아니라는 점을 깊이 깨달아야 합니다.

검찰조직은 검사 개개인과는 분명 다른 그 무엇인가의 의미를 가지고 있습니다. 그렇다고 검사 개개인이 의미가 없다는 말은 아닙니다. 검사 개개인의 특성을 살려 가면서 검찰조직이 존재해야만 하는 면의 기초를 닦아 갈 때 검찰조직은 국민들로부터 부여받은 소명을 완수할 수 있는 것입니다.

저는 그 내면의 기초를 '검사의 결속력'이라고 정의하려고 합니다. 검사는 범죄수사와 공소유지를 직무로 하고 있는 독립관청이지만 검사동일체의 원칙이 적용되는 검찰조직의 구성원이기도 합니다. 그러므로 검사는 개인적 이해와 검찰조직의 이해가 대립될 때에는 항상 조직의 이익을 우선적으로 고려하는 마음의 자세를 가져야 합니다.

이러한 저의 말에 이견을 가진 사람이 있을 수도 있다고 생각합니다. 제 생각이 전체주의적 사고방식이라거나 검찰 파쇼의 발상이라고 비판할지도 모릅니다.

하지만 제가 말씀드리고자 하는 진정한 뜻은 검사가 국민들로부터 신뢰와 존경을 받으려면 검찰조직 자체가 튼튼하고 또 거기에 몸담고 있는 검사들이 개인적 희생을 감수하고서라도 조직의 역량을 상화시켜야겠다는 사명감을 가지고 일해야 한다는 취지입니다. 쉽게 말하면 공·사의 구분이 명백해야 한다는 뜻입니다.

그렇게 되려면 검사들이 결속력을 보여 주어야 합니다. 결속력이라는 말의 뜻은 "너와 내가 함께 연결되어 있다"라는 의미입니다. 검사가 서로 공동체 의식을 가지고 있어야 한다는 말입니다. 검사들이 공동의 목표를 향하여 일사불란하게 움직여 나가야 한다는 뜻입니다. 검사들이 자신이 조금 손해 보는 일이 있다 하더라도 상대방이나 다른 사람의 입장을 헤아려 주는 호양의 정신을 가지고 일해 나가자는 의미입니다.

그리고 그 핵심이 되는 본질적인 행동은 바로 '희생'이라 할 것입니다. 희생이란 잘라내는 아픔을 겪는 것이지만 힘겨운 벌을 받는 것을 의미하지는 않습니다. 그 자신을 우리들이 원하는 존재에 헌신하는 것일 뿐입니다. 그래서 희생은 희생하는 사람에게서 무엇인가를 앗아가는 것이 아니고 반대로 그를 더욱 풍요롭게 만들어 주는 것입니다.

저는 오늘 여러분에게 검찰조직에 헌신하는 마음자세를 가지고 이를 실천해 나갈 것을 선배로서 강력하게 주문하고자 합니다. 그러면 여러분은 더욱 풍요로움을 느끼는 검사가 될 것입니다.

이 자리에 함께한 여러분은 아마도 검사 생활을 계속하는 동안 개인적으로는 서로 경쟁자의 입장에 처해 있을지도 모릅니다. 아마도 이미 경쟁관계가 되어 있는지도 모릅니다.

그러나 저는 이렇게 생각합니다. 검사들 사이의 경쟁이라는 것은 조직 측면에서 볼 때 그 본질이 아니며, 언제 시작해서 언제 끝날지 알 수 없는 신기루 같은 것이라고 생각합니다. 당장은 앞선 것 같지만 먼 훗날 지나고 보면 결코 앞섰던 것이 아님을, 또 뒤처졌다고 생각했던 것이 낙오된 것이 아니었음을 깨닫게 되는 일도 있을 것입니다.

그저 평상심으로 개인적인 욕심을 내지 않고 검찰조직의 테두리 안에서 열심히 일하면 좋은 결과가 올 수 있다는 확신을 가지고 일하는 것이 중요합니다.

저의 검사 생활을 되돌아보면 광주지검 검사를 초임으로 하여 목포를 거쳐 서울로, 서울에서 벽지인 강릉으로, 또 강릉에서 2년 6개월을 지낸

후에 예상 밖의 인사를 받아 법무부로 전보되었고, 거기에서 또다시 내 의사와는 달리 대검찰청으로 발령된 경험을 가지고 있습니다.

좋은 때도 있었고 불만인 때도 있었지만 섭섭했던 때에는 그 섭섭함을 '나에게 앞으로 무슨 좋은 일이 생기려고 이런 일이 생겼나!' 하는 마음으로 달래면서 주어진 직책에서 열심히 일했습니다. 그러면 다음이나 그다음 차례에 내게 좋은 인사가 돌아왔습니다. 이것이 하늘의 이치인 것 같았습니다.

제가 1998년 2월에 "인사 유감"이라는 제목으로 글을 써서 서울지방변호사회에서 발간하는 〈시민과 변호사〉에 게재한 일이 있는데 여러분이 한번 읽어 보면 참고가 되리라고 생각합니다.

나가는 말

지난 일을 소재로 글을 쓰거나 이야기를 하는 경우 자기가 잘한 일만 쓰거나 말하고자 하는 욕심 때문에 아예 자서전 쓰는 것을 포기하고 강연도 가급적 자제한다는 어느 유명인사의 글을 읽은 적이 있습니다.

오늘 제가 여러분 앞에서 그런 우(愚)를 범하지 않았나 하는 생각이 듭니다. 23년 검사 생활을 해오면서 어찌 실수나 잘못된 일이 없었겠습니까? 잘못이나 실수가 많았었지요!

그러나 그 잘못과 실수를 깨닫고 바로잡아서 다시는 똑같은 실수와 잘못을 저지르지 않으려고 노력한 것이 오늘의 저를 있게 만들어 준 원동력이 아니었나 생각합니다.

그런 관점에서 여러분에게 제가 저지른 실수와 이를 귀감으로 했던 이야기도 함께 들려주었어야 하는데 시간이 허락되지 않아서 아쉽게 생각합니다. 다시 이런 기회가 주어진다면 여러분과 둘러앉아서 대화하는 식으로 이야기를 나누어 볼까 합니다.

저는 이번 강의를 준비하면서 많은 것을 얻었습니다. 개인적으로는 과거 23년 동안의 검사 생활을 되돌아보는 가슴 뿌듯함을 맛보았고, 한 차원 높게는 과거·현재·미래의 검찰상을 머릿속에 그려 보면서 반성과 희망을 가져 보는 좋은 기회도 얻을 수 있었습니다.

저는 여러분에게 검찰조직은 참으로 멋있고 튼튼하고 건강한 조직이라고 말했는데, 그것은 제 신념이고 검찰조직이 그렇게 되기를 바라는 저의 염원이기도 합니다.

그런데 요즈음 이런 검찰조직을 두고 사법개혁이라는 미명 아래 곳곳에서 검찰을 폄하하는 일이 벌어지고 있습니다. 검찰을 사랑하는 저는 이와 같은 현실을 바라보면서 신뢰를 회복하는 길이 무엇인가 고민해 보았습니다.

어렵고 험난한 길이겠지만 여러분과 같은 젊은 검사들이 바른 생각과 행동으로 검찰조직을 이끌어 나간다면 국민들은 생각보다 빨리 여러분의 곁으로 돌아올 것으로 믿습니다.

그런 의미에서 제가 이 강의를 준비하는 과정에서 여러 번 읽고 감명받은 생텍쥐페리의 《야간비행》이라는 소설을 추천하니 시간이 나는 대로 읽어 볼 것을 권합니다. 이 소설은 구라파와 중남미를 연결하는 야간 항공노선을 개척하는 항공기 조종사와 항공사 본부장, 감독관, 정비사 그리고 조종사 아내들의 이야기입니다.

저는 이 소설을 읽으면서 주인공들이 모두 검사와 그들의 아내로 비추어지는 인식의 전환을 느꼈습니다. 과거에 검사로 일하던 저와 동료들의 이야기로 읽히면서 큰 감명을 받았습니다. 오늘 제가 여러분에게 말씀드린 검사의 책임과 용기 그리고 외로움과 결속력이 그들에게서 은은하게 빛을 발하고 있었습니다. 견강부회라고 할지 모르겠습니다만 한번 읽어 보면 느낄 것입니다.

이제 제 강의를 마치려고 합니다.

강의를 마치면서 여러분에게 주문할 사항이 하나 있습니다. 여러분의 마음속에 조그마한 예쁜 집을 하나씩 짓고 그 입구에 액자를 거십시오. 그리고 그 액자에 여러분이 검사인 자신에게 하고 싶은 말을 적어 매일매일 되새겨 보도록 하십시오.

그 액자에 끼워 넣을 글귀는 여러분이 꼭 실천하고자 하는 내용으로 스스로 만들어 낼 일이지만, 제가 여러분에게 선물을 드린다는 생각으로 몇 가지 적어 보니 참고로 하십시오.

"나는 대한민국의 운명을 내 양 어깨에 짊어진 대한민국의 검사다."

"나는 대한민국 검찰역사에 주춧돌이 되고자 한다."

"나는 정의와 질서의 수호자인 용기 있는 검사가 되고자 한다."

"나는 정의를 바로잡고 약한 사람들을 대신해서 세상에 소리쳐 주는 대한민국의 검사다."

"나는 매일매일 오늘을 선물과 보물로 생각하고 최선을 다하는 검사가 되고자 한다."

"나에게는 목표가 중요하지 않다! 오로지 과정에 의미를 두고 성실하

게 일하는 검사가 되고자 한다. ˝

ˮ나는 대한민국 검찰조직에 무엇인가 내면의 힘이 되는 검사가 되고자 한다. ˝

강의 첫머리에서 말씀드린 바와 같이 저는 여러분에게 다가가서 무엇인가 되어 주고자 합니다. 여러분도 저에게 가까이 다가와 주기를 바랍니다.

감사합니다.

상고법원이 필요한 이유

최근 법조계의 화두는 단연 상고법원이고 국민의 관심도 매우 높다. 대법원에서 공청회도 열었고 국회의원 168명이 법률안을 발의하여 본격적 논의를 시작하려 하고 있다.

이에 따라 언론을 통해 찬반양론이 봇물 터지듯 나오고 있다. 각기 이론적 근거를 들며 소신을 밝히고 있어 경청할 대목도 많다. 하지만 대법원 제2기 사법정책자문위원회 위원으로 1년 동안 상고법원 제도 논의에 참여하고 공청회 좌장(座長) 역할을 수행한 필자가 보는 상고법원 제도의 진실과는 꽤 거리감이 있는 듯하다.

첫째, 상고법원 제도는 국민 모두에게 사법적 정의가 실현되도록 현행 상고심 제도의 문제점을 개선하는 데 목적이 있다. 대법원이나 대법관 개인의 권위를 높이거나 대법관이 처리하는 사건 수를 줄여 부담을 덜려는 것이 아니다.

둘째, 상고법원 제도는 상고심 제도 개선(改善)의 차선책으로 채택되었다. 사법정책자문위원회와 공청회에서 제시한 최선책은 상고허가제였다. 이는 허가에 의해 상고사건을 제한하는 제도로, 많은 나라가 채택하고 있다. 우리가 상고허가제를 건의하지 못한 이유는 국민의 거부감이 강하고 1981년 국보위 입법회의에서 제정한 법률에 의해 약 10년간 시행되다가 1990년 근거법이 비민주적이라는 이유로 폐기된 바 있어 다시 도입하기가 쉽지 않기 때문이었다. 그 외 대법원의 이원적 구성, 고등법원 상고부, 대법관 증원 등 여러 방안을 논의했으나 단점이 많이 발견되어 상고법원 제도를 건의하게 된 것이다.

셋째, 상고법원 제도가 헌법상 국민의 재판받을 권리를 침해하는가 하는 위헌성 문제에 대해서는 충분한 검토와 토론을 거쳤고 위헌이 아니라는 결론을 내렸다. 대법원을 비롯한 법조계 다수 의견은 물론이고 헌법 재판소도 재판 심급(審級)의 문제는 입법 사항이라고 결정했기 때문에 위헌성 주장은 반대 논거로서 빈약하다.

넷째, 재야법조계 일부가 주장하는 대법관 증원은 몇 가지 치명적 약점을 갖고 있다. 우선 대법관 수를 얼마나 증원하느냐가 문제다. 혹자는 36명이면 된다고 하고 혹자는 우선 50명으로 해보자고 한다. 그러나 우리나라 상고심의 문제는 연간 3만 6천 건이나 되는 대법원 사건을 그대로 두고 대법관 수를 다소 늘린다고 해결될 문제가 아니다. 대법관 증원에 따른 비용 문제는 차치하고 무엇보다 사법 정의를 실현하는 길이 아니다. 특히 법령 해석과 적용의 통일성을 위해서는 대법원 전원합의체를 활성화해야 하는데 수십 명의 대법관이 전원합의체를 구성하는 것은 불가능하고 바람직하지도 않다.

다섯째, 상고사건은 국민 일반에게 영향을 미치는 규범질서를 형성할 사건과, 개인적 권리관계가 판단 대상이고 제3자에게 미칠 영향은 거의 없는 사건으로 구별할 수 있다. 상고법원 제도는 두 종류의 사건을 잘 분류해 신속하고 공정한 판결을 내림으로써 진정한 사법 정의를 실현하려는 데 그 의의가 있다.

　이제 상고법원 도입 여부에 대한 결정은 국회의 몫이 되었다. 먼 과거의 논의부터 2014년 6월 끝난 제 2기 사법정책자문위원회에 이르기까지 깊은 연구와 고민을 거듭한 끝에 상고법원 제도가 알을 깨고 세상에 나오게 되었다. '오로지 국민의 생명과 신체, 권리를 보호하기 위해서'라는 숭고한 뜻이 국회 심의 과정에서 잘 반영되기 바란다.

기고문 — 〈조선일보〉 2015년 3월 14일

"김영란법", 정치권이 결자해지하라

지난 3일 국회 본회의를 통과한 '부정 청탁 및 금품 등 수수의 금지에 관한 법률안'(일명 '김영란법')에 대해 논란이 계속되고 있다. 법률안 통과 이틀 후에 대한변협이 헌법소원을 제기했고, 재계·언론계·시민단체 등에서는 대통령의 법률안 거부권 행사를 촉구하고 나섰다.

대한민국을 투명하고 밝은 사회로 만들기 위한 목적으로 만들었다는 이 법이 왜 이렇게 논란이 많을까? 이 법에서 제일 잘못된 부분은 민간 언론과 사학(私學)을 적용대상에 포함했다는 점이다. 이는 헌법에 규정된 언론의 자유와 개인 생활의 사적 자치권과 교육의 자율권을 침해한다.

배우자가 금품을 수수한 사실을 알고도 신고하지 않은 경우에 과태료를 물린다는 규정도 양심의 자유를 침해하고 연좌제 금지에 위반되어 위헌성이 짙다. 형법에서도 친족 간의 범인 은닉은 벌하지 않는데 배우자를 신고하지 않은 행위를 벌하겠다니 말이 되는가?

이 법에 규정된 부정청탁 유형 15가지를 살펴보면 그 개념이 모호하여 악용될 소지가 많다. 15가지 유형에 예시된 행위는 국민이라면 누구나 민원으로 정당하게 요구할 수 있는 것인데, 그것이 모호한 부정청탁이라는 올가미에 걸리게 되면 많은 사람이 범법자로 낙인찍힐 위험성이 있으므로 헌법적 측면에서 재검토할 필요가 있다. 100만 원 초과 금품을 수수하는 행위는 직무 관련성이나 대가성을 따지지 않고 모두 형사처벌한다는 규정은 과잉 입법으로 형사법상의 균형 원리에 어긋난다. 100만 원 이하 금품을 수수한 경우라도 직무 관련성이 있을 때에는 과태료를 부과하도록 한 규정은 형법상 뇌물죄로 처벌할 수 있으므로 별도 규정을 둘 필요가 없는데 쓸데없이 논란만 자초하여 화를 키웠다.

국회는 이 법 시행으로 일어날 사회경제적 혼란과 손실은 전혀 고려하지 않았다. 이 법 적용 대상자가 300만 명 정도 된다고 하지만 간접적으로 영향받는 사람은 그보다 훨씬 더 많다. 자영업자나 서비스업을 영위하는 사람들이 입을 사회경제적 손실이 엄청날 것이 예상되는데도 이에 대해서는 눈을 감았다.

국회는 이 법이 최초로 제안된 이후 1년 10개월간 허송세월하다가 총선이 가까워지자 여론을 의식해서 일사천리로 통과시켰다. 그리고 여야 대표와 원내대표를 비롯한 많은 의원이 여론 때문에 찬성표를 던졌다고 사과하는 모습까지 보였다.

하지만 국회의원들은 자기 이익은 철저히 챙겼다. 선출직 공직자, 정당 등이 공익적 목적으로 제3자에게 고충 민원을 전달하는 행위에는 이법을 적용하지 않는다는 조항을 삽입하여 자기들은 법망에서 빠져나갔다. 공직자의 이해충돌 방지에 관한 부분은 아예 빼버렸다. 위헌성이 많다는 전문위원 검토보고서에는 귀를 막고 눈을 감아 버렸다.

난마와 같이 얽힌 사태를 어떻게 해결할 것인가? 정치권이 결자해지(結者解之)의 각오로 발 벗고 나서야 한다. 이 법을 헌법재판소로 가지고 가는 것은 바람직하지 않다. 헌법재판 과정에서 자칫 국론 분열을 가져

올 첨예한 이해대립이 예상되고 심리기간 또한 예측할 수 없어 엄청나게 국력이 소모될 것 같다. 여야가 모두 국회에서 이 법을 개정할 뜻을 이미 밝혔고 마침 17일 대통령과 여야 대표가 만나기로 했으니 그 자리에서 좋은 방안을 이끌어 내기를 기대해 본다.

인터뷰 — 〈신동아〉 2007년 4월호
"재야법조 '뚝심 리더' 이진강 대한변호사협회장"

— 황호택 수석논설위원 (〈동아일보〉)

서울 서초동 법조타운에서 변협회관 건물은 위용을 자랑하는 법원과 검
찰 청사에 비해 규모가 작고 외관이 초라하다. 변협회관 1층 로비에 들어
서면 심당(心堂) 이병린(李丙璘) 변호사의 흉상이 자리 잡고 있다.

이병린 변호사는 제13대(1964~1965년), 17대(1968~1969년) 대한
변호사협회 회장을 지냈다. 그는 유신 독재시대에 민주 회복을 위해 싸
운 인권변호사의 원조(元祖). 1972년 박정희 대통령은 유신헌법을 제정
해 민주주의를 압살하고 수시로 긴급조치를 발동해 철권통치를 했다.
1974년 이 변호사는 윤형중 신부, 함석헌 씨, 강원용 목사 등과 함께 민
주회복국민회를 발족하고 대표위원을 맡았다.

유신 치하에서 검찰은 독재정권의 하수인이었고, 사법부의 법관들은
민주 회복을 요구하는 양심범들에게 '정찰제 판결'을 내려 감옥으로 보냈
다. 이병린 변호사는 독재정권에 맞서 민주 회복과 인권 옹호를 위한 활
동을 치열하게 펼치다 중앙정보부의 공작으로 옥고를 치렀다. 변호사들
이 변협회관 로비에 이 변호사의 흉상을 세운 것은 변협이 단순한 이익단
체가 아니라 인권옹호기관임을 말하려는 뜻일 게다.

변호사는 법원, 검찰과 함께 사법의 한 바퀴로서 기능을 수행한다. 그

러나 최근 법원, 검찰, 변호사회의 세 바퀴가 유례없이 삐걱거리고 있
다. 이용훈 대법원장 취임 이후 공판중심주의를 강력하게 추진하고, 법
원우월주의에 입각한 발언이 쏟아지면서 법원과 검찰, 변협과 법원의 대
립이 날카로워졌다.

이진강⟨64⟩ 제44대 대한변호사협회 회장은 검찰이 친정이다. 법무부
와 대검에서 주요 보직을 오가며 왕성하게 일하던 이 검사는 어느 날 갑
자기 건강을 잃고 고통 속에 검찰을 떠났다. 그러나 각고의 노력으로 병
마⟨病魔⟩를 이겨내고 서울지방변호사회장을 거쳐 지난 2월 대한변협 회
장에 취임했다.

격동의 역사가 휘몰아치던 1986~1988년 이진강 부장검사는 대검찰
청 중앙수사부 1과장으로 박종철 군 고문치사 사건 재수사와 5공⟨共⟩ 비
리 수사의 실무 주역이었다. 올해는 박종철 군 고문치사 사건과 6월 항쟁
20주기가 된다.

젊은 변호사 표심(票心) 잡다

대한변협 회원으로 개업 중인 변호사는 현재 8,066명. 휴업 변호사까
지 합하면 1만 명이 넘는다. 대한변협 회장의 선출은 2단계로 치러진다.
서울지방변호사회 소속 5,230명 회원의 직접투표를 통해 대한변협 회장
선거에 나갈 후보를 선출한다. 대한변협 회장 선거는 대의원 간접선거 방
식이다. 서울변호사회가 대한변협 전체 회원의 3분의 2를 차지하므로 사
실상 서울변호사회에서 추천받으면 그대로 대한변협 회장에 당선된다.

근년 들어서 보수와 진보가 변협 회장을 교대했다. 1999년에는 '민변

1.5세대'로 불리는 김창국 변호사가 당선됐고, 2001년에는 보수 성향의 정재헌 변호사가 회장을 맡았다. 2003년 박재승 회장은 진보로 분류됐고, 2005년 천기흥 회장은 보수다. 이진강 회장은 보수나 진보로 분류되는 것을 좋아하지 않는 편이지만 굳이 가르자면 보수 쪽에 가깝다.

이진강 기자들도 그런 질문을 하더군요. 나는 그런 게 아니라고 대답했어요. 진보냐 보수냐 따지는 것보다는 누가 변호사 대표로서 적임자냐가 중요합니다.

황호택 하여튼 그런 분류법에도 의미가 없지는 않아요. 법조의 주류는 아무래도 보수 쪽일 텐데 진보 쪽에서 회장을 맡아 그쪽 컬러로 나가니까 보수들이 각성해 거푸 천기흥, 이진강 회장을 당선시켰다는 말이 나오더군요.

이진강 어떠어떠한 사람한테 맡겨 놓았더니 변호사의 본분을 지키지 않고, 변호사단체 수장으로서의 역할이 뭔지, 제대로 인식을 못 하고 다른 생각을 하더라는 거죠. 정치권력 쪽으로 기울어지고 그쪽에 영합하는 측면이 있었다는 점을 회원들이 비판적으로 바라본 거죠. 선거에서는 본래의 모습으로 돌아가자는 의사가 결집됐죠. 법조계에서는 보수적 성향이 주류라고 얘기할 수도 있겠지요. 법조인들은 사회의 흐름을 안정적 시각에서 바라보는 경향이 있지요. 개혁도 좋고 바꾸는 것도 좋지만 그것이 올바른 방향으로 가고 서서히 이뤄져야지, 한꺼번에 모든 것을 팍 뒤엎는 식은 주류 법조인들에게 별로 호감을 주지 않습니다.

황호택 지난해 12월 1일 시작해 2월 말까지 지속된 선거를 치르면서 변호사들을 맨투맨으로 만났다지요.

이진강 선거운동을 시작할 때 주변에서 젊은 사람들의 표심(票心)을 어떻게 확보하느냐에 따라 당락이 좌우된다고 하더군요. 그래서 서울변호사회 5,230여 명 회원을 일일이 찾아갔습니다. 구로구 독산동 디지털단지와 여의도 금융기관에 있는 인하우스(In-House·社內) 변호사들까지 사무실로 찾아가 얘기를 나눴어요.

사법연수원생은 27기(1998년 수료)까지 300명 선을 유지하다 28기부터 500명 선이 됐고, 그 후 매년 100명씩 불어나 33기(2004년 수료)부터 1천 명 선이 됐다.

이진강 판검사로 임용되는 인원을 제외하고 한 해에 600~700명씩 변호사가 나오고 있어요. 숫자가 많으니 젊은 사람들이 선거를 사실상 좌지우지한다고 볼 수 있지요. 임동진 변호사가 이른바 민변과 개혁세력의 지지를 받는다는 소문이 퍼지면서 젊은 사람들이 그쪽으로 기울어질 것이라는 관측이 나왔죠. 저는 연세가 지긋한 변호사들한테는 지지를 받고 있지만, 젊은 사람들한테는 잘 알려지지 않았어요. 그리고 젊은 사람들이 '보수꼴통'이라고 인식할 우려가 있었어요. 그래서 젊은 사람들의 마음을 사기 위해 그들의 생각이 뭔지, 젊은 변호사들은 변협에 무엇을 기대하는지 대화를 나눴죠. 그냥 표만 달라고 한 것이 아니라 의견을 들었어요. 대화하면서 젊은이들의 표심을 잡았습니다.

기업에서 인정받는 젊은 변호사들

황호택 젊은 변호사들의 공통된 희망은 무엇이었나요.

이진강 일자리 얻기가 여의치 않고 사무실 개업도 어려우니까 살길을 찾아 달라는 호소가 쏟아져 나오리라고 예상했죠. 그런데 막상 만나 보니 어려움을 호소하는 사람은 많지 않았어요. 나이 든 세대가 생각하지 못했던 분야에 진출해 성공적으로 정착했더군요. 그들에게서 패기와 희망 같은 것을 느꼈어요.

특히 금융기관과 기업의 인하우스 변호사들은 판검사로 임용 안 되고 대형 로펌에도 취직이 안 돼 그쪽으로 간 것으로 흔히 알려져 있죠. 그래서 설움도 당하고 위축돼 있을 것이라고 지레 짐작했죠. 하지만 2~3년 사이에 정착이 됐더군요. 처음에는 과장·부장급들이 '굴러들어 온 돌이 박힌 돌 밀어내려 한다'는 의식으로 경원시해 융화가 잘 안 됐다고 해요. 그런데 CEO를 비롯한 경영 간부들이 변호사들 데리고 일해 보니까 (변호사들이) 잘하거든요. 그래서 요새는 법률 업무만 시키는 것이 아니라 경영 업무에 관해서도 CEO들이 변호사의 의견을 듣는답니다. 모 재벌기업 회장은 올해 변호사를 많이 뽑아서 법무실에만 배치하지 말고 경영 팀에도 보내라고 했대요. 법조인들이 사회 각계로 뻗어 나가면 법에 의한 지배가 확립될 수 있지요. 계약이 정확해지고 투명한 사회가 되는 거죠.

황호택 요새는 법원에서 부장판사를 하고 나와도 단독 개업을 부담스럽게 생각하고 로펌에 들어가려 한다더군요. 아무래도 연수원을 갓 졸업한 젊은이가 사회적 네트워크 없이 허허벌판에서 개업하는 것은 위험한 도박이겠지요.

이진강　연수원 갓 나온 변호사들 중에 단독으로 개업하는 사람은 드물어요. 대부분 선배 변호사 밑으로 들어가거나 3~5명씩 그룹을 지어 선배 변호사를 모시고 사무실을 차려 경비를 절약하죠. 미국, 일본에서도 로펌에 들어가 몇 년 동안 죽어라고 고생하며 배우죠. 지금 새로 나오는 법조인들도 그런 각오를 해야 해요. 새내기 변호사가 사무실을 단독으로 차리고 무불통달(無不通達)로 의뢰인을 받다 보면 자칫 변호사업계 전체가 국민의 신뢰를 잃을 수 있습니다. 경험도 없는 사람들이 어떻게 양질의 법률 서비스를 제공할 수 있겠어요. 제가 선거 공약에서 젊은 변호사들을 위해 변호사협회에 'Young Lawyer's Division'(청년변호사위원회)을 만든다고 했어요. 일정한 연령 또는 일정한 경력 미만의 변호사들로 청년변호사위원회를 구성해 교육을 하고 경륜이 풍부한 원로 변호사와 1대 1로 멘토링(mentoring)을 해주려고 합니다.

'나 홀로 변호사'

황호택　변호사 수가 늘어나면 변호사 사무실 문턱이 낮아지고 서민도 큰 부담 없이 변호사의 법률 서비스를 이용할 수 있으리라는 기대가 있죠.

이진강　실제로 선임료가 낮아졌지요. 금액은 사건에 따라서 달라질 수 있지만…. 젊은 변호사들 중에는 자기네 수준에 맞춰 저렴한 가격으로 서비스하는 변호사가 많아요. 내가 젊은 변호사들한테 '연수원에서 금방 나온 처지에 대법관이나 검찰 고위간부 출신 변호사 수준에 맞추려고 해서는 안 된다'고 했어요. 서비스의 질과 수준에 따라서 선임료를 받아야죠.

그는 지금도 사무장과 운전기사 없이 자가운전을 하며 사무실에 여직원 한 사람만 두고 있다. 그래서 '나 홀로 변호사'라는 별명이 붙었다.

미국은 변호사 수가 워낙 많기도 하지만, 변호사는 역대 대통령과 상원의원, 하원의원, 주지사, 주의원을 가장 많이 배출한 직업이다. 한국에서도 변호사 중에서 노무현 대통령, 오세훈 서울시장이 나왔고 국회의원, 시도 지사, 기초단체장, 지방의회 의원에 변호사들의 진출이 활발하다. 2002년 대선은 노무현 변호사와 이회창 변호사 간 대결이었으니 정상명 검찰총장이 "(이번 대선에는) 대선 주자 중에 변호사가 없다"고 아쉬워할 만하다.

이진강 법조인들이 국회는 물론이고 행정기관에 활발하게 진출해 일하면 좋다고 생각합니다. 대한변협이 국가의 인재풀 노릇을 하려고 합니다. 인적 자원을 배양해 국가 곳곳에서 쓰일 수 있도록 공급했으면 해요.

황호택 로스쿨 관련법이 국회 상임위에 계류 중입니다. 변호사회는 로스쿨에 반대하고 있는데요. 대학들이 심사에 대비하느라 건물 신축, 교수 채용 등 꽤 투자해 놓은 상태입니다. 현재 사법시험 합격자를 1천 명씩 배출하는 마당에 로스쿨에 반대하는 것은 직역(職域) 이기주의라는 시각이 있습니다.

이진강 그런 의견에도 일리가 있습니다. 그러나 법조인 양성제도와 법학교육에 중대 변화를 가져올 제도가 잘못 만들어지면 엄청난 혼란이 발생합니다. 대한변협은 로스쿨이 우리 실정에 안 맞고 자칫 법학교육에 엄청난 파행을 초래할 위험이 있다고 판단하고 있습니다.

전임 집행부가 사법개혁위원회 때부터 로스쿨에 반대했어요. 그러자 사법개혁위원회 후속기구인 사법제도개혁추진위원회가 변협을 논의에 참여시키지 않고 정부안을 만들었습니다. 대한변협도 반대만 한다는 비난을 받기 싫어 정부안에 대한 문제점을 제기했죠. 제가 협회장이 된 후 전임 집행부가 추진한 내용을 검토해 봤습니다. 국회 법사위원들도 걱정하고 있죠. 중요한 법안이 정파 간 빅딜 대상이 돼서는 안 됩니다. 국민이 바라는 개혁입법이라면 그쪽으로 가야겠지만, 문제가 많고 부작용이 예상된다면 재검토해야 합니다.

황호택 대한변협은 로스쿨법이 제정되더라도 입학정원에 관심이 높을 텐데요. 로스쿨 입학정원은 교육부의 소관이 되겠지만 변협의 의견은 어떻습니까.

이진강 종전 집행부가 1,200명 선을 넘어서는 안 된다고 정했습니다. 제가 그 의견을 바꿀 생각은 없어요. 총원보다도 더 중요한 문제가 있습니다. 로스쿨을 새로 만들면서도 법과대학은 그대로 둡니다. 로스쿨을 두는 대학만 학부를 없애고 로스쿨을 안 두는 대학은 법과대학을 그냥 둘 수 있어요. 로스쿨이 설치되지 않은 대학은 법학부를 포함해 인문계가 전멸할 수밖에 없어요. 로스쿨은 법과대학 출신을 3분의 2, 비(非) 법학부 출신을 3분의 1 뽑게 돼 있습니다. 인문계뿐 아니라 이공계도 전부 로스쿨 시험 준비를 할 겁니다. 대학이 로스쿨 입시준비학원이 되는 거지요. 부산과학고 재학 때부터 각종 과학경시대회 금상을 휩쓸고 포항공대 수석 입학에 수석 졸업한 여학생이 최근 서울대 의대로 편입하지 않았습니까. 로스쿨도 대학 분위기를 그렇게 만들 수 있죠.

변호사에게 부여된 로비스트 자격

황호택 변리사들이 특허소송에서 대리할 수 있도록 하는 법안이 지금 산자위에 올라가 있습니다. 법무사들은 소액사건을 대리하게 해달라는 법안을 청원하고 있고, 법무부에서는 로비스트법을 추진하고 있는데요. 모두 변호사 밥그릇을 빼앗아 가는 일이라 반대하겠군요.

이진강 물론 반대합니다. 우리가 반대하면 언론 쪽에서 직역 이기주의라고 금밥통, 은밥통 하면서 야단을 치는데, 국민에게 양질의 법률 서비스를 제공하기 위해서 반대하는 것입니다. 시루떡을 찔 때 쌀가루와 팥고물로 켜를 앉히고 밑에서 불을 때는데, 처음부터 꾸준하게 일정한 온도로 불을 때 한 번에 익혀야 합니다. 불이 중간에 꺼지면 떡이 설죠. 선 떡은 다시 불을 아무리 강하게 때도 안 익어요.

마찬가지로 법률 공부도 처음부터 기초를 잘 닦아 중단 없이 해야 합니다. 기초가 단단하고 도덕성을 갖춘 사람한테서 서비스를 제대로 제공받아야죠. 법률 서비스는 한번 잘못 제공되면 의뢰인한테 엄청난 손실을 입힐 수 있습니다. 그렇기에 사소한 단독 사건이라도 자격 없는 사람한테 맡겨서는 안 돼요.

다소 비판적인 질문이 이어지자 그는 숨을 고르려는 듯 부속실에 커피 한 잔을 주문했다.

황호택 법무부가 추진하는 로비스트법은 왜 반대합니까.

이진강 변호사 아닌 사람이 공무원이 취급하는 사건에 관해 청탁을 하고 금품을 받으면 법률 위반입니다. 원칙적으로 변호사들이 해야 할 일이죠. 그런데 변호사들을 무력화하고 자격 없는 사람한테 로비할 수 있는 권한을 주면 법질서가 무너지죠.

모든 법률은 소관 상임위를 통과한 뒤 국회 법사위를 거쳐 본회의에 상정된다. 법사위 소속 16명 의원 중 변호사가 아닌 사람은 조순형·노회찬·이용희·김동철·선병렬 의원 5명. 변호사 의원들은 변호사의 이해가 관련된 법안을 심의할 때는 당적을 초월해 의기투합한다. 필자가 "변호사한테 불리한 법률은 법사위에서 절대 통과가 안 될 테니 마음을 놓아도 될 것 같습니다"라고 말하자 이 회장은 웃었다.

그는 전두환 정부 말기인 1986년 5월부터 노태우 정부 초기인 1988년 8월까지 대검찰청 중앙수사부 1과장을 했다. 중앙수사부 1과장은 지금으로 치면 수사기획관과 공보관을 겸한 자리여서 업무가 과중했다. 그는 박종철 고문치사 사건 재수사와 5공 비리 수사를 하면서 격동의 역사 한복판에 서 있었다.

역사의 물줄기 바꾼 성경책

1987년 1월 경찰은 박종철 군 고문치사 사건 1차 수사 때 고문에 가담한 경관을 5명에서 2명으로 축소 조작해 검찰에 송치했다. 서울지검은 이를 모르고 그대로 기소하는 실수를 저질렀다. 그해 5월 김승훈 신부가 "고문 사건이 조작됐다"고 폭로한 이후 검찰이 고문 관련자 3명을 추가로 발표하면서 민심이 요동쳤다. 장세동 안전기획부장, 정호용 내무부 장관, 김성기 법무부 장관, 서동권 검찰총장이 경질됐다. 새로 취임한 이종남 검찰총장은 수사 주체를 서울지검에서 총장 직속의 중앙수사부로 바꿨다. 김성기 장관은 퇴임하면서 기자실에 들러 "수사 주체를 바꾼다고 새로운 게 드러나겠습니까"라며 회의적 견해를 말했다. 당시 〈동아일보〉는 김차웅 차장의 특종기사로 치안본부 대공처장 박처원 치안감 등 경찰간부들이 축소조작에 관련됐다는 사실을 1면 톱으로 보도했다.

이진강 이종남 총장이 조한경 경위의 변호사를 만나 보라고 하더군요. 조 경위와 그의 형, 그리고 변호사를 조사실에서 만나게 했죠. 대화하는 도중에 성경책 이야기가 나왔어요. 1월에 구속된 조한경 경위는 여차하면 언제든지 폭로할 기세로 구치소에서 성경의 여백에 경찰의 은폐조작 내용을 깨알같이 적어 두었어요. 그 성경을 구치소에서 찾아내 바로 압수했지요. 성경의 메모를 단서로 박처원 치안감, 유정방 경정, 박원택 경감을 구속했습니다.

재미있는 일화가 있어요. 경찰이 직접 은폐에 관련되지 않고 박 군 유족들을 관리한 사람을 검찰에 들여보낸 거예요. 영문도 모르고 억울하게 끌려온 경찰을 풀어 주고 핵심적인 역할을 한 박원택 경감을 찾아내 구속했어요. 이때 검찰이 풀어 준 사람이 나중에 이한영(김정일 전처 성혜림의 조카) 피살 사건 때 텔레비전을 보니까 분당경찰서장이 됐더군요.

박종철 군 사건 1보는 〈중앙일보〉법조담당 신성호 기자(현 수석논설위원)의 작품으로 언론사에 빛나는 특종이다. 1987년 1월 15일 당시 석간신문이던 〈중앙일보〉는 1판을 찍다가 윤전기를 세우고 "경찰에서 조사받던 대학생 쇼크사"라는 제목으로 2단 기사를 집어넣고 1.5판을 찍었다. 그러나 박 군이 고문에 의해 사망했다는 기사는 〈동아일보〉의 특종이었다. 〈동아일보〉는 박 군 사건을 고비마다 대대적으로 보도해 6월 항쟁을 이끌어 내는 데 결정적인 역할을 했다.

여하튼 박 군 사건 1보가 없었더라면 시국의 물줄기를 바꾼 이 사건이 어떤 방향으로 흘러갔을지 아무도 짐작하기 어렵다. 지금까지 신 기자에게 1보를 확인해 준 사람은 공식적으로 밝혀지지 않았다.

박 군 부친의 전화 한 통

이진강 〈중앙일보〉의 특종을 제가 확인해 줬지요. 의도적으로 흘린 것은 아니었어요. 당시 대검에서는 아침마다 서동권 검찰총장, 정해창 대검차장, 한영석 중앙수사부장, 최상엽 공안부장 등 '빅4'가 모여 회의를 하고 중수부 1과장인 저와 임휘윤 공안1과장이 보고를 했어요. 아침 9시에 우리가 보고를 하고 있는데 공안부 쪽에서 쪽지가 들어왔어요. 쪽지를 받은 임 과장이 "서울대 학생 한 명이 경찰에서 조사받다 죽었습니다"라고 보고했죠. 보고를 마치고 내 방에 돌아와 있는데 신 기자가 찾아와 "오늘 보고 중에 서울대생 한 명이 죽었다는 내용이 없었습니까"라고 물어요. 미리 알고 확인하러 온 거죠. 검찰총장실 회의 끝난 뒤였으니까 오전 10시 넘었을 거예요. 그래서 신 기자에게 "공안1과장이 쪽지를 받아 보고를 하더라"고 말해 줬죠.

이로써 1보를 확인해 준 사람은 분명해졌다. 그렇다면 신 기자는 박 군의 죽음을 어떤 루트를 통해 알게 됐을까. 필자는 박 군 고문치사 10주기를 전후해 박 군의 부친 박정기 씨를 만난 적이 있다. 박 씨는 아들이 죽었을 때 부산 청학양수장 직원이었다. 필자는 박종철 군 사건으로 한국기자상을 두 차례(1987, 1988년) 받았다. 박 군의 죽음과 관련된 기사로 분에 넘치는 상을 받은 기자로서 아들을 잃은 분을 위로하고 싶은 생각에서 박 씨에게 만찬을 대접하는 자리를 만들었다. 그 자리에서 박 씨는 이런 얘기를 했다.

"경찰이 종철이 사진을 챙겨갖고 서울로 올라오라고 해서 부랴부랴 상경했는데, 사무실에 가둬 놓고 전화도 못 걸게 했죠. 경찰은 정확한 진상을 말해 주지 않았지만 향과 영정 사진을 준비하는 것으로 봐 종철이가 경찰에서 조사받다 죽은 것 같았습니다. 친척 중에 〈중앙일보〉 부국장이 있었어요. 경찰의 감시가 소홀한 틈을 타 공중전화로 〈중앙일보〉 친척에게 전화를 걸어 도대체 아들에게 무슨 일이 일어났는지 알아봐 달라고 부탁했습니다."

이진강 회장의 말이 이어졌다.

이진강 나는 박 군 1보를 확인해 준 줄도 몰랐는데 나중에 신 기자가 그렇다고 얘기해 주기에 알게 됐죠. 수사 발표를 마친 후 함세웅, 김승훈 신부에게 전화를 드렸어요. "검찰이 나름대로 할 만큼 했다고 생각하는데 혹시 미흡한 점이 있으면 알려 주십시오"라고 했지요. 두 신부가 "그런대로 잘됐습니다. 만족합니다"라고 해서 고마웠어요.

수사 끝나고 발표할 때 방송사고가 났어요. 생방송을 못 하게 하니까 방송사들이 발표 장면을 찍은 비디오테이프를 현관 앞에 있는 중계차에 전달해 방송했어요. 실제 상황보다 2, 3분 늦지만 생방송처럼 되는 것이죠. 그런데 발표 중간에 테이프를 운반하는 사람이 계단에서 넘어져 다치는 바람에 방송이 끊기는 사고가 났습니다. 방송사고가 나자 뭔가 다시 조작을 한다고 생각한 시청자들이 대검에 항의전화를 엄청나게 걸었어요.

1987년 중수부 드림팀

황호택 박종철 군 1주기 때 〈동아일보〉가 안상수 변호사의 증언과 황적준 박사의 일기를 입수해 강민창 당시 치안본부장이 축소 조작에 관여한 사실을 밝혀냈죠.

이진강 박처원, 유정방, 박원택 씨만 구속하고 치안본부장은 불지 않아 그때 처리를 못 했죠. 1년 후 황적준 씨 일기가 나와 강 씨도 직무유기로 구속했죠.

전두환 정권이 끝나고 노태우 대통령이 취임하면서 여론에 밀려 5공비리 청산이 시작됐다. 대검 중앙수사부는 전두환 전 대통령의 동생 전경환 전 새마을운동중앙본부 회장 비리 수사를 시작했다.

이진강 나는 1과장으로 총괄 지휘를 하고 주임검사는 이명재 3과장이었지요.

그때 중수부 라인은 드림팀이었다. 1과장 이진강, 2과장 강신욱(전 대법관), 3과장 이명재(전 검찰총장), 4과장 이종찬(전 서울고검장). 4명 중에서 선임인 그만 검사장을 못 하고 검찰을 떠났다. 격동의 세월에 하중(荷重)이 무거운 사건을 연속으로 감당하다 건강을 잃은 탓이다.

　　이진강　이종찬 팀에서 전경환 씨의 동서 황흥식 씨를 맡았죠. 황 씨 집을 압수수색을 했는데 허탕을 치고 나오다가 화가 난 수사관이 지하실에서 공사하고 남은 횟가루 포대를 발로 찼어요. 푹석하는 소리와 함께 발끝에 뭐가 걸렸어요. 횟가루 속에 비밀장부를 숨겨 놓은 것이죠. 전경환 씨 자금을 관리한 장부가 몽땅 나와 수사는 일사천리로 진행됐죠.

　　5공 비리의 마무리 사건이라고 할 만한 염보현 전 서울시장 수사는 강신욱 과장 팀에서 했어요. 5공 비리 수사를 원만하게 마무리하자면 염 씨를 구속해야 하는데 이종남 총장과 고려대 동창이고 가까웠죠. 강 과장이 증거를 찾아내면 제가 총장한테 승낙을 받아 주기로 짰죠. 강 과장이 건설회사 한양의 배종열 회장을 불러 밤새 수사를 해 염 전 시장에게 1억 몇천만 원 준 것을 찾아냈죠. 그다음 날 저와 둘이서 총장한테 들어가 보고를 했죠. 총장인들 어떻게 하겠어요.

　　김경회 중앙수사부장이 부산지검장으로 발령 나면서 형사부장이던 강원일 씨가 중수부장 직무대리를 했습니다. 그분이 '이종남 총장이 전두환 전 대통령과 전경환 씨 쪽 영향을 받아서 수사를 안 하려고 뺀다'고 오해하는 바람에 어려운 국면이 있었죠. 이 총장이 수사를 안 하려고 한 것이 아니라 시간 여유를 갖고 충분히 검토해 완벽하게 구색을 갖춰 국민 마음에 쏙 드는 수사결과를 발표하려고 했던 거지요.

438

"사무실에서 쓰러질 것이지 ⋯ "

이진강 전경환 씨를 구속하던 날 이 총장이 나보고 검찰청을 나설 때 수갑을 채우지 말고 교도소에서 구속을 집행하면 어떻겠느냐고 물어요. 요새는 수갑 안 채우지만 그 시절에는 구속 집행할 때 수갑을 채웠어요. 제가 반대했죠. "텔레비전으로 생방송이 나가는데 국민이 보고 싶은 것은 전경환 씨가 수갑 찬 모습입니다. 그 사람 체면 봐주다가 일 잘하고서 욕을 곱빼기로 얻어먹을 수 있습니다. 저쪽에서 조금 서운하게 생각하더라도 여기서 수갑을 채워 데리고 가야 합니다"라고.

이 총장은 주임검사를 불러 같은 의견이냐고 물었어요. 이명재 과장도 제 의견과 같았죠. 이 총장은 참모 말을 잘 듣는 것이 장점입니다. 두 과장의 의견이 같자 "좋다. 채우자"라고 하더군요. 생방송이 시작되자 카메라 앵글이 수갑에 맞춰지더라고요. 이 총장이 텔레비전을 보다가 전화를 걸어 "카메라가 수갑만 비추는구먼. 이 과장이 조언을 잘해 줘 고마워"라고 말했어요. 대학 선후배 간이니까 터놓고 말씀하셨겠지만.

한 달 반을 강행군해 전경환·염보현 씨를 구속하자 과로한 탓인지 몸에 이상이 느껴졌다. 먼저 커피 잔을 들 때 손이 떨리기 시작했다. 승강기에 올라타서 출발하는 순간 심장이 둥둥 뛰는 증상이 일어나기도 하고, 퇴근길에 차를 멈추고 신호대기를 하고 있을 때는 갑자기 가슴이 내려앉는 듯한 기분이 들었다.

큰 수사를 마치고 조금 여유가 생겨 토요일 오후 친구들과 뉴코리아 컨트리클럽에서 라운드를 시작했다. 첫 홀에서 3타 만에 공을 그린에 올려 놓고 퍼트하려는데 가슴이 찢어지는 통증이 몰려왔다. 간신히 투 퍼트를 마무리하고 다음 홀로 이동하려다가 가슴이 너무 아파 근처 의자에 걸터 앉는 순간 그대로 의식을 잃고 쓰러졌다.

병원 진단 결과 심장에서 부정맥 증상, 뇌에서 혈관기형이 발견됐다. 중수부 1과장으로 2년 반의 격무를 마친 데 대한 보상 성격의 인사를 앞 두고 그런 사고가 생겨 심적 불안이 컸다. 이종남 총장은 "그 친구, 그렇 게 일을 열심히 했으면 사무실에서 쓰러질 것이지 하필이면 흉하게 골프 장에서 쓰러지나"라며 걱정을 했다. 그는 이 말을 전해 듣고 '누가 쓰러질 때 시간과 장소를 가려서 쓰러지나. 그나마 사람이 많은 곳에서 쓰러져 목숨을 구했으니 감사할 뿐이지'라고 생각했다. 그해 9월 서울 동부지청 차장검사로 발령이 났다. 전임이 김태정 씨(전 검찰총장)로 그에게는 섭 섭지 않은 인사였다.

의사가 처방해 주는 약을 고분고분 잘 먹었다. 그런데 새벽 4시만 되 면 심장이 떨리고 식은땀이 나 속옷이 흠뻑 젖었다. 병원에서 관상동맥 조영촬영을 하다가 쓰러져 응급처치를 받기도 했다. 의사의 처방약 중에 의존성이 심한 약이 있었는데 그는 전혀 모르고 있었다. 이 약을 끊기 위 해 3년 동안 피나는 고통을 겪어야 했다.

엎친 데 덮친 격으로 동부지원에서 조직폭력이 연루된 법정증인 살해 사건이 터졌다. 대통령까지 관심을 표시해 거의 한 달 동안 밤늦게까지 검사들을 독려했다. 검찰이 압박해 들어가자 범인이 자수했다. 법정증 인 살해범은 나중에 사형이 확정됐고 김영삼 정부에서 집행됐다. 자수한 범인이 사형집행된 것에 대해 그는 지금도 개운치 않은 심정이다.

법정증인 살해 사건 수사를 마치고 심장병으로 죽을지 모른다는 불안감과 초조감이 엄습해 거의 기진맥진한 상태에서 병원에 입원했다. 퇴원한 뒤 의존성 약을 끊는 일에 착수했다. 사흘 밤 사흘 낮을 뜬눈으로 지새우다 의식불명이 돼 119 구급차에 실려 갔다. 아내는 "앞으로 당신이 하자는 대로 다 할 테니 살아만 나세요"라며 울부짖었다. 퇴원해 쉬고 있을 때 법무부 장관으로부터 서울고검으로 발령할 테니 쉬라는 연락이 왔다. 그때까지만 해도 서울고검은 전망이 불투명한 자리로 인식되고 있었다. 동기생과 후배들이 좋은 자리에 발령돼 의기양양해하는 것을 보면서 아픈 경황에도 패배의식이 몰려왔다.

검사는 외롭고 고독해야

검사장으로 승진해야 할 중요한 시기에 2년 반을 서울고검에서 보내고 성남지청장 발령을 받았다. 건강은 어느 정도 회복됐으나 검사장 승진과는 점점 멀어졌다. 운이 없으려고 그랬는지, 옳게 일을 한다고 민주산악회 사람들이 관련된 사건을 원칙대로 엄중하게 처리했다. 이 사건 처리도 승진에 장애가 됐다.

황호택 검찰에서 꽃을 피우지 못했지만 출세가 인생의 모든 것은 아니겠지요. 인생은 검찰 아닌 곳에서도 승화시킬 수 있죠. 서울지방변호사회 회장을 하고 이렇게 변협 회장을 하는 것도 검찰에서 아쉽게 접은 꿈을 다시 이루는 의미가 있는 건가요.

이진강 그렇지요. 지금도 검찰 후배들이 나를 아쉽게 생각하죠.

황호택 변호사의 수사 참여권은 인권보호 차원에서 충분히 보장되고 있습니까.

이진강 아직까지 정착되지 않았죠. 수사 단계의 변호사 참여권은 제가 서울변호사회장 할 때부터 주장했어요. 동기생인 김상수 서울고검장이 어떤 자리에서 "자기는 뭐, 검사 안 해봤나. 입장 바뀌니까 금방 달라지네"라고 말하더군요. 그래서 제가 "검사의 수사 단계에서 변호인 참여를 보장해 주면 수사도 신속하게 잘될 수 있고 무리한 수사가 없어질 것"이라고 했죠. 검사가 변호사를 수사의 방해꾼으로 여기지 말고 실체의 진실을 발견하는 공동의 협력자라고 생각하면서 수사하면 거북할 이유가 없는 거죠. 자기네가 인심 쓰는 것처럼 하면 안 돼요.

황호택 검사가 변호사에게 나가 달라고 요구했을 때 불응하면 의뢰인(피의자) 한테 불리해질까 봐 검사의 요구를 거부하기 어렵다지요.

이진강 나는 변호사를 하면서 두어 번 풀로 입회해 봤어요. 검사가 이상한 질문을 하거나 피의자가 답변하기 곤란한 대목에서는 나와 의논해 답변했죠. 밤이 늦어지면 '다음 날 하자'고 요청해 다음 날 데리고 나가 수사를 받은 적도 있습니다.

변호사들이 그렇게 참여하려면 시간을 많이 할애하고 사건 내용도 제대로 파악해야 되잖아요. 그냥 멍하니 앉아만 있으면 안 되죠. 그러자면 의뢰인과의 관계가 재정립돼야 합니다. 의뢰인들도 참여 요청을 하면 그만큼 보수를 줘야 한다는 생각을 가져야 합니다. 변호사들도 타임 차지(time-charge)를 해야 합니다. 미국 변호사들은 타임워치를 눌러 놓고 의뢰인을 만납니다. 공판중심주의로 가서 법정에서 공방을 벌이게 되면 그만큼 시간이 길어지죠. 국내 로펌에도 일 맡기면 변호사들이 몇 시간 걸리고 얼마 썼다고 타임 시트를 씁니다. 일반 개업 변호사도 보수체계를 바꿔야 합니다.

황호택 검찰이 얼마 전에 새 윤리강령을 만들었습니다. 변호사와 식사, 골프, 사행성 오락, 여행 같은 사적 접촉을 금지하는 내용을 담고 있는데요. 검찰의 대선배로서 이런 규정이 적정하다고 생각하는지요.

이진강 법조인에게는 이런 강령보다도 마음가짐과 자세가 중요하다고 생각해요. 작고한 고재호 대법관이 《법조반백년》(法曹半百年)이라는 회고록을 남겼습니다. 그 책 서문에 "법관은 공정, 검사는 권한의 자제, 변호사는 사회봉사가 기본 덕목임을 깨닫고 이를 실천함으로써 국민으로부터 신뢰와 존경을 받을 수 있는 법조삼륜이 되기 바란다"는 당부가 있어요.

수사방법은 피의자 '수준'에 맞게

이진강 제가 검찰에 있을 때는 '검사는 권한을 자제해야 한다'는 원로 법조인의 말을 잘 이해하지 못했습니다. 그러나 재야법조인이 돼 검찰을 객관적으로 바라보는 처지가 되니까 이 말이야말로 검찰이 반드시 실천해야 할 덕목이라는 생각이 비로소 들었습니다. 강령에서 얘기한 골프접대, 향응성 식사 같은 것도 멀리하며 지내야지요. 그러자면 판사와 검사는 외롭고 고독해야 하거든요. 우리는 검사 할 때 만날 사람, 안 만날 사람 구분했어요. 사람을 차별하는 것이 아니고 조심하며 가리는 거죠. 밥 산다고 해서 아무 자리나 가면 말썽이 생깁니다. 검사 품성교육이 중요하다고 봐요.

황호택 제이유 사건을 계기로 검찰총장이 피의자의 신분이나 나이를 고려해 반말 수사를 하지 말라고 했는데요. 고위 공직자들의 경우 검찰 조사 받고 나와서 자살한 경우도 많지 않습니까. 아직도 언어폭력이 남아 있는 건가요.

이진강 검사들이 수사하는 방법도 여러 가지가 있어요. 피의자의 수준에 맞춰야지요. 어떤 때는 반말하고 야단을 쳐야 하는 당사자가 있을 거예요. 어린 학생이 피의자라면 '그랬습니까', '저랬습니까' 하기보다는 엄하게 훈계하며 '이놈 혼낸다'고 해야 하잖아요. 아주 파렴치한 사람에 대해서도 어떤 때는 따끔하게 야단을 쳐 마음을 돌려먹게 만들고 잘못된 것을 승복하게끔 해야 할 경우도 있을 수 있지요. 물론 강압수사는 안 되겠지만.

황호택 제이유 사건 수사에서 검사가 변호사 선임과 관련해 피의자한테 "변호사는 반드시 판사와 동창생을 선임하라", "돈을 갖다 바르고 탬버린을 흔들어라(룸살롱 접대)"는 이야기를 했는데요. 이러한 관행이 아직도 법조계에 남아 있습니까.

이진강 비정상적이지요. 그렇게 많지 않을 거예요. 내가 서울변호사회장 할 때도 그런 걸 바꾸고 싶어서 캠페인을 했죠. 변호사들에게 사건 소개해 주고 돈 받아먹는 브로커들 때문에 법조 이미지가 흐려져요. 수사와 재판이 공정하게 이뤄지니까 실력 있고 성실한 사람을 임명하는 쪽으로 의뢰인들의 생각이 바뀌어야 합니다. 변협과 지방회가 함께 브로커 없애기 운동을 벌이려고 합니다.

황호택 올해가 대통령선거의 해인데요. 대선 때는 여야 후보들이 서로 고발해 사건을 검찰로 가지고 오잖아요. 1997년 대선 때는 한나라당이 DJ 비자금 사건을 고발했지만 김영삼 대통령과 김태정 검찰총장이 DJ

편을 들어 줘 수사를 유보했지요. 2002년 대선 때는 김대업의 이른바 '병풍'(兵風) 사건이 있었죠. 여당의원 몇이 배후에 어른거린 사건이죠. 그때는 검찰이 선거 전에 김대업을 구속해 이회창 씨에게 도움을 줬다고 생각하는데요. 어찌됐거나 이번 대선에서도 여야가 선거를 치르다 서로 고발해 사건을 검찰로 몰고 오면 검찰은 어떻게 해야 하는 걸까요.

이진강 제가 뭐라고 할 처지는 아니지만 대통령선거에서 어떤 걸 사건화해 검찰 수사를 이용하려고 들면 안 되죠. 선거가 공정하게 치러져야 하잖아요.

황호택 대법원장이 지난해 9월 광주지법 훈시에서 '법조삼륜'이 제일 듣기 싫은 말이라고 했죠. 사법의 중추기관은 법원이고 검찰과 변호사는 보조기관이라는 말도 했죠.

이진강 선거운동 기간에 유인물에도 법조계의 중심은 대한변협이라는 캐치프레이즈를 썼어요. 법원이 독단적으로 사법을 운영할 수 없어요. 형사소송은 검사와 변호사, 당사자가 대등한 지위에서 공방을 하는 운동경기죠. 법원은 레퍼리이고 국민이 관중입니다. 대법원장, 법무부장관, 검찰총장 모두 대통령이 임명합니다. 대한변협은 유일한 재야단체입니다. 경륜으로 따져도 오랫동안 법원, 검찰에 몸담았던 분들이 변협 회원입니다. 대통령이 나라에 어려운 일이 생기면 재야법조의 수장을 만나 의견을 들었어요. 독재 치하에서 법원과 검찰은 침묵했지만 이병린 변호사는 꼿꼿하게 투쟁했지 않습니까.

황호택 대법원장이 한 말 중에 법관이 국민을 섬기는 자세로 재판해야 한다는 말은 옳다고 생각합니다. 변호사로서 법정에 출입하면서 법관이 권위적이라고 느낄 때가 있습니까.

이진강 권위적이라는 것과 권위는 뉘앙스가 다르잖아요. 권위적이라는 것은 군림하고 딱딱하고 억누른다는 의미죠. 권위 자체는 품위 있고 존중받을 자세지요. 변호사, 검사들이 법정에 드나들 때 꼭 법관한테 예의를 차려요. 앉아 있다가 법관이 들어오면 일어서서 인사를 합니다. 그런 예의는 법관의 권위에 머리 숙여 주는 것이 아니라 법관의 최고 덕목인 공정한 재판을 해달라고 하는 의사 표시입니다. 재판은 결론도 공정해야 하지만 진행 과정도 공정해야지요.

법조계 중심은 변협

황호택 이용훈 대법원장이 "변호사들이 법정에 내는 자료는 상대방을 속이려는 문서인데 그것을 믿고 재판하는 것은 곤란하다"고 말했지요. 변호사들 만나 보면 그 발언에 속이 부글부글 끓는다고 하더군요. 자기도 변호사 하면서 돈 많이 벌어 놓고 그렇게 말할 수 있느냐는 것이죠.

이진강 어느 변호사든지 그 얘기를 듣고서 화가 안 나는 사람이 없었을 거예요. 그건 용납할 수 없는 얘기지요. 그런데 그 진정이 무엇인지 아직도 우리가 해명을 못 들었어요. 대법원장의 진의를 들을 기회가 없이 공방만 있었습니다. 대한변협이 대법원장 퇴진을 요구하자 잠깐 유감의 뜻을 표했고, 그것을 사과 수용으로 받자 서울변호사회에서 미흡하다고 반격했지요. 관훈토론회에서 유감 표명을 한다고 했는데 토론회가 취소됐지요.

이 회장은 〈신동아〉 인터뷰 다음 날(3월 6일) 이 대법원장을 예방해 변호사회와 대법원의 껄끄러운 관계를 정리했다. 이 대법원장은 이 자리에서 "내부 직원들과 허심탄회하게 이야기를 하다 보니 여과되지 않은 말이 있었다"며 유감을 표명했다. 이 회장은 다음 날에는 김성호 법무부 장관, 정상명 검찰총장을 찾아 법조삼륜이 각자 임무를 다해 국민의 신뢰를 받을 수 있도록 변협 회장으로서 노력하겠다고 말했다.

황호택 이 대법원장이 강력하게 추진하는 공판중심주의에 대해서는 어떻게 생각하는지요.

이진강 일부 오해가 있어요. 공판중심주의는 법관이 법정에서 뭐든지 알아서 다 해주는 것이 아닙니다. 모든 재판 절차가 공판정에서 이뤄져야 한다는 것은 맞는 얘기지만 법관이 다 알아서 해주는 것이 공판중심주의는 아니에요. 형사사건의 경우 검사와 피고인, 변호인이 대등한 처지에서 충분히 공방을 하고 레퍼리인 법관이 재판을 이끌어 가면서 최종적으로 판정을 해주는 것이 공판중심주의예요.

그런 의미에서 공판중심주의는 진작 했어야 하고 꼭 해야 되는 것이라고 봅니다. 변호사 처지에서는 공판중심주의를 반대할 이유가 하나도 없어요. 변호사들이 바라는 바예요. 이를 위해선 법관 숫자가 엄청나게 늘어나야 합니다. 사건에 대해 완전심리를 해줘야 되잖아요. 재판부가 담당하는 사건 수를 크게 줄여야 합니다.

검사도 예전에는 자백을 받아 서류로 만들어 던져 놓고 관성적으로 했죠. 그런데 공판중심주의가 되면 자료를 전부 수집해 놓고 시기에 맞춰 내야지요. 변호사와 똑같습니다. 공판정 구조도 변호사와 피고인이 함께 앉아 충분히 의사소통을 하게 바꿔야지요.

법원, 검찰, 변호사가 다 공판중심주의를 바라지만 여건이 미비해 서로 아옹다옹하는 거예요. 법원은 공판중심주의를 하면 국민의 사법 신뢰도가 높아질 것 같으니까 여건이 마련되지 않은 상황에서 확 던졌는데 검찰이나 변호사나 준비가 안 돼 있으니 '너희들 혼자 하냐'고 나오는 거예요.

양조장 집 아들

포천 일동막걸리는 전국에서 으뜸가는 맛을 지닌 막걸리로 지명도가 높다. 이 회장의 부친은 포천군 일동면 화대리에서 양조장을 경영했다. 화대리는 필로스 컨트리클럽 들어가는 길목에 있는 동네. 그의 장형이 어머니(95)를 모시고 지금도 양조장을 경영한다.

광복 직후만 하더라도 우리나라에는 버젓한 기업이 별로 없어 양조장 주인들이 그 지역에서 내로라하는 유지였다. 이 회장은 서울 집에서 태어나 장충초등학교를 나왔다. 정몽준, 박근혜 의원이 초등학교 후배다. 중학교 때 일동에서 2학년까지 다니다가 다시 서울에 올라와 휘문고교를 졸업했다.

그는 고려대 법대에 진학해 2학년 초부터 고시 공부를 시작해 4학년 때 사법시험 5회에 합격했다. 5회 합격자는 모두 16명. 지금 1천 명을 뽑는 것에 비하면 격세지감이 든다. 동기생으로는 이원성(전 국회의원), 유지담(전 대법관), 김영일(전 헌법재판관) 씨 등이 있다.

부인(나길자)은 고려대 법학과 62학번 동기생. 62학번 중 유일한 여학생이었다. 키 150센티미터에 몸무게 45킬로그램의 가냘픈 여학생에게

홀딱 반해 대학 1학년 때 프러포즈했고 8년 만에 결혼에 골인했다.

2남 1녀를 뒀다. 자식농사가 부러움을 살 만큼 성공한 것은 전적으로 부인의 공이라고 했다. 아내는 병으로 5년 동안 비틀거리는 남편이 쓰러지지 않도록 부축하면서 대학입시를 앞둔 연년생 3남매에게 정성을 쏟았다. 장남 문한은 법무부 인권국 검사, 딸 세인은 부산대 법대 교수, 둘째 아들 명한은 포항공대를 졸업하고 삼성전자 과장으로 근무한다.

자녀들이 대학에 진학한 시기가 바로 그가 병마와 싸우고 있을 때였다. 그 시절 아내는 남편과 함께 전국 사찰을 헤집고 돌아다녔다. 순천 송광사, 남원 실상사, 예산 수덕사, 공주 동학사 갑사, 설악산 백담사, 오대산 상원사 월정사 … . 부처님의 공덕이었던지 그는 의존성 약을 끊는 데 성공하고 기적적으로 건강을 회복했다.

평생 가르침 준 책,《생명의 실상》

황호택 후배 변호사들에게 하고 싶은 조언이 있다면.

이진강 새로 나온 변호사들이나 판사 검사를 하다가 나온 분들한테도 꼭 국선변호를 해보라고 권하지요. 사선변호의 경우 당사자들이 선임료를 주기 때문에 구치소에 면회를 가면 "빨리 석방시켜 달라"고 부담을 주지요. 심지어 "무슨 묘수가 없냐"고 묻거나 "다른 변호사가 맡은 사람들은 빨리 나가는데 어떻게 일을 하길래 나는 이렇게 오래도록 나가지 못하느냐"며 압박하는 사람들이 있어요. 그런데 국선변호를 맡아 구치소에 갈 때는 떳떳하지요. 성심성의껏 변론을 해줄 테니 아무 걱정하지 말고 사실대로 말하라고 하면 그들은 사건 전모를 털어놓고 변호인에게 운명을 맡겨 버립니다. 가족들이 나중에 알고 찾아와 엉엉 소리 내어 우는 경우도 있어요. 국선변호인을 해보면 가슴이 뭉클해지고 변호사로서 보람을 느끼게 됩니다.

바둑은 4급. 골프 핸디는 18. 만년 보기 플레이어지만 공에 '노터치' 하는 것을 금지로 삼는다. 신장(176센티미터)이 커서 드라이버는 꽤 장타를 날린다.

평생 가르침을 준 책을 하나 소개해 달라고 하자 그는 일본의 다니구치 마사히루(谷口雅春)가 쓴 《생명의 실상》이라는 책을 들었다. 40권짜리 책자다. '질병은 본래 없는 것이며 인간에게는 자연치유 능력이 있으므로 약이 필요 없다'는 것이 이 책의 핵심 메시지. 그는 이 책을 읽고 응급처치용으로 바지 시계 주머니에 넣고 다니던 '니트로글리세린'을 영영 버렸다. 이후 치열한 노력으로 의존성 약을 끊을 수 있었다.

이진강 변협 회장이 돼서 검찰에서 출입기자로 인연이 닿았던 황 위원을 만나 이런 기회를 갖게 돼 감회가 깊습니다. 협회장의 소임을 다하려고 합니다. 언론이 우리 변호사들에 대해 좋은 면을 국민에게 알려 주었으면 좋겠어요. 아쉽게도 좀 잘못하는 일부 변호사들의 나쁜 면이 너무 부각돼 야단을 많이 맞죠. 바라건대 좀 밝은 면을 많이 알려 주면 변호사들이 더 힘을 내 좋은 쪽으로 일을 많이 하리라고 생각합니다.

방송통신심의위원장, 막말방송·막장드라마 그냥 놔둘 순 없다

— 윤구현 문화부장 (〈매일경제〉)

이진강 방송통신심의위원장은 서울변호사협회장과 대한변호사협회장을 역임하면서 재야법조계를 대표해 왔다. 국선변호의 중요성을 설파하면서 이를 직접 실천했고, 시민을 위한 로스쿨인 '브런치 시민법률학교'를 만드는 등 변호사 사회에 봉사 풍토를 정착시키는 데 기여한 인물이다.

그가 지난 8월 7일 방송통신심의위원회를 맡았을 때를 돌이켜 보면 불과 3개월이 만들어 낸 변화에 놀라게 된다. 당시 방송통신심의위원회는 심의위원 간 갈등과 사퇴, 심의를 둘러싼 공정성 논란으로 표류하고 있었다. 게다가 노조는 장기 농성을 벌이고 있었다.

3개월여가 지난 지금 방송통신심의위원회는 방송과 통신 콘텐츠에 대해 공정성과 선정성 등을 심의하고 징계 수위를 결정하는 본연의 모습으로 돌아갔다는 평가를 받고 있다. 지상파방송, 케이블방송, 포털 등 사업자들과 함께 건전한 방송문화를 만들어 가는 한편, 건전한 인터넷문화 정착이라는 목표를 추가해 인터넷 음란물에서 아이들을 보호하는 사업에도 힘을 쏟고 있다.

이진강 위원장을 만나 건전한 방송문화와 인터넷문화 정착을 위한 방안을 들어 봤다.

윤구현 막말방송, 막장드라마 등 방송의 언어폭력과 선정성이 사회적 문제가 되고 있다.

이진강 불륜과 패륜을 다루는 이른바 막장드라마와 반말이나 비속어, 고성 등 막말을 통한 신변잡기적인 오락 프로그램이 만연하고 있다. 국민정서를 해치고 시청자들의 마음을 불편하게 만들고 있다. 시청자들은 이런 방송 프로그램들을 퇴출시켜야 한다고 야단치고, 민원을 제기하고 있다. 시청자들이 좋은 방송이라고 평가할 때까지 중점 심의하겠다. 드라마는 감동을 주고 정서를 순화하는 긍정적인 역할을 해야 한다. 오락 프로그램은 '억지 웃음'이 아닌 '건전한 웃음'을 전달해야 한다.

윤구현 막말의 기준이 사람에 따라 다르고, 사회적 통념이라는 것도 고정된 것은 아니다.

이진강 창작과 표현의 자유를 침해하지 않는 범위에서 규제한다는 게 기본 원칙이다. 방송 시간대와 채널 성격에 따라 기준이 달라질 수 있다. 시청자들이 선택권이 없는 지상파방송은 엄한 기준을 적용해야 하고, 유료 채널의 심야 시간대는 차등을 둬야 한다. 요새 점술, 접신(接神), 퇴마(退魔) 등 비과학적인 생활태도를 조장하는 '무속방송'에 대해 중점 심의가 진행되고 있다. 심의결과에 따라 유해한 방송내용 근절을 위해 방송중지 등 중징계가 내려질 수도 있다. 방송은 시청자에게 즐거움과 유익함 그리고 편안함을 줘야 한다.

윤구현 지상파방송, 케이블방송, 포털 사업자에 대한 주문은?

이진강 위원회는 이해관계자들이 상호 공감할 수 있는 합리적 심의기준을 마련하고, 사업자 스스로의 자정 노력을 독려해 자율심의 풍토를 조성해야 한다. 지상파방송은 대국민 영향력을 감안할 때 무한한 책임성이 있다. 지상파방송이 품격 있는 방송이 되기 위해 자율심의가 우선돼야 한다. 케이블방송도 가급적 외부심의에 의한 제제조치 등을 최소할 수 있는 풍토를 조성해야 한다. 인터넷은 국민들의 주요한 소통공간으로 엄청난 영향력을 끼치고 있다. 포털도 정보통신사업자 자율정화활동을 통해 불법·유해 정보 유통으로 인한 폐해들을 줄여야 한다. 앞으로 소통 차원에서 사업자단체, 관련학회, 시민단체들과 지속적으로 대화하겠다.

윤구현 인터넷 공간에서 악성 댓글과 명예훼손 폐해가 심각하다.

이진강 인터넷 공간은 자신의 생각, 주장, 견해를 다양한 방식으로 표출할 수 있는 장소다. 표현의 자유가 자칫 무절제하고 무책임한 방임으로 흘러 피해를 주어서는 안 된다.

윤구현 위원회가 인터넷 유해 콘텐츠에서 자녀들을 보호하는 캠페인에 나섰는데.

이진강 자녀가 혼자 컴퓨터를 사용하는 시간이 많아지면서 인터넷 유해정보에 대한 노출이 높아지고 있다. 지난해 말 방송통신심의위원회 조사결과 인터넷 음란물을 접하는 장소로 청소년 중 95.8%가 집에서 본다고 응답했다. 가정에서 인터넷을 사용하는 동안 음란물에 접촉할 가능성이 그만큼 높다는 증거다. 성범죄는 물론 게임 중독, 인터넷 중독, 모방범죄, 모방자살 등 각종 사회문제를 야기하는 원인이다.

윤구현 청소년 유해정보 차단 소프트웨어를 무료로 보급하는 캠페인은?

이진강 학부모와 학생이면 누구나 '그린아이넷'(greeninet. or. kr)을 통해 15가지 유해정보 차단 소프트웨어 중에서 원하는 것을 무료로 다운받을 수 있다. 지난 4월 캠페인을 시작해 50만 가구에서 다운로드받는 것이 목표였다. 하지만 현재까지 누적 다운로드 수가 108만 건을 넘었다. 이 가운데 초등학생의 다운로드가 68퍼센트, 중학생이 23퍼센트로 나타났다. 당초 기대한 초등학생과 중학생 참여율이 높다.

윤구현 그린아이 캠페인의 계획은?

이진강 학부모와 자녀가 건전한 인터넷정보 이용에 대한 공감대를 형성할 수 있도록 '그린아이 캠페인 패밀리자원봉사단'을 운영할 계획이다. 위원회 서초동 청사를 리모델링해 교육장소로 활용할 예정이다. 가정은 물론이고 청소년이 사용하는 모든 PC에 유해정보 필터링 소프트웨어가 보급되도록 하겠다. 위원회는 교육과학기술부와 양해각서(MOU)를 맺어 2009년 30억 원, 2010년 30억 원, 2011년 50억 원을 지원받아 캠페인 사업을 벌이게 된다.

윤구현 방송통신심의위원회의 독립성 확보 방안은?

이진강 무엇보다도 9인의 위원들이 외부의 어떠한 지시나 간섭도 받지 않고 각자 소신에 따라 공정하고 합리적인 결정을 내릴 수 있도록 법적, 제도적 여건을 강화하는 것이 가장 중요하다. 방송·통신 내용 심의에 대한 전문성을 높이는 등 위원회 사무처 역량도 강화하겠다.

'직원들이 주인', 대화와 토론으로 조직 이끌어

이진강 방송통신심의위원장은 집에 걸어 두고 매일 마음에 새기는 글이 있다.

"젊은 사람은 노인의 입장에서 생각해 봐야 한다. 부귀한 사람은 빈천한 사람의 처지를 돌아봐야 한다. 건강한 사람은 병든 사람의 입장을 헤아려야 한다."

제3자가 어떤 입장에 처해 있는지 생각하고 서로의 처지를 잘 헤아리라는 취지의 백범 김구 선생의 말씀이다. 후배 변호사에게도 "국선변호를 해보면 가슴이 뭉클해지고 변호사로서 보람을 느끼게 된다"며 늘 강조하고 실천해 왔다.

지난 8월 취임한 이 위원장에게 주어진 첫 과제는 노조의 파업이었다. 옛 정보통신윤리위 직원들로 구성됐던 공공노조 방송통신심의위 지부는 계약직의 고용불안 해소와 정규직 채용 시 내부 계약직의 우선적 전환, 출신기관별 임금차별 개선 등을 요구하며 파업을 벌여 왔다.

이 위원장은 주변의 만류에도 불구하고 노조의 농성 현장을 찾았다. 노조가 전임 위원장의 퇴근을 강제로 저지하는 등 물리적 마찰이 있었기 때문이다.

그는 김구 선생의 글을 되새기며 메가폰을 잡은 뒤 "여러분이 방송통신심의위의 주인이다. 조직의 통합에 따른 마음의 응어리를 풀어야 갈등이 풀린다"며 40여 분에 걸쳐 간절하게 호소했다. 노조원들도 진심 어린 위원장의 연설에 박수로 반응했다.

이후 본격적인 대화와 토론으로 노사 양측이 잃어 가던 신뢰를 회복하면서 파업을 철회했다. 물론 법과 원칙을 강조하는 이 위원장은 파업 기간의 임금보전 요구에 대해선 단호하게 거절했다.

그는 틈만 나면 직원들에게 주인의식을 가질 것을 주문하고 있다. 이 위원장은 "법조인 생활 43년에 서울변협 회장, 대한변협 회장까지 지냈다"면서 "방송통신심의위원회에 봉사하는 마음으로 왔다"고 강조했다. 이어 "최근 들어 직원들이 주인의식을 차츰 갖게 되면서 죽기 살기로 일하고 있다"고 전했다.

이 위원장은 출범 직후부터 말도 많고 탈도 많았던 심의위원들 간의 갈등도 잠재웠다. 합의제 기구 위원장의 리더십은 다양한 생각을 가진 심의위원들이 대화와 토론을 통해 합리적인 결론을 도출할 수 있도록 조정하고 중재하는 역할이라는 게 그의 소신이다.

"정치적 색채가 있거나 사회적 관심사안에 대해서는 서로 의견이 엇갈릴 수 있다. 다양한 의견이 자유롭게 개진되는 것이 때로는 갈등으로 비칠 수 있지만, 충분한 토론을 통해 합의에 이르는 과정이야말로 민주적 의사형성 과정이다. 서로 상대방의 입장을 이해하고 존중하고 토론하면 좋은 결론이 난다."

그는 방송과 통신 심의과정도 업그레이드시켰다. 안건작성 단계부터 위원회의 의결 과정에 이르기까지 사무처와 심의위원 간의 교량 역할을 담당하는 심의연구위원 제도를 도입했다. 현재 소위원회별로 2명씩 심의연구위원을 배치했다. 앞으로 헌법재판소의 헌법연구관, 국회사무처의 전문위원 등 외부의 좋은 모델들을 참고해 발전시키겠다는 구상이다.

또한 판결문 수준의 심의결정서를 작성한다는 계획이다. 단지 심의결과를 공개하고 전달하는 양식의 개선에 머무르지 않고 심의의 전문성과 신뢰성을 인정받을 수 있도록 심의 체계화 작업을 벌이고 있다.

──────── 부록 2 ────────

사진 · 기록

1997년 10월 국무총리 행정심판위원회 위원 위촉식

2007년 2월 대한변호사협회장 당선

2007년 8월 미국 ABA 연차총회장에서

2007년 8월 미국 ABA 연차총회.
세 번째 줄 중앙에 저자

2007년 11월 27일 제12차 대한변호사협회·중화전국율사협회 정례교류회(서울)

2008년 영국변호사협회 초청 법률개시연도행사 참석 후 환담

2008년 미국 ABA 국제법 섹션과 MOU 체결(조선호텔)

2008년 대한변호사협회·일본변호사연합회 연례교류회의(일본 도쿄 변호사회관)

2009년 1월 14일 제2회 언스트앤영 최우수 기업가상 수상자 및 심사위원과 함께.
앞줄 왼쪽에서 두 번째에 저자

2009년 2월 9일 JW메리어트호텔에서 세계 각국의 청년변호사단체를 초청하여 개최한
"글로벌 법률시장에서 청년변호사들의 기회와 도전" 포럼

2009년 2월 9일 포럼에 참석한 세계 각국의 청년변호사들과 함께

제2대 방송통신심의위원회 위원장 취임식

일시 : 2009년 8월 7일 11:30

2009년 8월 7일 방송통신심의위원회 위원장 취임식

2009년 8월 7일 방송통신심의위원회 위원장 취임 연설

2010년 12월 3일 웹보드게임 건전화 방안 토론회

2010년 싱가포르 미디어개발청과 MOU 체결

2010년 4월 27일 유엔군 참전용사 재방한 행사

2010년 11월 25일 방송통신심의위원회 국제행사(신라호텔)

2010년 5월 19일 6·25 60주년기념사업위원회 오찬간담회(국무총리 공관 개최)

2011년 1월 19일 6·25 60주년기념사업위원회 오찬간담회(국무총리 공관 개최)

2012년 7월 25일 6·25전쟁 60주년 사업위원회 민간위원 간담회

2013년 4월 25일 제50회 법의 날에 국민훈장 무궁화장 수여

2013년 8월 28일 사법정책자문회의 기념촬영

2015년 5월 1일 제5기 양형위원회 위원장 취임

2015년 5월 1일 제5기 양형위원회 위원장 위촉식

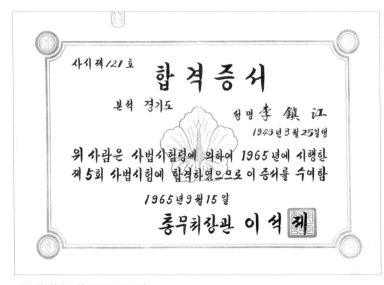

사법시험 합격증서(1965년 9월 15일)

서울대학교 사법대학원 수료증
(1968년 2월 26일)

육군보병학교 제25기 간부후보생 교육과정 졸업증
(1968년 6월 22일)

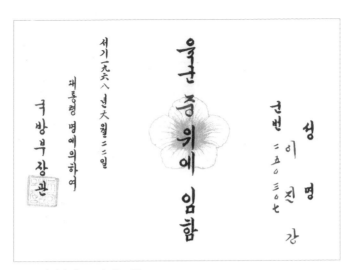

육군 중위 임명증(1968년 6월 22일)

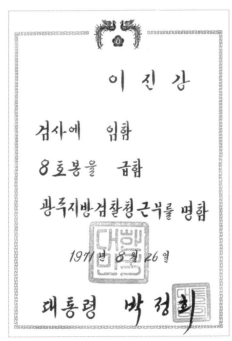

검사 임명·광주지방검찰청 발령장
(1971년 8월 26일)

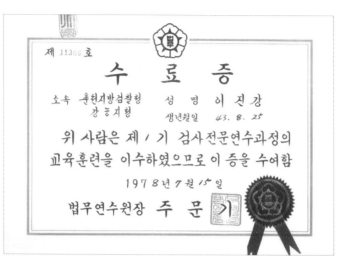

검사전문연수과정 수료증(1978년 7월 15일)

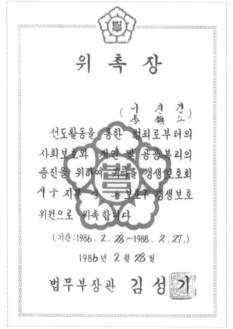

갱생보호회 서울지부 성동보호구
갱생보호위원 위촉장(1986년 2월 28일)

이진강(李鎭江) 약력

학력

1956. 2.   서울장충초등학교 졸업

1962. 2.   휘문고등학교 졸업

1966. 2.   고려대학교 법과대학 졸업

1968. 2.   서울대학교 사법대학원 졸업

경력

1965. 9.   제5회 사법시험 합격

1968. 4.   육군법무관 3년 복무

1971. 8.   광주지방검찰청 검사

1981. 3.   법무부 보호국 심사과장

1983. 5.   대검찰청 형사1과장

1985. 5.   서울지방검찰청 동부지청 부장검사

1986. 5.   대검찰청 중앙수사부 수사 제1과장

1988. 9.   서울지방검찰청 동부지청 차장검사

1993. 9.   수원지방검찰청 성남지청장

1994. 9.   변호사 개업 (서울지방변호사회)

1997. 10.   국무총리 행정심판위원회 위원

1999. 2.   서울지방변호사회 회장

2001. 11.	국가인권위원회 비상임위원
2006. 11.	국가청렴위원회 정책자문위원
2007. 2.	대한변호사협회 협회장
2009. 8.	방송통신심의위원회 위원장
2010. 4.	성균관대학교 법학전문대학원 초빙교수
2011. 6.	동아일보 독자위원회 위원장
2013. 4.~	현재 고려대학교 법학전문대학원 운영자문위원장
2015. 3.~	현재 학교법인 고려중앙학원 이사
2015. 4.	대법원 양형위원회 위원장
2017. 8.~ 2020. 8.	법무법인 케이엘파트너스 고문변호사

수상

1987	홍조근정훈장
2013	국민훈장 무궁화장

주요 저서 및 논문

《주택임대차보호법령, 가등기담보 등에 관한 법률 해설》

《정신장애자의 범죄 실태와 그 대책》

《무고죄 소론》

다수의 수필 및 논설

　—"법조인의 덕목"

　—"한국변호사는 부자"

　—"검찰총장님 힘을 빼십시오!"

　—"인사유감"

　—"아버지 퇴원하세요!"